edition suhrkamp

Redaktion: Günther Busch

Walter Euchner, geboren 1933 in Stuttgart, ist heute ordentlicher Professor für Politikwissenschaft an der Universität Göttingen. Buchveröffentlichungen: *Naturrecht und Politik bei John Locke* (1969); Übersetzung von Hobbes, *Leviathan* (1966); *Positionen des modernen Marxismus* (1972); Herausgeber, zusammen mit Alfred Schmidt, von *Kritik der politischen Ökonomie heute* (1968).
Die in diesem Band zusammengefaßten Aufsätze des Göttinger Politikwissenschaftlers skizzieren den Zusammenhang zwischen den gesellschaftlichen Lebensverhältnissen, den politischen Strukturen und den diese legitimierenden Ideologien an Beispielen bürgerlicher Philosophie und ihrer Aufhebung durch die Marxsche Kritik. »Wenn in der politischen Philosophie des frühen Bürgertums Freiheit, Gleichheit, Selbstbestimmung und Volkssouveränität [...] gefordert wurden, so waren damit die Eigentumslosen nicht gemeint. Klasseninteressen standen dem Interesse an der politischen und sozialen Emanzipation aller, dem wahren Gemeinwohl, entgegen und erwiesen sich als Erkenntnisschranken« (Aus dem *Vorwort*).

Walter Euchner
Egoismus und Gemeinwohl

Studien zur Geschichte der bürgerlichen Philosophie

Suhrkamp Verlag

edition suhrkamp 614
Erste Auflage 1973
© Suhrkamp Verlag, Frankfurt am Main 1973. Erstausgabe. Printed in
Germany. Alle Rechte vorbehalten, insbesondere das der Übersetzung,
des öffentlichen Vortrags und der Übertragung durch Rundfunk und
Fernsehen, auch einzelner Teile. Satz, in Linotype Garamond, Druck und
Bindung bei Georg Wagner, Nördlingen. Gesamtausstattung Willy
Fleckhaus.

Inhalt

Vorwort

Die in diesem Bande vereinten Aufsätze haben ein zentrales Thema gemeinsam: den Widerspruch zwischen sozioökonomischen Verhältnissen und politischen Strukturen sowie den Ideologien, die diese als gut und gerecht legitimieren. Noch heute wird die antike Polis gepriesen, weil sich ihre Bürger um Politik gekümmert haben, ihre gesellschaftliche Voraussetzung aber, die Sklaverei, übersehen. Wenn in der politischen Philosophie des frühen Bürgertums Freiheit, Gleichheit, Selbstbestimmung, Volkssouveränität und -repräsentation gefordert wurden, so waren damit die Eigentumslosen nicht gemeint. Klasseninteressen standen dem Interesse an der politischen und sozialen Emanzipation aller, dem wahren Gemeinwohl, entgegen und erwiesen sich als Erkenntnisschranken. Das liberale Modell politischer Herrschaft unterstellte, daß nicht nur das ökonomisch, sondern auch das politisch Richtige, das Gemeinwohl, dem Marktmechanismus – der Konkurrenz der politischen Ideen – entspringe. Doch der Marktmechanismus, die bürgerliche Wirtschaftsweise erzeugten zugleich das Proletariat, vor dem die liberalen Vorstellungen von Gleichheit und politischer Partizipation versagten. Marx stellte der Sphäre des Marktes, die den Schein von Freiheit und Gleichheit erweckt, die von Ausbeutung und sozialem Zwang geprägte Produktionssphäre gegenüber und enthüllte so die theoretischen Voraussetzungen der bürgerlichen Demokratie als Ideologie.

Die vorliegenden Aufsätze diskutieren die skizzierten Zusammenhänge anhand signifikanter bürgerlicher Theorien. Im letzten Aufsatz, der eigens für diesen Band geschrieben worden ist, wird versucht, die Marxsche Kritik an bürgerlichen politischen Ideologien und ihr methodisches Vorgehen darzustellen.

Dieser Sammelband ist Iring Fetscher zum 50. Geburtstag gewidmet.

Göttingen, im März 1973   Walter Euchner

Demokratietheoretische Aspekte der politischen Ideengeschichte

I Zum Stand der Diskussion

Die Geschichte der politischen Philosophie[1] hält einen festen Platz im Bereich der Politikwissenschaft; doch zu welchem Ende dieses Gebiet studiert wird, ist umstritten. Alte Gedanken haben wie antiquarische Gegenstände ihren Reiz: Dies nährt den Verdacht, das Interesse zum Beispiel an antiken Tugendlehren, an Utopien oder naturrechtlichen Staatskonstruktionen bleibe vorwiegend ästhetisch. Die Klassiker der politischen Theorie, so wird gesagt, geben kaum etwas dazu her, empirische Regelmäßigkeiten des gegenwärtigen politischen Lebens aufzufinden und in einem theoretischen Bezugssystem zu verknüpfen; ihre Begriffe wie ›Freiheit‹, ›Naturrecht‹ oder ›Autorität‹ – die meisten Anlaß zu Fragen, auf die es keine »empirically testable answers« (Weldon) geben könne – behinderten im Gegenteil die Forschung der political science, wie die logische Sprachanalyse zeige.[2] Das Studium älterer politischer Philosophien könne

1 Im Deutschen werden die Ausdrücke ›politische Philosophie‹, ›politische Theorie‹, ›Ideengeschichte‹ und ›Dogmengeschichte‹ zumeist synonym gebraucht; bisweilen bedeutet ›Theorie‹ moderne politische Theorie und Methodologie. Im angelsächsischen Sprachgebrauch bedeutet ›political philosophy‹ vor allem politische Ethik; ›political theory‹ kann die ältere politische Philosophie, aber auch die neueren Versuche zur Theoriebildung meinen. Exakte empirische Forschungen heißen ›political science‹. Da in der deutschen Politikwissenschaft diesbezüglich kein einheitlicher Sprachgebrauch herrscht, wird in den nachfolgenden Ausführungen kein Wert auf einheitliche Terminologie gelegt.
2 Weldon, *Vocabulary*, S. 74. Vgl. auch David Easton: *The Political System. An Inquiry into the State of Political Science*, New York 1963, S. 254 (Autoren, die in der Bibliographie aufgeführt sind, werden im folgenden in Kurzform zitiert).

allenfalls von Bedeutung sein, wenn die Wurzeln heutiger Ideologien, in denen sich traumatische, politisches Verhalten noch jetzt beeinflussende Erfahrungen vergangener Geschlechter niedergeschlagen haben, aufgedeckt werden sollen: Geschichte der politischen Ideen also zur Anamnese gesellschaftlicher Psychosen.[3]

Zwischen den positivistischen Richtungen der political science, welche die Disziplin auf die Erforschung von Regelmäßigkeiten politischen Verhaltens festlegen wollen (vgl. dazu den Aufsatz von W.-D. Narr) und in dieser Hinsicht den Nutzen der Ideengeschichte bezweifeln, und den Schulen, die in der klassischen Philosophie die unüberholbare Grundlage der politischen Wissenschaft erblicken, liegt eine breite Skala von Positionen, die den Theorien der Klassiker aktuelle politikwissenschaftliche Relevanz beimessen.

Ein in der Literatur beliebtes Argument läßt sich mit dem Stichwort »Ortsbestimmung« kennzeichnen. Der Versuch, mit der Tradition der politischen Philosophie tabula rasa zu machen und die Philosophiehistoriker ihre Toten begraben zu lassen, könne nur zur Desorientierung führen. Die Erinnerung an die Vergangenheit zu verlieren, bedeute für den Menschen nichts anderes als den Verlust seiner Identität. Doch im Grunde gebe es kein »real turning of the back on these old theories, whose ideas and assumptions still permeate our thinking about society and government, whether we know it or not« (Plamenatz); deshalb klärten wir, indem wir uns mit ihnen befassen, zugleich unser eigenes politisches Denken.[4]

Es erweise sich, so lautet ein anschließendes Argument, daß wir heute immer noch mit denselben Problemen, welche die alten Theorien aufgeworfen haben, konfrontiert seien, nämlich mit den perennierenden Generalthemen der politischen

3 Frederick M. Watkins, *Political Theory as a Datum of Political Science.* In: Roland Young (ed): *Approaches to the Study of Politics,* Evanston, Illinois 1958, S. 148-155.
4 Statt vieler Plamenatz, vol. 1, S. xiii; xxi.

Wissenschaft wie Recht, Gesetz und Gerechtigkeit, Macht, Pflicht und Konsens, »power relationships between ruler and ruled, the nature of authority, the problems posed by social conflict, the status of certain goals or purposes as objectives of political action, and the character of political knowledge« (Wolin).[5] Um darzutun, daß diese zentralen Fragen in den modernen theoretischen Ansätzen wieder auftauchen – wobei keineswegs ausgemacht sei, daß sie dort klarer formuliert und scharfsinniger beantwortet werden; eher sei das Gegenteil der Fall –, sind ganze Bücher geschrieben worden.[6]

Nun stehe fest, so wird weiter argumentiert, daß die Politikwissenschaft ohne sogenannte »Wertkriterien« nicht auskommen könne, d. h. daß sie sich Klarheit über die Prinzipien einer vernünftigen Gesellschaftsordnung verschaffen müsse, Prinzipien, an denen die Maßstäbe zur Bewertung der empirisch ermittelten Sachverhalte zu orientieren seien. Bedeute aber die Geschichte der politischen Philosophie eine zweitausendjährige Diskussion der politischen Grundfragen der Menschheit, so könne erwartet werden, daß, wer sich in sie vertieft, seinen Blick für die Erfordernisse einer vernünftigen politischen Ordnung schärfe. Schlage die Politikwissenschaft jedoch solche in der kontinuierlichen Diskussion der politischen Philosophie geprüften Kriterien der Relevanz aus, so müsse sie, weil ohne Orientierungsmaßstäbe, im Grunde jede empirische Untersuchung für gleich wichtig halten und ver-

5 Wolin, S. 11.
6 »Generally speaking, one may wonder whether the new political science has brought to light anything of political importance which intelligent political practitioners with a deep knowledge of history, nay, intelligent and educated journalists, to say nothing of the old political science at its best, did not know at least as well beforehand.« Leo Strauss, *An Epilogue.* In: Herbert J. Storing (ed.) *Essays on the Scientific Study of Politics.* New York 1962, S. 307–327 (312). Vgl. ferner insbesondere Bluhm sowie Berlin, Plamenatz und Leslie Lipson, *The Great Issues of Politics. An Introduction to Political Science,* Englewood Cliffs, N. J. 1960.

liere sich, wie oft genug zu beobachten, in die Erforschung von Trivialitäten.[7]

So gesehen liegt die politikwissenschaftliche Relevanz der politischen Ideengeschichte darin, einen reichen Fundus von mehr oder weniger kohärenten Argumenten, Wertvorstellungen, Relevanzkriterien, Hypothesen und Sachaussagen darzubieten, der der politischen Forschung Stimuli und Perspektiven geben kann. Eine bedeutende Strömung der Politikwissenschaft hält diese Auffassung für ungenügend: Sie zielt auf eine Erneuerung der politischen Philosophie und der Politikwissenschaft überhaupt im Geiste der klassischen praktischen Philosophie ab, der es um die gute und gerechte Ordnung des Gemeinwesens ging.

Dieser Politik und Ethik untrennbar verschränkende Ansatz der alten praktischen Philosophie (Aristoteles, Thomas von Aquin), wonach die Qualität der politischen Verfassungen an dem Raume bemessen wurde, den sie dem tugendhaften und glücklichen Leben der Bürger in Gemeinwesen gewährten, ist in dem schon oft beschriebenen Prozeß des Verfalls des Aristotelismus in den Hintergrund geraten. Betrachtete die praktische Philosophie ihre Denkweise als Prudentia, d. h. als weise, durch die Erfahrungen der Staatskunst geschulte Einsicht in das dem guten Leben im Gemeinwesen Geziemende, so wollte die neue politische Wissenschaft, etwa die eines Hobbes, nach dem Vorbild der Naturwissenschaften (welche den Aristotelismus auf ihrem Gebiet ad absurdum geführt hatten) den Staat nach den Gesetzen einer politischen Physik konstruieren: Es sollte der Modus gefunden werden, wonach die von den politischen und ökonomischen Beschränkungen des Feudalismus befreiten Bürger unter Minimisierung von Konflikten kompetitiv koexistieren kön-

7 Vgl. Kurt Sontheimer, *Erfordert das Atomzeitalter eine neue politische Wissenschaft?* In: *Aufgabe und Selbstverständnis,* S. 248-274 (269), sowie Strauss (vgl. Anm. 6) und Berlin; anderer Ansicht Easton (vgl. Anm. 2).

nen.[8] Zwischen praktischer Philosophie und der neuen politischen Theorie wogte in Etappen, die durch die Namen Burke, Kant, Hegel, Marx, Comte und Max Weber charakterisiert werden können, ein beständiger Kampf (nicht selten in der Brust eines einzigen Denkers; Hegel und Marx haben es vermocht, beide Positionen, freilich prekär, zu synthetisieren).[9] Im Zeichen fortschreitender Rationalisierung in Wirtschaft und Gesellschaft und des diesen Prozeß reflektierenden Wissenschaftsverständnisses Max Webers schob sich jedoch in allen Bereichen der Sozialwissenschaften jene Auffassung in den Vordergrund, welche Wissenschaft allein als Aggregat von möglichst sozialtechnisch nutzbaren, nomologischen, empirisch überprüfbaren Sätzen und methodischen Anweisungen zu deren Ermittlung versteht. Soweit moralische oder an politischen Zielvorstellungen orientierte Beurteilungen sozialer Prozesse und ihrer Steuerung in Frage stehen, wird auf Moralphilosophie oder die subjektiven Überzeugungen der Forscher und Politiker verwiesen, die diese zu verantworten hätten, worüber sich aber streng wissenschaftlich nichts Zuverlässiges aussagen lasse.[10]

Diesem Skandal der politischen Philosophie soll also unter Rückgriff auf die Tradition der klassischen Politik ein Ende

8 Vgl. dazu Habermas und Hennis.

9 Vgl. dazu Habermas, S. 50 f.; 162 ff.

10 Vgl. dazu Eric Voegelin, *Die neue Wissenschaft der Politik. Eine Einführung*, München 1965[2]; Franz Martin Schmölz, *Zerstörung und Rekonstruktion der politischen Ethik*, München 1963. Das Signum der neuzeitlichen theoretischen Bestrebungen, die sich selbst schuldhaft von der göttlichen Transzendenz abgeschnitten haben und an die Machbarkeit einer besseren Welt durch die Menschen selbst glauben, ist der Voegelin-Schule zufolge die *Gnosis*. Wer die »metaphysische Seinshierarchie« nicht anerkennt, ist ein »in *agnoia* lebender Ideologe«, der »nicht mehr qualifiziert (ist), politische Wissenschaft zu betreiben, weil er – auf der Ebene des Intellekts – anstelle der Ratio die Unvernunft walten läßt, mit dem Trick des intellektuellen Schwindels die Wahrheit verschleiert und das Verbot verhängt, die Fragen zu stellen, auf die es ankommt.« (Schmölz, S. 79).

bereitet werden. Dabei kann es natürlich nicht, so wird gesagt, um eine bloße Rekonstruktion gehen; vielmehr gelte es, die politischen Probleme der Gegenwart in der Perspektive der klassischen Fragestellungen, doch zugleich unter Zuhilfenahme der modernen Forschungstechniken, in praktischer Absicht zu durchdenken. Zu fragen sei im Sinne der klassischen Politik nach dem »Wesen« des Menschen und seines Gemeinwesens, nach dessen Zweck und nach den Verfassungsgrundsätzen und Einrichtungen, die zur Erreichung dieses Zwecks, des »rechten Menschseins« im gut geordneten Gemeinwesen, erforderlich sind, schließlich auch nach dem »Stoff« oder »Woraus« des Gemeinwesens, d. h. nach dem Territorium, nach der Bevölkerung, nach den »verschiedenen (innerstaatlichen, außerstaatlichen und überstaatlichen) Vergemeinschaftungen in ihrer wechselseitigen Relation, denen die Menschen eines Gemeinwesens zugehören« (Schwan).[11] Da die Einsicht des Aristoteles, daß es in den praktischen Wissenschaften der Ethik und der Politik nur wenig Raum für logisch zwingende Beweisführung gebe, immer noch gültig sei, rät Hennis zu einer Wiederbelebung des aristotelischen Verfahrens der Topik: Nach dieser spezifischen Logik der praktischen Wissenschaften werden in einem geregelten Verfahren des Erwägens der für und wider bestimmte Lösungen sprechenden Argumente die politischen Probleme erhellt und so zur Entscheidung vorbereitet.[12]

Die Diskussion über die Relevanz älterer politischer Philosophie findet zumeist auf einem so hohen Abstraktionsgrad statt, daß deren Bezug auf spezifische historische Stufen der

11 Alexander Schwan, *Die Staatsphilosophie im Verhältnis zur Politik als Wissenschaft*. In: Dieter Oberndörfer (ed.): *Wissenschaftliche Politik. Eine Einführung in Grundfragen ihrer Tradition und Theorie*, Freiburg im Breisgau 1962, S. 153-195 (190). Vgl. auch Sontheimer (s. Anm. 7).
12 Hennis, *Politik und praktische Philosophie*. Vgl. dazu Helmut Kuhn, *Aristoteles und die Methode der Politischen Wissenschaft*. In: *Methoden der Politologie*. Hrsg. v. Robert H. Schmidt, Darmstadt 1967, S. 521-553.

politischen Organisation von Gesellschaften kaum noch sichtbar ist. Doch diese Abstraktheit stellt sich notwendig ein,
sollte es der an der traditionellen politischen Philosophie ge-
schulten Politikwissenschaft tatsächlich darauf ankommen,
»in ihrem theoretischen Bemühen die jeweiligen konstitutionellen Normen eines Staates (zu) transzendieren und zu nor-
mativen Gesichtspunkten (zu) gelangen, die für alle Zeiten
und auf alle Regimes anwendbar sind, das heißt für das
Politische schlechthin gelten« (Sontheimer).[13] Zwar ist gegen
die These, daß der wohlverstandene Zweck der Politik zu
allen Zeiten das bonum commune gewesen sei, die Entfaltung
eines guten, gerechten und sinnerfüllten Bürgerlebens in
einem diesem Ziele dienenden Gemeinwesen, und daß zu
kurz greife, wer in Politik nur den Kampf um die Macht
sehe, kein prinzipieller Einwand möglich. Sollen aber die
Reflexionen über die Bedingungen des Gemeinwohls nicht in
von aller gesellschaftlichen Realität abgezogenen Definitionen
des »Wesens« politischer Phänomene und ebensolchen Postulaten enden, die vor der ehernen Tatsache der perennierenden Machtpolitik je und je zuschanden werden, so muß zu ihnen Benennung und Analyse der geschichtlichen Machtstrukturen hinzutreten, welche die Verwirklichung gerechter Ge-
sellschaftsordnungen bisher verhindert haben.
Politische Philosophie hat immer, mit den gesellschaftlichen
Organisationsformen ihres Zeitalters konfrontiert, die Bedingungen eines guten und gerechten oder doch wenigstens
optimal funktionierenden Gemeinwesens diskutiert: teils
apologetisch, indem sie diese politischen Strukturen als fak-
tisch oder doch tendenziell gerecht, teils kritisch, indem sie
sie als Hindernisse einer vernünftigen Gesellschaftsordnung
betrachtete.[14] Erst die Analyse der Spannung zwischen dem

13 Kurt Sontheimer: *Politische Wissenschaft und Staatsrechtslehre*. In:
Aufgabe und Selbstverständnis, S. 394-432 (425).
14 Vgl. dazu Kurt Lenk, *Politische Wissenschaft als Herrschaftsinstrument
und Herrschaftskritik – ein dogmengeschichtlicher Abriß*. In: *Einführung*

in der Theorie intendierten Gesellschaftsmodell und der sozialen Realität der Epoche zeigt dessen historischen und dogmengeschichtlichen Stellenwert und seiner Schlüsselbegriffe: Die Inhalte abstrakter Begriffe wie Gemeinwohl, Autorität, Konsens oder Legitimität können nur im Kontext mit den Herrschafts- und Eigentumsverhältnissen, deren ideologischer Ausdruck diese Formeln oft sind, verstanden werden. Die Grundbegriffe der traditionellen Politikwissenschaft besitzen keinen überzeitlichen Inhalt, der über eine formale Definition wie etwa die von Gerechtigkeit als ›suum cuique tribuere‹ hinausginge und durch Wesensbestimmungen einzufangen wäre. Was ein Autor unter Gemeinwohl versteht, ist aus seiner mit der sozialen Realität der Epoche vermittelten Theorie zu erschließen, deren Analyse oft genug zeigt, daß mit Gemeinwohl vor allem das Wohl einer bestimmten Gruppe, Schicht oder Klasse gemeint ist. Deshalb erweisen sich diese Schlüsselkategorien häufig als von der Interessenlage gesellschaftlich dominierender oder um Emanzipation kämpfender Schichten und Klassen inhaltlich limitiert. Den antiken und mittelalterlichen Autoren schien Sklaverei und Leibeigenschaft mit dem Polis-Ideal und der Gemeinwohl-Lehre vereinbar zu sein; Paupers und Lohnabhängige fielen nicht unter den Begriff der »Republik« frühbürgerlichen Denkens, an sie war nicht gedacht, wenn Gesetzgebung durch die Bürger selbst gefordert wurde.

Dennoch besitzen viele dieser Kategorien, die des Gemeinwohls und andere, die auf Gerechtigkeit und Partizipation der Bürger am politischen Prozeß bezogen sind, einen überschießenden kritischen Sinn, der über den schicht- oder klassenspezifischen Sprachgebrauch eines Autors oder einer Epoche hinausgeht; die wissenssoziologische Relativierung ist nicht das letzte Wort ideologiekritischer Reduktion materiel-

in die politische Wissenschaft. Hrsg. v. Wolfgang Abendroth und Kurt Lenk, Bern und München 1968, S. 25-53.

ler politischer Aussagen auf Klasseninteressen.[15] Dieser kritische Sinn, den rebellische Zeitgenossen oder spätere Betrachter jenen Kategorien beimaßen, ist an dem auf Veränderungen drängenden Potential der Gesellschaft orientiert und zwingt dazu, deren Herrschaftsstruktur an der Verheißung ihrer eigenen Ideologie zu messen und die Abschaffung nicht legitimierbarer Privilegien und sozialer Zwänge zu fordern. Kritische Analyse der politischen Theorien und Gesellschaftsanalyse und -kritik schließen sich gegenseitig ein. Je mehr die gesellschaftlichen Strukturen, auf die politische Philosophie sich bezog, den heute bestehenden gleichen, ja mit ihnen identisch sind, desto mehr fällt der erscheinende Problemhorizont mit dem der gegenwärtigen Politik zusammen. Einige Modellanalysen sollen dies verdeutlichen.

II Modellanalysen

Platon und Aristoteles – Polisdemokratie und ökonomische Dynamik

Der siegreiche Ausgang der Perserkriege brachte in Athen die Sache der Demokratie voran: »Der gemeine Mann«, schreibt Aristoteles (*Politik* 1304a), »der den Seedienst versah, kräftigte, als er den Sieg bei Salamis und damit für Athen die Hegemonie zur See herbeigeführt hatte, die Volksherrschaft«. Auch die armen Athener, die Theten, hatten nunmehr Zugang zur Volksversammlung, zu den Gerichten und zu den meisten Ämtern.

Locus classicus des Selbstverständnisses der athenischen Demokratie ist die berühmte Gefallenenrede des Perikles, über die Thukydides berichtet. Die Geltung des einzelnen in der

15 Vgl. dazu die Aufsätze von Max Horkheimer und Theodor W. Adorno, in: *Ideologie. Ideologiekritik und Wissenssoziologie*. Hrsg. u. eingel. v. Kurt Lenk, Neuwied und Berlin 1964[2], S. 235 ff.

Öffentlichkeit, so heißt es dort, hänge nicht von dessen sozialer Herkunft ab, sondern allein von Ansehen und Verdienst. »Wir vereinigen in uns die Sorge um unser Haus zugleich und unsre Stadt, und den verschiedenen Tätigkeiten zugewandt, ist doch auch in staatlichen Dingen keiner ohne Urteil. Denn einzig bei uns heißt einer, der daran gar keinen Teil nimmt, nicht ein stiller Bürger, sondern ein schlechter, und nur wir entscheiden in den Staatsgeschäften selber oder denken sie doch richtig durch. Denn wir sehen nicht im Wort eine Gefahr fürs Tun, wohl aber darin, sich nicht durch Reden zuerst zu belehren, ehe man zur nötigen Tat schreitet« (Thukydides, *Peloponnesischer Krieg*, II, 40). *Partizipation aller Bürger am diskutant aufzuhellenden politischen Entscheidungsprozeß* lautet also das Kernstück dieses klassischen Demokratiebegriffs. Das Milieu, in dem diese Demokratie gedeihen kann, charakterisiert Perikles als Weltoffenheit einer Handelsstadt, die »keine Fremdenvertreibungen« kennt.'

Perikles' Bild der athenischen Demokratie zeigt allerdings nicht die Realität der Klassengesellschaft, deren Widersprüche immer wieder Katastrophen erzeugten.[16] Die athenische Bevölkerung bestand vielleicht bis zur Hälfte aus politisch rechtlosen Sklaven. Die Theten, arme oder verarmte Athener, fanden zu einem großen Teil in der Seefahrt Beschäftigung, betrieben ein Kleingewerbe oder lebten von Gelegenheitsarbeiten und den Diäten als Teilnehmer an Volks- und Gerichtsversammlungen. Neben dem Mittelstand war die Gruppe, die den neuen Reichtum repräsentierte, von Bedeutung, Reeder, Fabrikanten, Bankiers, Sklavenverleiher und

---

16 Vgl. zum folgenden Alvin W. Gouldner, *Enter Plato. Classical Greece and the Origins of Social Theory*, London 1965; Robert von Pöhlmann: *Geschichte der sozialen Frage und des Sozialismus in der antiken Welt*, 2 Bde, München 1925; Tuttu Tarkiainen, *Die athenische Demokratie*, Zürich und Stuttgart 1966; Eleonore Sterling, *Der unvollkommene Staat. Studien über Diktatur und Demokratie*, Frankfurt 1965.

Bergwerkskonzessionäre; die oberste Klasse aber bildete der Adel, dessen Reichtum vor allem in Grundbesitz bestand. Der Reichtum des Adels stammte jedoch keineswegs allein aus der agrarischen Produktion, sondern ebensosehr aus wirtschaftlichen Unternehmungen des sechsten Jahrhunderts (Bergbau, Handel, Ausbeutung der Kleinbauern durch hochverzinsliche Darlehen). Noch zur Zeit der athenischen Demokratie arbeitete das Kapital des Adels in Unternehmungen aller Art; auf der anderen Seite versuchte der neue Reichtum, durch Grunderwerb zur »Gentry« aufzusteigen.[17] Schließlich lebten in Athen noch die Metöken, Leute, die dort ihren Geschäften nachgingen und zu beträchtlichem Reichtum gelangen konnten, jedoch nicht athenisches Bürgerrecht besaßen.

Für die Alten galt die Demokratie als die Staatsform, die »den Vorteil der Armen« verfolge (Aristoteles, *Politik* 1279b; Platon, *Politeia* 557a). In der Tat genossen die Armen nur in der Demokratie volle Staatsbürgerrechte; hier konnten gewisse Sophisten (Protagoras, Lykophron, Alkidamas) egalitäre Ideen verbreiten; die Volksversammlungen beschlossen über öffentliche Arbeiten, Flottenbau und Sonderabgaben für die Reichen, was Einkünfte für die Armen bedeutete; in den Demagogen, die zumeist dem neuen Reichtum entstammten, hatten die Armen – freilich eigensüchtige – Anwälte gegen Anmaßungen des Adels. Schließlich entschied sich das Volk in seinen Versammlungen für die imperialistische Politik der perikleischen und nachperikleischen Zeit: Die verbündeten Städte des Attischen Bundes hatten Kontributionen zu leisten, Bergwerke auf ihrem Gebiet wurden von Athen ausgebeutet, andere handeltreibende Städte diskriminiert – all dies trug zur Bereicherung Athens

17 Vgl. dazu Tarkiainen, op. cit. S. 64; Pöhlmann, op. cit. Bd. 1, S. 128 ff. Gentry heißt eine Schicht aus in bürgerliche Geschäfte eingreifendem Adel und sich feudalisierendem Bürgertum, die im England des 17. und 18. Jahrhunderts politisch führend war.

bei –; zudem konnten sich in den beherrschten Gebieten arme Athener als Kolonisten niederlassen. Nach Thukydides war das Hauptmotiv der Entscheidung im Peloponnesischen Krieg, in Sizilien einzufallen, die »maßlose Gewinnsucht« des athenischen Volkes (*Peloponnesischer Krieg*, VI, 24). Verglichen mit diesem plebejischen Imperialismus, so wird immer betont, zielte die Politik der Wohlhabenden auf die Erhaltung des Friedens ab. Diese These ist nur richtig, wenn man hinzusetzt: und auf die Wiederherstellung der Vorherrschaft des Adels, und sei es durch Kollaboration mit Sparta. Im übrigen gehörte zu den eifrigsten Kriegstreibern während des Peloponnesischen Krieges der reiche Lederfabrikant Kleon; auf den Schiffen, die zur sizilianischen Expedition (der Ursache der athenischen Katastrophe) ausliefen, reisten die Kaufleute gleich mit; am sizilianischen Abenteuer trug nicht zuletzt Alkibiades Schuld, ein ehrgeiziger und machthungriger Adliger, der nichts sehnlicher wünschte als den Sturz der Demokratie Athens. Der athenische Imperialismus lag im Interesse aller Schichten Athens. Wenn auch die arme Bevölkerung davon profitierte, so nur unter den Bedingungen der Klassengesellschaft; daher ihre fatale Bereitschaft, ihre Hoffnungen auf kriegerische Unternehmungen zu setzen.

Platon und Aristoteles standen unter dem Eindruck der Dynamik der aus Gewinn- und Machtgier »entzweiten« und nach außen hin aggressiven griechischen Staaten.[18] Diesen stellten sie ihre idealen »besten Verfassungen« entgegen, die das Wesen der alten griechischen Polis auf den Begriff bringen sollten; das Bild einer Polis, die mit der Gesamtheit ihrer Bürger, denen sie erlaubt, im Einklang mit den Strebungen ihrer Seele Tugend und damit Gerechtigkeit und Glück zu realisieren, identisch ist. Platon wie Aristoteles haben scharfsichtig auf soziale Faktoren hingewiesen, welche einer guten Verfassung der Polis im Wege stehen.

18 Vgl. Platon, *Nomoi* 627a ff.; 679e; Aristoteles, *Politik*, Achtes Buch.

Im Naturzustand, so meint Platon, hätten die Menschen in Bedürfnislosigkeit und, ohne Mangel zu leiden, in Liebe und gegenseitigem Wohlwollen zusammengelebt.[19] Diese Menschen kannten weder Handel noch Geldwirtschaft, daher auch weder »Frevel noch Ungerechtigkeit, weder Scheelsucht noch Mißgunst«, auch keine »Rechtshändel und Entzweiungen« (*Nomoi* 679a ff.). Gedeihen jedoch Handel und Gelderwerb, so erzeugt dies »in den Seelen eine veränderliche und unzuverlässige Gesinnung« und macht »die Bürger unzuverlässig und lieblos gegeneinander sowie desgleichen auch gegen andere Menschen« (*Nomoi* 705a). Das Streben nach Reichtum und Befriedigung der fortwuchernden Bedürfnisse bildet schließlich einen fortwährenden Anlaß zu Kriegen (*Politeia* 373d; 548a). Aus all dem ergibt sich, daß es unmöglich ist, sehr reich und zugleich gut zu sein.[20] Die Sorge für den Gelderwerb gehört jedenfalls nicht zu den edlen Bestrebungen der Seele (*Nomoi* 743e).

Da aber zu den Grundsätzen einer recht geordneten Polis gehört, »daß die Bürger so glücklich und so befreundet untereinander werden wie möglich« (*Nomoi* 743c; Aristoteles, *Politik* 1295b), unkontrolliertes Erwerbsstreben jedoch zu gesellschaftlichem Unfrieden, Rechtsverletzungen und Krieg

19 Man beachte die Nähe der Schilderung des Naturzustandes durch *Platon* zu den bekannten Darstellungen von *Rousseau* und *Locke*.
20 Die Begründung, weshalb ein »ausgezeichnet Reicher« nicht zugleich »ausgezeichnet gut« sein könne, lautet: »Weil ... der rechtmäßige *und* ungerechte Erwerb mehr als doppelt so groß ist wie der bloß rechtmäßige und die Ausgaben, welche weder zu guten noch zu schlechten Zwecken verwendet werden wollen, um das Doppelte geringer als die guten, welche für gute Zwecke aufzuwenden bereit sind. Nimmermehr dürfte also wohl einer reicher werden als die mit doppeltem Erwerb und den halben Ausgaben ... Wer aber nur zu guten Zwecken etwas verwendet und nur auf rechtmäßige Weise etwas erwirbt, der dürfte wohl nicht so leicht vorzüglich reich noch auch sehr arm werden; so daß unsere Behauptung richtig ist, daß die sehr Reichen nicht gut, wenn aber nicht gut, auch nicht glücklich sind.« (*Nomoi* 743a ff.).

führt, können jene Schichten der Bevölkerung, deren Geist vom Herstellen und Tausch von Waren zu Erwerbszwecken mit Beschlag belegt und entstellt ist, nicht Vollbürger einer ausgezeichnet verfaßten Polis sein (*Nomoi* 743d, 850, 919 f.; *Politik* 1327b, 1328b). Die Vollbürger im besten Staat des Aristoteles müssen den Grundbesitz in Händen haben, »denn die Bürger müssen wohlhabend sein. [...] Die gewöhnlichen Handwerker zählen nicht zur eigentlichen Bürgerschaft, sowenig wie sonst eine Klasse, die nicht den Werken der Tugend obliegt.« Aus dem gleichen Grund muß die Landwirtschaft von »Sklaven oder Barbaren oder Hintersassen (Fronbauern)« betrieben werden (*Politik* 1329a).

Platon und Aristoteles lösen also das Problem der inneren Pazifizierung der Gesellschaft – der Voraussetzung des gut geordneten Tugendstaates – dadurch, daß sie die mit der Produktion und Distribution von Gütern beschäftigten Schichten vom Bürgerrecht und damit von der Partizipation an politischen Entscheidungen ausschließen und der Herrschaft der grundbesitzenden Vollbürger unterwerfen. Dies war in ihren Augen deshalb legitim, weil die Seelenkräfte dieser Menschen aufs Herstellen und Verteilen von Gütern, dagegen nicht auf die Werke der Tugend (mit denen es Politik zu tun hat) gerichtet waren. Jeder geht der Tätigkeit nach, wozu ihn die Qualität seiner Seelenkräfte befähigt. Deshalb ist bei Platon in der Tat der Staat gerecht, »if the ruler rules, if the worker works, and if the slave slaves« (Popper).[21] Damit sind Platon und auch Aristoteles hinter die bereits zu ihrer Zeit erreichte Einsicht zurückgefallen, daß das Glück, das Tugendhafte der Seele in der Teilhabe am Politischen zu entfalten, keinem Bürger, wessen Stands er auch sei, verwehrt werden dürfe.

Gleichwohl hat die politische Lehre Platons und Aristoteles' vor dem liberalistisch gefärbten demokratischen Credo des

21 K. R. Popper, *The Open Society and Its Enemies*, Volume I, *The Spell of Plato*, London 1963, S. 90; vgl. auch S. 46 f.

Perikles[22] und seiner Nachfolger die Wahrheit voraus, daß bürgerliches Glück in einem von antagonistischen Interessen beherrschten Gemeinwesen vereitelt werde und dieser Antagonismus wesentlich aus der Durchtränkung der Polis vom Geist konkurrierenden Erwerbsstrebens folge: eine kritische Dimension der klassischen politischen Philosophie, die bei ihren modernen Anhängern kaum Widerhall findet.[23]

Hobbes und Locke – die Dialektik von bürgerlicher Selbstbestimmung und staatlicher Autorität

Die klassische Philosophie war vom Gedanken einer Rangordnung des Seelenvermögens beherrscht, dem ein ebenso gestuftes politisches Vermögen der Menschen und schließlich die Einteilung der Stände und der Verfassungsformen entsprachen. Eine derart gestaltete Philosophie konnte den gleichfalls hierarchisch geordneten politischen Verhältnissen des Mittelalters angepaßt werden; für den Höhepunkt der Synthese aus klassischem und christlichem Denken steht der Name des Aristotelikers Thomas von Aquin. Doch der hierarchische Bau des Feudalismus und der diese Struktur reproduzierenden mittelalterlichen Philosophie lockerte sich und wurde schließlich abgetragen in einem gesellschaftlichen Ent-

22 Die Bezeichnung »liberalistisch« mag in diesem Zusammenhang unhistorisch klingen, doch cum grano salis können die Hinweise des Perikles auf die Freiheitsspielräume der athenischen Bürger durchaus so aufgefaßt werden.

23 Für *Strauss* etwa kommt die moderne »liberale oder konstitutionelle Demokratie« den Forderungen der Klassiker nahe (Leo Strauss, *Über Tyrannis. Eine Interpretation von Xenophons ›Hieron‹ mit einem Essay über Tyrannis und Weisheit von Alexandre Kojève,* Neuwied und Berlin 1963, S. 216); Voegelin optiert für die Interessen der Unternehmer und denunziert die Gewerkschaften als »ausbeuterisch«. Vgl. dazu Gisela Kress, *Grundlegungen der Politischen Wissenschaft? Kritische Betrachtungen.* In: *Neue Politische Literatur,* II (1966), S. 385–397 (395 ff.).

wicklungsprozeß, der auch in den Wandlungen naturwissen-
schaftlichen und philosophischen Denkens seinen Niederschlag
gefunden hat.

Die Wirtschaftsweise des Feudalismus war dadurch charakterisiert, daß sie im wesentlichen über die Schranken einer
engen politischen Einheit nicht hinauswirkte; sie war Produktion für den Haushalt, den lokalen Markt (wenn vorhanden) und für die Bedürfnisse des Regionalherrn. Soweit
Güteraustausch zwischen den einzelnen weltlichen und geist-
lichen Herrschaftsgebieten stattfand, so fehlte ihm zunächst
die Dynamik, um die durch vielfältige Rechtsbeziehungen
verfestigte politische Struktur der mittelalterlichen Gesellschaft aufzubrechen. Gleichwohl entstand in den Zentren des
Fernhandels und der Produktion von Luxusgütern Handels-
und Finanzkapital, das die Produktion zum Zwecke der
Profitrealisierung vorantrieb. Wer nicht länger vorwiegend
für den eigenen Bedarf, für den Territorialherrn und für
den lokalen Markt produzierte und wer Kapital zur Ausdehnung von Produktion und Distribution einsetzte, löste
sich tendenziell aus den engen Bindungen des Feudalismus;
rechtliche und institutionelle Schranken, die der Ausbreitung
der kapitalistischen Wirtschaftsweise im Wege standen, wurden in einem langwierigen Prozeß zu Fall gebracht.[24] Auch
in der philosophischen Reflexion trat der Mensch aus der
Einbettung in den Ordo, der von der anorganischen Natur
über die gleichfalls hierarchisch strukturierte politische Ordnung bis hinauf zu Gott reichte, heraus und erschien als isoliertes, von einem prekären Gleichgewicht zwischen seiner
Vernunft und seinen Affekten bestimmtes Wesen, das nicht
länger vom der göttlichen Vernunft verwandten Streben nach
dem Guten bestimmt, sondern als Besitzer natürlicher, aus
den Affekten resultierender Rechte gedacht wurde; dem kapi-

24 Vgl. die Wirtschaftsgeschichten von *Pirenne, Max Weber, Sombart* und
Kulischer. Für Deutschland informiert knapp Karl Bosl, *Die Gesellschaft
in der Geschichte des Mittelalters,* Göttingen 1966.

talistischen Konkurrenzprinzip entsprechend wurde der einzelne häufig als mit seinen Nebenmenschen im Wettstreit liegender Egoist beschrieben.

Diese Veränderung des Menschenbildes bewirkte in den neueren Naturrechtslehren, daß der Staat nicht mehr primär als natürliche Erscheinung der gottgewollten menschlichen Soziabilität und somit als Bestandteil des göttlichen Kosmos, sondern als Schöpfung der autonomen menschlichen Vernunft betrachtet wurde. Der Naturzustand – eine Konzeption, die in den neueren Naturrechtslehren zur Erklärung der Entstehung des Staates und der Legitimation politischer Herrschaft diente – war bei Thomas Hobbes (1588-1679) durch den gegenseitigen Kampf der Menschen, die dem Druck ihrer Affekte, vor allem des Selbsterhaltungstriebs, folgten, gekennzeichnet. So entsprach der Naturzustand dem Modell einer perfekten Konkurrenzgesellschaft, in der jeder, auch der eher zur Friedfertigkeit Disponierte, vom Mechanismus des Systems zur Akkumulation von Macht gezwungen wird, will er nicht untergehen (*Leviathan*, Buch I, Kap. 11). Das Ergebnis dieses Kampfes aller gegen alle ist allgemeines Elend und ständige Todesfurcht.

In dieser unhaltbaren Situation gibt es kein anderes Entrinnen als die Errichtung einer unwiderstehbaren Gewalt, die »durch die Erzeugung von Schrecken« den »Willen aller auf den innerstaatlichen Frieden« hinlenkt (*Leviathan*, Buch II, Kap. 17). Die Konstituierung des Staates dadurch, daß die einzelnen durch Vertrag »eines jeden mit jedem« ihre natürliche Macht einem Dritten, dem Souverän, übertragen, stellt einen Akt politischer Selbstbestimmung dar. Doch ist der Staat einmal geschaffen, so treten die Bürger für immer in den Stand von Untertanen, die, bezeugen sie dem Souverän Gehorsam, dafür Schutz vor innerer und äußerer Bedrohung einhandeln.

Da das unausrottbare Machtstreben der einzelnen den Staat ständig bedroht, kann die Souveränität nicht geteilt werden;

Gewaltenteilung wäre ihr Tod. Der Wille des Souveräns ist Gesetz, das die Freiheit des Bürgers einschränkt und sein Eigentum entziehen kann. Doch der große Leviathan ist gegründet worden, um die politischen Bedingungen zu schaffen, unter denen sich das Macht- und Erwerbsstreben der einzelnen in zivilen Formen abspielen kann; daher wird der Souverän darauf achten, daß er seinen Bürgern den Freiheitsraum überläßt und, soweit die Grundlagen seiner Souveränität nicht tangiert werden, auch garantiert, den diese brauchen, um ihre Geschäfte vorantreiben zu können: »Die Freiheit eines Untertanen ist [...] auf die Dinge beschränkt, die der Souverän bei der Regelung ihrer Handlungen freigestellt hat: so zum Beispiel der Freiheit des Kaufs und Verkaufs oder anderer gegenseitiger Verträge, der Wahl der eigenen Wohnung, der eigenen Ernährung, des eigenen Berufs, der Kindererziehung, die sie für geeignet halten, und dergleichen mehr« (*Leviathan*, Buch II, Kap. 21).

Die Vorstellung der späteren liberalen Theoretiker, daß sich die durch den Markt vermittelten wirtschaftlichen Beziehungen zu stabilen gesellschaftlichen Beziehungen verdichten könnten, ja daß der Mechanismus des Marktes geradezu gesellschaftliche und politische Harmonie garantiere, ist Hobbes fremd. Da die Konstitution der Menschen so beschaffen ist, daß ihre natürliche Beziehung untereinander der Krieg ist (wobei, wie vor allem Macpherson nachgewiesen hat, dieser natürliche Mensch Züge des kompetitierenden Bürgers der Epoche trägt)[25], kann Gesellschaft überhaupt nur unter den Bedingungen des den zwischenmenschlichen Antagonismus reprimierenden autoritären Staates gedacht werden. Partizipation des Bürgers an der Politik, zumal wenn er sich mit anderen zu Interessengruppen zusammenschließt, kann die staatliche Souveränität, die Voraussetzung allen geordneten

25 Vgl. auch die Einleitung von *Iring Fetscher* zur deutschen Ausgabe des *Leviathan*.

Zusammenlebens und zugleich der bürgerlichen Wirtschaftsweise, nur ruinieren und ist deshalb unzulässig. Das natürliche Selbstbestimmungsrecht des einzelnen, das er im Naturzustand besaß und dort ein lebensgefährliches Chaos verursachte, erfuhr in der Konstituierung des Staates seine höchste Verwirklichung und wurde zugleich endgültig konsumiert: Als politisch handelnder Citoyen tritt der einzelne nur im Punkte der Staatsgründung in Erscheinung, um den vom übermächtigen Souverän geschützten politischen Raum zu schaffen, in welchem er fortan als unpolitischer Bourgeois seinen Geschäften nachgehen kann. Nur noch die Fiktion, daß der Bürger alle Akte des Souveräns als seine eigenen anzusehen habe, erinnert an den Ursprung des Staates aus dem Selbstbestimmungsrecht.

Die politische Philosophie John Lockes (1632-1704) entsprach einer neuen Etappe der gesellschaftlichen Entwicklung Englands. Noch in seinen ersten politischen Schriften hatte er, wie Hobbes unter dem Eindruck des englischen Bürgerkriegs stehend, Hobbessche Gedankengänge vertreten – doch als Vertrauter einer der Schlüsselfiguren der englischen Politik zwischen Restauration und Glorious Revolution, des Lord Shaftesbury, eines Exponenten des Londoner Handelskapitals, wandelte er sich vom Apologeten einer autoritären Staatsgewalt zum Verfechter bürgerlicher Interessen gegenüber der Krone.

Diesem Auffassungswandel lag offenbar die Idee zugrunde, daß, anders als Hobbes meinte, die bürgerliche Gesellschaft durchaus ohne den Katalysator einer autoritären Staatsgewalt lebensfähig sei. So sieht Locke den Naturzustand nicht wie Hobbes als Chaos, sondern als von Privateigentum, Geldverkehr und Warentausch strukturierte bürgerliche Gesellschaft. Allerdings gab es im Naturzustand viele Verstöße gegen das natürliche Gesetz, zumal dann, als die Einführung der Geldwirtschaft die Akkumulation von Land ermöglicht und somit die Chancengleichheit bei der Aneignung von

Land zunichte gemacht hatte.[26] Der Ausweg der Selbstjustiz war auf Dauer nicht gangbar. Deshalb kamen die Menschen im Naturzustand, der zwar prinzipiell Friedenszustand war, in einer kritischen Phase jedoch den Charakter eines Kriegszustandes angenommen hatte, überein, der ständigen Gefährdung von Leben, Freiheit und Eigentum durch Errichtung einer Staatsgewalt ein Ende zu setzen. Die wichtigste Aufgabe des Staates sollte sein, feststehende Gesetze zu erlassen, wonach künftige Rechtsbrecher zu bestrafen waren (*Second Treatise* § 131).

Zu dieser Garantie der Rechtssicherheit war jedoch keineswegs eine absolutistische Staatsgewalt nötig. Der Naturzustand wurde ja allein aufgegeben, um einen zuverlässigen Schutz vor Übergriffen gegen Leben und Eigentum zu schaffen. Gerade dies kann Locke zufolge eine autoritäre, an das Gesetz nicht gebundene Obrigkeit nicht leisten, denn die historische Erfahrung hat gelehrt, welche Gefahren für Leben, Freiheit und Eigentum von einer übermächtigen Staatsgewalt ausgehen. Deshalb muß die Staatsgewalt prinzipiell von der bürgerlichen Gesellschaft selbst kontrolliert werden; sie darf nicht konzentriert in den Händen eines einzelnen oder einer Gruppe liegen, sondern ist zu teilen, um Machtmißbrauch zu verhüten (*Second Treatise*, Chap. 12); versuchen Kreise, die an der Staatsgewalt partizipieren, die Rechte des Volkes ohne dessen Zustimmung zu beschneiden, so kann dies unter Berufung auf ein Widerstandsrecht dagegen rebellieren. Mit dieser in den frühen achtziger Jahren entwickelten Lehre hat Locke die »Glorious Revolution« ideologisch gerechtfertigt.[27]

Versucht man, die politische Theorie von Hobbes und Locke auf Kurzformeln zu bringen, so könnte man sagen, die Hobbessche Theorie habe die autoritäre Herrschaft über das Bürgertum zu dessen Gunsten, die liberalistische Locke-

26 Vgl. dazu Euchner, *Naturrecht und Politik bei John Locke*, S. 80 ff.
27 Vgl. dazu *Lasletts* Einleitung zu seiner Ausgabe der *Two Treatises*.

sche Auffassung die Herrschaft des Bürgertums über sich selbst mit Hilfe des Staatsapparates zum Inhalt. Im Grunde sind diese idealtypischen Konstellationen von Herrschaft in der bürgerlichen Gesellschaft noch heute maßgebend. Einzelne Richtungen moderner politischer Theorien der Legitimation öffentlicher Herrschaft können, ohne daß man ihnen zuviel Gewalt antäte, auf den Hobbesschen oder Lockeschen Nenner gebracht werden. Die Warnung, im Staat eine – womöglich mythisch legitimierte – über den Bürger erhabene politische Größe zu sehen, die Rede, »wir selbst« seien der Staat, die Pluralismustheorien, die Staatsgewalt und politische Willensbildung als Resultat einer gewisse Spielregeln einhaltenden Auseinandersetzung gesellschaftlicher Interessen begreifen, entsprechen (cum grano salis) dem Lockeschen Modell – jene, die (vor allem im Gefolge Carl Schmitts) auf die Gefahr der Mediatisierung des Staates durch partikulare Interessen hinweisen und dessen drohender Auflösung durch eine wie auch immer geartete »Formierung« der Gesellschaft entgegenwirken wollen, stehen in der Hobbesschen Tradition. Dabei liegt dem Lockeschen Denken die Vorstellung zugrunde, daß die Konflikte, die sich in der bürgerlichen Gesellschaft ergeben, im Rahmen des auf Privateigentum an Produktionsmitteln beruhenden Status quo durch Clearing im Parlament und anderen Schiedsstellen beilegen lassen, während Hobbessches Denken davon ausgeht, daß eben diese Konflikte den Status quo zu sprengen drohen, und daher deren Beilegung durch die staatliche Autorität fordert. Der »Lockeanismus« scheint die Schönwetter-, der »Hobbesianismus« die Schlechtwetter-Philosophie der bürgerlichen Gesellschaft zu sein – nicht zuletzt nach Maßgabe der Konjunkturzyklen schiebt sich die eine oder die andere in den Vordergrund.

*Mandeville – die Armen als Reichtum der bürgerlichen
Gesellschaft*

Die Theorien der bürgerlichen Gesellschaft von der Art
Lockes gingen von der Vorstellung aus, daß das die göttliche
Vernunft widerspiegelnde, Solidarität unter den Menschen
gebietende natürliche Gesetz und das egoistische Verhalten
des Kapital akkumulierenden Bürgers auf einen Nenner zu
bringen seien. Bernard Mandeville (1670-1733)[28], wohl der
scharfsinnigste Analytiker der voller Entfaltung zustreben-
den bürgerlichen Konkurrenzgesellschaft, hielt diese Annahme
für eine Illusion. Seine Devise hieß »Private Vices, Publick
Benefits«: Damit war gemeint, das Einhalten moralischer
Gebote könne das Gedeihen der Wirtschaft nur behindern –
je rücksichtsloser dagegen jeder sein Privatinteresse verfolge,
desto stärker werde die Prosperität des ganzen Landes gefördert. Mandevilles Lehre treibt die (immer noch ethisch
abgestützte) Theorie Adam Smiths von der »invisible hand«
Gottes, die, wenn jeder Agent des ökonomischen Prozesses
seinem privaten Vorteil nachgehe, vom Willen der Beteiligten unbeabsichtigte Harmonie erzeuge, gleichsam zum Par-
oxysmus: Die These, daß kompetitives Verhalten den gesellschaftlichen Progreß bewirke, wird bekräftigt, zugleich jedoch
dezidiert bestritten, daß dies Tun moralisch zu rechtfertigen
sei – Mandeville betont, daß am gesellschaftlichen Reichtum
nur die Begüterten partizipieren können, Arbeiter und Paupers dagegen notwendig im Elend verharren müssen. Es wäre
unsinnig, die Armut abschaffen zu wollen, denn »in einem
freien Volke, wo die Sklaverei verboten ist, (besteht) der
sicherste Reichtum in einer großen Menge schwer arbeitender
Armer« (*Bienenfabel*, Abhandlung über Armenschulen). Um
dem Ausland gegenüber konkurrenzfähig zu bleiben, dürften
die Löhne das zur Erhaltung der Arbeitskraft und der Arbei-

28 Vgl. dazu die Einleitung von Euchner zu Mandeville, *Bienenfabel.*

terfamilien unbedingt Notwendige nicht übersteigen. Gefährlich seien Fürsorgemaßnahmen wie Armenschulen, da dort nur künftige Gauner, wenn nicht Rebellen, erzogen würden.

Noch Hobbes und Locke gehen auf das Problem der Proletarier und Paupers nur am Rande ein. Die Besitzlosen, rund die Hälfte der englischen Bevölkerung, gehörten für Locke und die ihm folgenden Ideologen der bürgerlichen Gesellschaft wie selbstverständlich nicht zur »civil society«; sie kamen allein als Objekte der »charity« in Betracht. Zur Zeit Mandevilles begannen sich die Dimensionen der künftigen »Arbeiterfrage« bereits abzuzeichnen. Gewerkschaftsähnliche Gesellenvereinigungen bildeten sich, von Mandeville wütend beschimpft und von der Regierung sogleich unterdrückt. Mandeville hat die Bedrohung der bürgerlichen Gesellschaft durch das rapide anwachsende Proletariat genau gesehen. Dieser Gefahr, so schlägt er vor, könne man beikommen, indem man einen militärähnlichen Arbeitsdienst einrichte und ihn zur Urbarmachung von Sümpfen und zu anderen gigantischen Projekten einsetze.

Genau wie Locke war Mandeville ein Anhänger der liberalen Whigs. Die nicht zuletzt von Locke beeinflußte Whig-Ideologie wird häufig als Vorform der heute herrschenden Auffassung von liberaler Demokratie angesehen. Diese Perspektive ist verzerrt, wird nicht zugleich bedacht, daß der englische Whig-Liberalismus diejenigen, von deren Arbeit er lebte, nicht als legitimen Teil von »commonwealth« und »civil society« anerkannte.

Rousseau – die bornierte Kleinbürger-Demokratie

Die eigentliche Gegenposition zur politischen Philosophie des englischen Großbürgertums, die im Frankreich des 17. Jahrhunderts sehr einflußreich gewesen war, entwickelte Jean-

Jacques Rousseau (1712-1778).[29] Was ihm an ihr an erster Stelle nicht akzeptabel erschien, war ihre Anthropologie, die den Menschen primär durch seine egoistischen Affekte definierte. Die vermeintlich natürlichen Egoisten seien nichts anderes als die Produkte der bürgerlichen Gesellschaft, die Egoisten erzeuge; die Verfechter dieses Menschenbilds »savent très bien ce que c'est qu'un bourgeois de Londre ou de Paris; mais ils ne sauront jamais ce que c'est qu'un homme«.[30] Der Naturmensch der ersten Phasen des Naturzustandes habe ebensosehr Mitgefühl wie Selbstliebe (amour de soi) empfunden; die moralisch verwerfliche Selbstsucht (amour propre) wurde überhaupt erst zur beherrschenden Leidenschaft, als sich die Menschheit nach der Einführung der Arbeitsteilung, des Eigentums und der Geldwirtschaft in Arm und Reich gespalten hatte. Die Gattungsgeschichte besteht für Rousseau in einem ständig fortschreitenden Prozeß moralischer Depravation.

Eine vernünftige Gesellschaftsordnung, die das politische Kardinalproblem löst, wie »jeder, obwohl er sich mit allen zusammenschließt, dennoch nur sich selbst gehorchen und ebenso frei bleiben [könne] wie zuvor« (d. h. im Naturzustand) (*Contrat Social* I,6), ist nur herzustellen, wenn die Menschen noch einigermaßen gegenseitige Solidarität und Sinn für gerechte politische Ordnung empfinden: mit den »bourgeois de Londres ou de Paris« ist dies jedenfalls nicht möglich, eher noch mit den weniger von Selbstsucht depravierten Polen und Korsen. Ein Staat, in dem die ideale Verfassung des Contrat Social realisiert werden könnte, sollte nicht größer als ein Stadtstaat der Antike sein; unter den Bürgern sollte es keinen ins Gewicht fallenden Vermögensunterschied geben; am besten geeignet wäre eine Gesellschaft von Kleinbauern und Kleinhandwerkern; am wichtigsten jedoch ist, daß ihr Geist vom amour propre nicht so sehr ent-

29 Vgl. dazu Fetscher, *Rousseaus politische Philosophie*.
30 Zitiert bei Fetscher, Einleitung zum *Leviathan*, S. LIV.

stellt ist, daß sie den gerade ihrem Gemeinwesen eigenen Logos, die »volonté générale«, eine Nachbildung der unzugänglichen göttlichen Gerechtigkeit durch den Spruch tugendhafter Bürger, erkennen und auf der Volksversammlung als Gesetz aussprechen können. Je mehr sich unter den Bürgern das Partikularinteresse durchsetzt, desto weniger werden sie dazu in der Lage sein.

Da jedoch die Partikularinteressen ständig überhandzunehmen drohen, müssen die Bürger gewisse Vorkehrungen treffen, um den Zerfall der Homogenität ihres Staates aufzuhalten oder doch zu verlangsamen. Es ist darauf zu achten, daß die Bürger an ihren nationalen Sitten und Gebräuchen festhalten; ein staatliches Credo, die »réligion civile«, zu der sich jeder Bürger, will er nicht schwerste Strafen riskieren, bekennen muß, soll die Transzendenz der nationalen Einheit verbürgen. Zwar ist die heute gängige These, Rousseau sei der Vorläufer der »totalitären Demokratie« gewesen (ein Terminus von komfortablem Umfang, worin Nationalsozialismus und Kommunismus zugleich Platz finden), nicht zu halten – Rousseaus Intentionen werden besser getroffen, wenn man sie als kleinbürgerlich-egalitäre Adaption der klassischen Politik begreift.[31] Gleichwohl fällt eine typische Borniertheit des Rousseauschen Entwurfs auf, die neben dem demokratischen und egalitären Ansatz steht: künstliche Erzeugung patriotischer Begeisterung, Zurechtstutzen der Künste zur biederen Nationalkultur, puritanische Sittenstrenge, Abkapselung gegen das Ausland – Konsequenzen der Vorstellung, die gesellschaftliche Entwicklung lasse sich auf dem Stand kleinbürgerlicher Besitzverhältnisse stabilisieren.

31 Vgl. Fetscher, *Rousseau*, S. 259 ff. – Die These von der »totalitären Demokratie« stammt von J. L. Talmon, *The Rise of Totalitarian Democracy*, Boston 1952 (dt. *Die Ursprünge der totalitären Demokratie*, Köln 1961).

Immanuel Kant (1724-1804) hat die politische Philosophie
der bürgerlichen Freiheitsbewegung den Bedingungen des
aufgeklärten Absolutismus angepaßt. Auf den ersten Blick
scheinen die zentralen Aussagen der *Metaphysik der Sitten*
(*Das Staatsrecht*, §§ 43 ff.) ganz auf der Linie Locke, Rousseau und Montesquieu (Gewaltenteilung) zu liegen: »Ober-
haupt des Staates« kann, »nach Freiheitsgesetzen betrachtet,
kein anderer als das vereinigte Volk selbst sein«, die gesetz-
gebende Gewalt »nur dem vereinigten Willen des Volkes
zukommen« (wobei, typisch für frühbürgerliches politisches
Denken, die »Qualifikation zum Staatsbürger« »Selbständigkeit« voraussetzt). Der »Regent des Staates« (rex, princeps)
ist dem »Souverän« (dem Volk) unterstellt; »jener (sc. der
Souverän) kann diesen (sc. den Regenten) auch in seine Gewalt nehmen, ihn absetzen, oder seine Verwaltung reformieren«.
Doch im Gesamtsystem der Kantschen Philosophie wird der
liberale und demokratische (genauer »republikanische«)[32]
Gehalt der rezipierten frühbürgerlichen Theoreme auf eine
für Kant charakteristische Weise wieder zurückgenommen.
Seine liberale politische Philosophie ist »nach dem transzen-
dentalen Begriffe des öffentlichen Rechts« entwickelt; sie besteht aus »bloßen Ideen der Vernunft«: »Die Idee einer mit
dem natürlichen Rechte der Menschen zusammenstimmenden
Konstitution: daß nämlich die dem Gesetz Gehorchenden
auch zugleich, vereinigt, gesetzgebend sein sollen, liegt bei
allen Staatsformen zum Grunde, und das gemeine Wesen,

32 Unter »Republikanism« versteht Kant eine Staatsform mit Gewaltenteilung. Demokratie bedeutet im Verständnis Kants eine Staatsform, die
dieses Prinzip nicht kennt, daher lehnt er sie ab. Die heutige parlamen-
tarische Demokratie wäre im Kantschen Sprachgebrauch eine Republik.
Vgl. Kant, *Zum Ewigen Frieden*, Erster Definitivartikel.

welches, ihr gemäß, durch reine Vernunftbegriffe gedacht, ein platonisches *Ideal* heißt (respublica noumenon), ist nicht ein leeres Hirngespinst, sondern die ewige Form für alle bürgerliche Verfassung überhaupt. Eine dieser gemäß organisierte bürgerliche Gesellschaft ist die Darstellung derselben nach Freiheitsgesetzen durch ein Beispiel in der Erfahrung (respublica phaenomenon), und kann nur nach mannigfaltigen Befehdungen und Kriegen mühsam erworben werden; ihre Verfassung aber, wenn sie im großen einmal errungen worden, qualifiziert sich zur besten unter allen, um den Krieg, den Zerstörer alles Guten, entfernt zu halten; mithin ist es Pflicht, in eine solche einzutreten, vorläufig aber (weil jenes nicht so bald zu Stande kommt) Pflicht des Monarchen, ob sie gleich *autokratisch* herrschen, dennoch *republikanisch* (nicht demokratisch) zu regieren, d. i., das Volk nach Prinzipien zu behandeln, die dem Geist der Freiheitsgesetze (wie ein Volk mit reifer Vernunft sie sich selbst vorschreiben würde) gemäß sind, wenn gleich dem Buchstaben nach es um seine Einwilligung nicht befragt würde.«[33]

Aus dem Postulat der praktischen Vernunft, daß eine republikanische Verfassung anzustreben sei, folgt also nicht, daß die Bürger ihr Schicksal selbst in die Hand nehmen und die Hindernisse, die einem freiheitlichen Gemeinwesen im Wege stehen, beiseite räumen sollten. Der »Fortschritt zum Besseren« kann nicht »von unten hinauf«, sondern nur »von oben herab«, d. h. von einem aufgeklärten Fürsten von der Art Friedrichs II. erwartet werden.[34]

Kant hegt die Hoffnung, daß in der Geschichte reale Kräfte eine Tendenz erzeugten, welche die Menschheit notwendig dazu bestimmten, sich in republikanischen Staaten zu organisieren und schließlich eine Weltföderation von Republiken zur Erhaltung des Weltfriedens zu schaffen. Der Antrieb,

33 *Ob das menschliche Geschlecht im beständigen Fortschreiten zum Besseren sei*, 8.
34 A.a.O., 10.

der dieser Tendenz zugrunde liegt, ist die »ungesellige Geselligkeit« des Menschen (*Idee zu einer allgemeinen Geschichte in weltbürgerlicher Absicht,* Vierter Satz). Wie Mandeville und Adam Smith sieht Kant in dem vom Gewinnstreben des einzelnen hervorgebrachten Antagonismus der bürgerlichen Gesellschaft den Motor des Fortschritts; in einer gewissen Epoche der Gattungsgeschichte sind der Menschheit sogar Kriege förderlich, da diese die Menschen zur Ausbreitung über den Erdball und »in mehr oder weniger gesetzliche Verhältnisse zu treten genötigt« haben (*Zum ewigen Frieden,* Erster Zusatz). Doch in den bereits republikanisch verfaßten Staaten beginnen die Bürger zu erkennen, daß der Krieg Handel und Wandel stört und daß sie es sind, die letztlich die Kosten zu tragen haben – immer deutlicher tritt vor Augen, daß nur eine Weltföderation von Republiken das Zeitalter der Kriege beenden könne.

Kant hält in Übereinstimmung mit seinem philosophischen Ansatz daran fest, daß es unmöglich sei, die Idee des Republikanismus und des von dessen allgemeiner Durchsetzung abhängigen ewigen Friedens aus dem natürlichen Lauf der Menschheitsgeschichte theoretisch abzuleiten; gleichwohl bleibe es begründet, mit einer »Zweckmäßigkeit« des »Mechanism der Natur« zu rechnen (ebenda). Die Bürger nehmen an diesem Prozeß gleichsam bewußtlos teil – sie glauben, ihren Privatinteressen zu folgen und treiben doch, nämlich gerade indem sie dies tun, die gesellschaftliche und politische Entwicklung zum Besseren voran. Bewußte Agenten des Fortschritts sind vor allem die Fürsten und die Philosophen, die im Reiche der intelligiblen Welt zu Hause sind und die Vernunftprinzipien der Verfassung kennen (und daß dies so ist, scheint Kant zu meinen, muß ein aufgeklärtes Publikum einsehen). Dem Bürger geziemt es nicht, über den »Ursprung der obersten Gewalt [...] werktätig zu vernünfteln« – doch wie ist ein selbstbewußter Bürger denkbar, der über die Legitimität der Herrschaft, der er sich unterwerfen soll, nichts weiß? Widerstand gegen die Obrigkeit oder gar Revolution sind abscheuliche Verbrechen (*Metaphysik der Sitten, Staatslehre*).

Kant, der wie Hobbes glaubt, das prinzipiell antagonistische Verhalten der Menschen werde, wenn unkontrolliert, die gesellschaftliche Ordnung sprengen, teilt mit jenem auch die Furcht, daß eine Minderung der realen Macht des Monarchen, und sei es auch nur durch »Vernünfteln«, zur »Zernichtung der ganzen gesetzlichen Verfassung« (ebenda) führen müsse. Trotz seines Sapere aude! und obgleich Anwalt der Publizität philosophischer Maximen, scheint ihm das Herrschaftswissen Privilegierter akzeptabel, wenn es um die Erhaltung eines bestehenden Staates geht.[35]

J. St. Mill – die Integration der Arbeiterklasse in die bürgerliche Gesellschaft

Zur Zeit der Französischen Revolution konnte die Illusion gehegt werden, die Herrschaft des (sich mit dem genre humain identifizierenden) Dritten Standes werde das Reich der Freiheit, Gleichheit und Brüderlichkeit verwirklichen. Doch bereits wenige Jahrzehnte später hatte die bloße Existenz des Vierten Standes das bürgerliche Modell einer harmonischen Gesellschaft gleichberechtigter, durch Marktbeziehungen zugleich verbundener und geschiedener selbständiger und gebildeter Bürger widerlegt. In *diese* civil society war das Proletariat nicht zu integrieren.

In England versuchte die von den Ideen der Französischen Revolution inspirierte Bewegung der »Radicals«, den Eintritt der Arbeiterklasse in die bürgerliche Gesellschaft durch Kampf ums allgemeine Wahlrecht zu erzwingen. Eine

35 Vgl. dazu Jürgen Habermas, *Strukturwandel der Öffentlichkeit. Untersuchungen zu einer Kategorie der bürgerlichen Gesellschaft*, Neuwied 1962, S. 118 ff.

Gruppe bürgerlicher Intellektueller, die »Philosophical Radicals« um Jeromy Bentham (1748-1832) und James Mill (1773-1836), sympathisierte mit dieser Forderung der »Radicals«; das allgemeine Wahlrecht war in ihren Augen dazu geeignet, den die Entfaltung der gesellschaftlichen Kräfte behindernden Feudalismus zu beseitigen und einer freiheitlichen Gesellschaftsordnung den Weg zu bahnen, die jedem die Verfolgung seiner eigenen (nicht zuletzt ökonomischen: die Philosophical Radicals waren Anhänger der klassischen Nationalökonomie und des free trade) Interessen im Rahmen aufgeklärter Gesetze ermöglichte. Eine solche Gesellschaftsordnung war nur zu schaffen, wenn auch die Vertreter der Arbeiterschaft im Parlament saßen; nur so konnten die Interessen der Regierung mit dem als the greatest happiness of the greatest number definierten Gemeinwohl in Übereinstimmung gebracht werden.

Diesen Gedanken lag die Vorstellung zugrunde, daß Arbeiter potentielle Bürger seien, da eine Gesellschaft verwirklicht werden könne und müsse, in der jeder die gleichen Chancen habe, ins durch Besitz und Bildung gekennzeichnete Bürgertum aufzusteigen. Zwar müsse vorerst noch die Zulassung zum Stimmrecht mit dem Nachweis einer bestimmten Bildung verkoppelt werden; das allgemeine Wahlrecht sei erst dann zu realisieren, wenn durch Volkserziehung jedermann zu einem gebildeten Bürger geworden sei. Die Perspektive der Philosophical Radicals bleibt aber die integrale harmonische bürgerliche Gesellschaft; die Nähe zum ökonomischen Modell Adam Smiths ist unverkennbar.

John Stuart Mill (1806-1873), als Sohn James Mills und Schüler Benthams in seiner frühen Jugend glühender Verfechter der politischen Prinzipien der Philosophical Radicals, sah sich unter dem Eindruck des sich organisierenden und potentiell revolutionären Proletariats gezwungen, die politische Formel seiner Mentoren zu revidieren. Er hielt an seinem Postulat fest, daß jedermann das Recht habe, seine

Individualität optimal zu entfalten; hierzu gehöre auch die politische Betätigung, speziell das aktive und passive Wahlrecht, das der Arbeiterklasse nicht vorenthalten werden dürfte.[36]

Doch der Wettbewerb der Meinungen voll ausgebildeter Individuen, der, vergleichbar den optimierenden Wirkungen des Marktes, auf allen Wissensgebieten, auch in der Politik, zur Annäherung an das Vernünftige und Richtige führt, wird, wie Mill glaubt, durch die engen Gruppeninteressen und -vorurteile der Kleinbürger und Arbeiter beeinträchtigt: Die »öffentliche Meinung«, der im relativ homogenen Milieu des Besitz- und Bildungsbürgertums diskutant geklärte politische Wille des Dritten Standes, schlägt im Verlauf der (von der Idee der Öffentlichkeit selbst geforderten) Erweiterung des Publikums um die bisher politisch entmündigten Schichten um in die Herrschaft des unaufgeklärten Vorurteils der Masse, in die »tyranny of the majority« (*On Liberty, Introductory*).

Deshalb bedroht der Einzug der Repräsentanten der Arbeiterklasse ins Parlament die Herrschaft der aufgeklärten (bürgerlichen) Vernunft. Dabei fürchtet Mill nicht einmal so sehr direkte Übergriffe der »majority of the poor« auf das Eigentum oder gar revolutionäre Maßnahmen (hierzu hatte Mills Freund Alexis de Tocqueville, der es mit dem französischen Proletariat zu tun hatte, mehr Anlaß) als vielmehr eine schädliche Wirtschaftspolitik auf Grund eines borniertes Klasseninteresses, »legislative attempts to raise wages, limitation of competition in the labor market, taxes or restrictions on machinery [...] even, perhaps, protection of the home producer against foreign industry« (*Representative Government*, Chap. VI).

Mills Forderung der politischen Emanzipation der Arbeiterklasse erwuchs notwendig aus den Prinzipien, die er in *On*

36 Vgl. dazu Mills Schriften *On Liberty* und *Representative Government* sowie seine *Autobiography* (ed. World Classics, New York 1956).

Liberty entwickelt hatte. Doch nachdem das Proletariat, wie die englische Arbeiterbewegung (Chartisten) und die französischen Revolutionen von 1830 und 1848 gelehrt hatten, als potentiell revolutionäre Kraft gelten mußte, konnte es nicht mehr, wie es noch die Philosophical Radicals vermocht, als Quasi-Bourgeoisie ins theoretische Kalkül eingesetzt werden, vielmehr war mit ihm als Klasse mit besonderem Klasseninteresse zu rechnen. Wollte Mill also nicht ins Lager der Sozialisten überwechseln, so mußte er sich der Aufgabe stellen, wie das Proletariat *als Proletariat* der bürgerlichen Gesellschaft eingegliedert werden könne. Die erste Voraussetzung hierfür war, daß das allgemeine Wahlrecht die Vorherrschaft der aufgeklärten bürgerlichen Vernunft nicht gefährde. Deshalb propagierte Mill ein nach dem Grad der Bildung abgestuftes Stimmrecht. Wahlberechtigt dürfe nur sein, wer zumindest lesen, schreiben und rechnen könne. Obwohl keineswegs Apologet des Besitzbürgertums, läßt Mill in diesem Zusammenhang Besitz und Bildung zusammenfallen: »An employer of labour is on the average more intelligent than a labourer; for he must labour with his head, and not solely with his hands. [...] A banker, merchant, or manufacturer is likely to be more intelligent than a tradesman, because he has larger and more complicated interests to manage.« Wer derartige »superior functions« ausübe, dem müßten »two or more votes« zur Verfügung stehen, erst recht den liberalen Berufen und Inhabern akademischer Grade. Auf diese Weise solle verhindert werden, daß eine Klasse das Übergewicht über die andere bekomme (*Representative Government*, Chap. VIII).

Mills Programm, die Virulenz künftiger sozialer Konflikte durch eine institutionalisierte Ausbalancierung der Klassen zu entschärfen, ließ sich unter den Bedingungen des Imperialismus und der enorm gestiegenen Produktivität des durch Kapitalgesellschaften und Kartelle gekennzeichneten modernen Kapitalismus in vielen westlichen Ländern auch bei all-

gemeinem und *gleichem* Wahlrecht realisieren – dort nämlich, wo sich die Mehrheit des Proletariats und seine reformi-
stischen Führer von der Erfahrung leiten ließen, daß die
materiellen Lebensverhältnisse der Arbeiterschaft auch ohne
revolutionäre Umwälzung der Gesellschaft zu verbessern
waren. Doch gerade weil das Proletariat in der bürgerlichen
Gesellschaft als Proletariat weiterbesteht, harrt das grundlegende Prinzip des Millschen Humanismus, das Bild eines
Individuums, das seine geistigen und körperlichen Anlagen
allseitig zu entfalten vermag, noch der Verwirklichung –
und damit zugleich die verfassungsmäßige Erklärung der
Volkssouveränität, die nur zusammen mit der Emanzipation
aller Bürger zu denken ist.[37]

III Anmerkungen zur interpretatorischen Perspektive

Die vorausgegangenen Untersuchungen wurden Modellanalysen genannt, weil, wie es scheint, das Paradigmatische
der Herrschaftsstruktur einer bestimmten Gesellschaftsordnung in der abstrahierenden Verkürzung und Brechung durch
eine politische Theorie (die wiederum in ihrem historischen
Kontext zu explizieren ist) verdeutlicht werden kann. Die politischen Philosophen haben, indem sie das Wesen der politischen Phänomene ihrer Epoche zu bestimmen versuchten, die
Vielfalt der politischen Einzelphänomene auf Begriffe gebracht – eine Abstraktion, die dem späteren Betrachter das
Begreifen politischer und sozialer Konstellationen erleichtert.
Die als Beispiele dienenden politischen Theorien und gesellschaftlichen Strukturen sollten unter demokratietheoretischem
Aspekt untersucht werden. Damit war gemeint, daß die

37 Vgl. dazu Habermas, *Öffentlichkeit* (s. Anm. 35), S. 145 ff. Vgl. auch
zu dieser Problematik Eike Hennig, *Zur Dialektik von Pluralismus und
Totalitarismus.* In: *Der Staat,* VII (1968), S. 287–306.

Analyse auf den Nachweis von gesellschaftlichen und politischen Strukturen, vorab von Klassen-, Gruppen- und Eigentumsverhältnissen und dadurch bedingter Interessenkonstellationen sowie auf den Niederschlag, den dies in den von den gesellschaftlichen Gruppeninteressen nicht ablösbaren politischen Philosophien gefunden hatte, gerichtet war. Es sollte gezeigt werden, wie sich politische und soziale Herrschaftsverhältnisse als Hindernisse von Emanzipation und zugleich als Erkenntnisschranken politischer Theorie erwiesen. Soweit die Formen von Herrschaft und sozialer Abhängigkeit, die hierbei ins Blickfeld getreten sind, mehr oder weniger modifiziert fortdauern, sind die Probleme, die sich in den Modellanalysen zeigten, zugleich die Probleme der heutigen gesellschaftlichen Organisation. Deshalb kann die Beschäftigung mit der politischen Ideengeschichte als Propädeutik einer Gegenwartsanalyse bezeichnet werden; so gesehen ist es auch sinnvoll, von der Konstanz der politischen Generalthemen zu sprechen, die als Kategorien von historisch variablem und veränderbarem Inhalt noch keine ewigen »Grundbefindlichkeiten« aller Politik zu sein brauchen.

Politische Theorien können unter einer Vielfalt von relevanten Aspekten untersucht werden, etwa im Hinblick auf das Hobbessche Leitmotiv des reziproken Verhältnisses von bürgerlichem Gehorsam und Schutz durch die Staatsgewalt, dem Kern aller etatistischen Staatstheorie. Häufig liegt dieser Perspektive die Auffassung zugrunde, daß der Mensch das »zur Chaotik, zur Ausartung bereite Tier« sei, stets bereit, die sozialen Ordnungen zu sprengen, werde sein Verhalten nicht von Institutionen (gesellschaftlichen Einrichtungen, Gesetzen, Kommunikationsstilen) stabilisiert. Biologische und soziale Sachzwänge, so wird behauptet, ließen emanzipatorische Forderungen als unrealistisch, ja gefährlich erscheinen.[38] Unter der Prämisse einer Anthropologie, die je-

38 Vgl. etwa Arnold Gehlen, *Anthropologische Forschung*, Reinbek bei Hamburg 1961, S. 23 ff. Vgl. auch Helmut Schelsky, *Der Mensch in der*

des Herrschaftssystem allein um seines Stabilisierungseffektes willen gutheißen muß, ist eine demokratietheoretische Interpretation der politischen Ideengeschichte allerdings nicht möglich. Doch die Ergebnisse dieser Anthropologie sind nicht gesichert, und die politische Psychologie hat Gründe, welche gerade die Perpetuierung von irrationaler Herrschaft und damit von Frustration, Aggression und seelischer Verkümmerung als die eigentliche Gefahr für die Zukunft der Menschengattung erscheinen lassen. Noch immer fordert die an sozialen Erfahrungen und deren Reflexion durch Theorie aufgeklärte praktische Vernunft die Aufhebung rational nicht legitimierbarer Herrschaft.[39]

Bibliographie

I Einführende Literatur

a) die wichtigsten Hilfsmittel
George H. Sabine, *A History of Political Theory,* London 1963[3] (immer noch der umfassendste, am gründlichsten orientierende Überblick).
Klassiker des politischen Denkens. Hrsg. v. Hans Maier, Heinz Rausch, Horst Denzer. Erster Band von Plato bis Hobbes, zweiter Band von Locke bis Weber. München 1968 (zumeist geistesgeschichtlich orientierte Essays über die wichtigsten Klassiker. Ausgezeichnete Bibliographie auf dem neuesten Stand).
Jürgen Habermas, *Theorie und Praxis. Sozialphilosophische*

wissenschaftlichen Zivilisation. In: Ders.: *Auf der Suche nach Wirklichkeit. Gesammelte Aufsätze,* Düsseldorf-Köln 1965, S. 439-480.
39 Um diese Problematik kreisen die Forschungen von Jürgen Habermas. Vgl. zuletzt: *Erkenntnis und Interesse.* Frankfurt/M 1968 (= Theorie).

Studien, Neuwied und Berlin 1963 (= POLITICA Bd. 11). (Erweiterte und neu eingeleitete Ausgabe: Frankfurt/M. 1971 = suhrkamp taschenbuch 9) (methodisch grundlegende Interpretationen).

b) weiterführende Literatur

Hannah Arendt, *Between Past and Future. Six Exercises in Political Thought,* Cleveland and New York 1963 (Abgrenzung von traditioneller und moderner politischer Theorie).

Aufgabe und Selbstverständnis der politischen Wissenschaft. Hrsg. v. Heinrich Schneider, Darmstadt 1967 (= Wege der Forschung, Band CXIV) (einschlägige Aufsätze v. Hennis, Oberndörfer, Kuhn, Sontheimer, Landshut).

Isaiah Berlin, *Does Political Theory Still Exist,* In: *Philosophy, Politics and Society* (Second Series), ed. Peter Laslett and W. G. Runciman, Oxford 1962, S. 1-33 (Plädoyer für die Erneuerung der politischen Philosophie).

William T. Bluhm, *Theories of the Political System. Classics of Political Thought & Modern Political Analysis,* Englewood Cliffs, N. J. 1965.

Andrew Hacker, *Political Theory: Philosophy, Ideology, Science,* New York 1961.

Wilhelm Hennis, *Politik und praktische Philosophie. Eine Studie zur Rekonstruktion der politischen Wissenschaft,* Neuwied und Berlin 1963 (= POLITICA Bd. 14) (Erneuerung der Politikwissenschaft im Geist der Tradition).

L'idée de philosophie politique, Paris 1965 (einschlägige Beiträge von Arnaud, Polin u. a.).

John Plamenatz, *Man and Society. A Critical Examination of Some Important Social and Political Theories from Machiavelli to Marx.* Two Volumes, London 1963.'

Leo Strauss, *Natural Right and History,* Chicago 1953 (*dt. Naturrecht und Geschichte,* Stuttgart 1956).

Ders., *What is Political Philosophy? And other Studies,*

Glencoe, Illinois 1959 (beide Arbeiten enthalten wichtige Kritik an der Entwicklung der politischen Philosophie).
Jean Touchard, *Histoire des idées politiques.* 2 vol. Paris 1962 (Knappe informative Überblicke, gute Bibliographie).
T. D. Weldon, *The Vocabulary of Politics*, Harmondsworth 1960 (= A Pelican Book).
Ders., *States and Morals. A Study in Political Conflicts,* London 1962 (Beide Arbeiten sprachkritische Analysen politischer Philosophie).

II Quellentexte

Platon, *Sämtliche Werke* (=Rowohlts Klassiker der Literatur und der Wissenschaft, Hrsg. v. Ernesto Grassi), Hamburg 1957 ff., VI Bde.
Aristoteles, *Politik.* Übersetzt und mit erklärenden Anmerkungen und Registern versehen v. Eugen Rolfes, Hamburg 1958 (= Philosophische Bibliothek Band 7).
Thomas Hobbes, *Leviathan or the Matter, Forme and Power of a Commonwealth Ecclesiasticall and Civil.* Ed. and with an Introduction by Michael Oakeshott, Oxford 1960.
ders., *Leviathan oder Stoff, Form und Gewalt eines bürgerlichen und kirchlichen Staates.* Hrsg. u. eingel. v. Iring Fetscher, Neuwied und Berlin 1966 (= POLITICA Band 22).
John Locke, *Two Treatises of Government. A Critical Edition with an Introduction and Apparatus Criticus by Peter Laslett,* Cambridge 1960.
John Locke, *Zwei Abhandlungen über die Regierung.* Hrsg. u. eingel. v. Walter Euchner, Frankfurt/Wien 1967 (= Politische Texte).
Bernard Mandeville, *Die Bienenfabel oder Private Laster, öffentliche Vorteile.* Einleitung von Walter Euchner, Frankfurt/M. 1968 (= Theorie).
Jean-Jacques Rousseau, *Du contrat social; Discours sur les*

sciences et les arts; Discours sur l'origine de l'inégalité parmi les hommes. Présentation de Henri Guillemin, Paris 1963 (= le monde en 10/18).

Immanuel Kant, *Politische Schriften*. Hrsg. v. Otto Heinrich von der Gablentz, Köln u. Opladen 1965 (= Klassiker der Politik, Band 1).

John Stuart Mill, *Utilitarianism; Liberty; Representative Government*. Introduction by A. D. Lindsay, London, New York 1960 (= Everyman's Library, No. 482).

III Weiterführende Monographien

Ernest Barker, *The Political Thought of Plato and Aristotle*, New York 1959.

C. B. Macpherson, *The Political Philosophy of Possessive Individualism. Hobbes to Locke*, Oxford 1962 (dt. *Die politische Theorie des Besitzindividualismus. Von Hobbes bis Locke*, Frankfurt/M. 1967).

Walter Euchner, *Naturrecht und Politik bei John Locke*, Frankfurt/M. 1969.

Iring Fetscher, *Rousseaus politische Philosophie. Zur Geschichte des demokratischen Freiheitsbegriffs*. Zweite erweiterte Auflage, Neuwied und Berlin 1968 (= POLITICA Band 1).

Georges Vlachos, *La pensée politique de Kant. Métaphysique de l'ordre et dialectique du progrès*, Paris 1962.

Liberty. Nomos IV. Yearbook of the American Society for Political and Legal Philosophy, New York 1962. (Enthält mehrere Aufsätze über John Stuart Mill.)

Eigentum und Herrschaft bei Bodin

In der Geschichte der politischen Theorien tritt das Eigentum zumeist dann ins Blickfeld, wenn es um die Genesis von Herrschaft, die Verfassungsprinzipien eines politischen Körpers und um die Triebkräfte des sozialen Wandels geht. Dabei ist zu beobachten, daß sich Bestimmung und Funktion des Eigentums in den verschiedenen Epochen der Sozialgeschichte des Westens verändern: Das Eigentum des über einen Haushalt gebietenden Familienvaters der Feudalgesellschaft schlägt sich in der politischen Theorie anders nieder als das im Dienste des Profitinteresses stehende Eigentum des Kapitalisten. Nicht zuletzt am Problemzusammenhang, in dem das Eigentum diskutiert wird, läßt sich die Position eines politischen Denkens in der theoretischen Bewältigung des sozialen Prozesses, der die »bürgerliche Gesellschaft« ausgebildet hat, erkennen – jener Gesellschaftsstruktur also, die in den nichtkommunistischen Ländern des Westens, wenn auch nicht ohne einschneidende Wandlungen, fortbesteht.
Bodin ist jenen Denkern zuzurechnen, die sich von der durch Antike und christliche Scholastik geprägten Tradition abzukehren beginnen, aber noch nicht in der Lage sind, eine von der Tradition mehr oder weniger abgehobene Theorie der bürgerlichen Gesellschaft zu entwickeln, wie etwa jene von Locke, der schottischen Moralphilosophen oder Hegel. Eine Untersuchung der Rolle des Eigentums bei Bodin kann, so darf man annehmen, dazu beitragen, die Eigenart seiner Zwischenposition zu erhellen – eine eigenständige Theorie des Übergangs, die traditionelle, an den fortbestehenden feudalistischen Organisationsformen des politischen Körpers orientierte Inhalte bewahrt und doch zugleich – Bodins Modernität ausmachende – Antworten auf Probleme der sich ausbildenden bürgerlichen Gesellschaft gibt. Dabei scheint

folgender Gang der Untersuchung angezeigt: Zunächst soll ein Blick auf die Herleitung des Eigentums, sodann auf dessen Funktion bei Bodin und der aristotelischen Tradition geworfen werden. Dies kann zur Untersuchung der – wie hier angenommen wird – widersprüchlichen Kritik Bodins an der aristotelischen Trennung zwischen Ökonomie und Politik und, damit zusammenhängend, zu Einzelfragen wie der Staats- und Herrschaftsformenlehre, dem Bürgerbegriff und dem sogenannten Steuerparadoxon überleiten; hieran anschließend sollen die Idealform der Bodinschen Republik, soweit sie vom Eigentum und den Privilegien ihrer Bürger sowie vom Wirtschaftsprozeß beeinflußt wird, und die Rolle, die das Eigentum Bodin zufolge beim sozialen Wandel spielt, betrachtet werden.

I

Bodin besitzt, obwohl das Eigentum in seinem politischen Denken unbestritten eine zentrale Stellung einnimmt, keine ausgeführte Eigentumstheorie wie etwa Locke; selbst bei scholastischen Autoren findet man mehr an grundsätzlichen Erwägungen über Entstehung und Wesen des Eigentums. Als ursprünglichen Entstehungsgrund betrachtet er offenbar die Okkupation, dagegen nicht, wie Locke und andere frühbürgerliche Theoretiker, Arbeit und Tausch. Im Naturzustand, in »ces fameux siècles d'or et d'argent«, wie Bodin ironisch sagt, »les hommes y vivaient dispersés dans les champs et dans les bois comme de vraies bêtes sauvages, et ne possédaient en propre que ce qu'ils pouvaient conserver par la force et par le crime.«[1] Nach den Vorstellungen, die Bodin

1 *Methodus ad facilem historiarum cognitionem* VII. In: *Oeuvres philosophiques de Jean Bodin.* ed. Pierre Mesnard. Paris 1951, S. 428, (übers. v. P. Mesnard). (= Corpus Général des Philosophes Français. Auteurs modernes Tome V, 3). – Auf die Nähe zur Hobbesschen Schilderung des Naturzustandes braucht nicht besonders aufmerksam gemacht zu werden.

in den *Six livres de la Republique* äußert, waren die Menschen im Naturzustand in Familienclans organisiert. Als Motive des Streits, der zwischen den einzelnen Familien entbrennt, nennt er »la force, la violence, l'ambition, l'avarice, la vengeance.«[2] Der Anführer eines solchen Clans oder eines Bündnisses zwischen einzelnen Familien unterwirft schließlich andere Clans, deren Mitglieder versklavt werden; die Angehörigen der siegreichen Familien erhalten in diesem – mit dem Sieg zusammenfallenden – Akt der Staatsgründung (»la raison & lumiere naturelle nous conduit à cela, de croire que la force & violence a donné source & origine aux Republiques«, ibid. S. 69) bürgerliche Freiheiten und das politisch gesicherte Eigentumsrecht. Der wohlgeordnete Staat gleicht ja, wie Bodin an verschiedenen Stellen wiederholt, einem großen Haushalt, in dem die Familienoberhäupter sich zum Souverän wie die freien Familienmitglieder sich zum Vater verhalten. Die »femmes, & enfans de famille, qui sont francs de toute servitude«, besitzen »leurs droits & libertés, & la puissance de disposer de leurs biens« – kurz, der Bürger dieses Staates ist »subiect, estant quelque peu de sa liberté diminuee, par la maiesté de celuy auquel il doit obeissance« (S. 70).

Das Streben des Menschen zur »liberté«, wenn nicht zur »pleine liberté sans frein ni mors quelconque« (II, 7, S. 340), und damit verbunden nach Besitz und Eigentum (deren Aufgabe ja ist, diese Freiheit zu sichern), scheint eine Grundannahme des Bodinschen Menschenbildes zu sein. Dieses Streben, das wesentlich auf den freien Genuß der irdischen

---

2 *Six Livres de la Republique* I, 6, in der hier zitierten Ausgabe (Gabriel Cartier 1599) S. 68. Der dortige Wortlaut (»depuis que la force, la violence, l'ambition [...] eurent armé les uns contre les autres [...]«) läßt den Schluß zu, daß auch Bodin den alten, bereits bei Platon, der Patristik und der Scholastik auftauchenden Topos von der ursprünglichen Friedlichkeit des Naturzustandes (oder des Zustands vor dem Sündenfall) angehangen hat, eines Zustands, der dann allerdings mit dem Aufkommen der Begehrlichkeit und des Eigentums immer unfriedlicher wurde.

Güter und weniger auf rechtlich gesichertes Privateigentum gerichtet ist, kann zur Forderung nach Gütergleichheit und Gemeineigentum und schließlich zu anarchistischen Konsequenzen führen (und Anarchie ist nach Bodin schlimmer als Tyrannis, VI, 4, S. 937). Auf der anderen Seite resultieren aus dem Streben nach Eigentum aber Kräfte, die bei der Schaffung und Erhaltung einer wohlgeordneten Republik nutzbar gemacht werden können. Sie sorgen nämlich dafür, daß die für eine harmonische Ordnung des Gemeinwesens konstitutive Pluralität von Haushalten, deren – im Medium des Gemeinsamen der Republik und der integrierenden Souveränität organisierter – Verkehr das Leben der Republik erzeugt, überhaupt erst entsteht. Vielleicht ist diese Konstruktion eine Reminiszenz an die patristische und augustinische Tradition, wonach das Streben nach Herrschaft und Eigentum zwar sündigen Ursprungs ist, beide aber, Herrschaft und Eigentum, nach göttlichem Plan dazu dienen, diese sündigen Bestrebungen niederzuhalten. Doch im Gegensatz zu dieser Tradition bewertet Bodin das Eigentum ohne Abstriche positiv. Daß aus der Eigensucht und dem Gewinnstreben der einzelnen Harmonie und Wohlfahrt des Gemeinwesens entspringen, scheint im übrigen zu einer Grundfigur der bürgerlichen Sozialphilosophie, die in fast allen Klassikern dieses Denkens nachzuweisen ist, geworden zu sein: Mandeville hat sie auf die Kurzformel »Private Vices, Publick Benefits« gebracht. Bodin soll hier keineswegs – um Mißverständnisse zu vermeiden, muß es betont werden – zu einem frühbürgerlichen Denker stilisiert werden. Gleichwohl fällt aus der späteren ausgebildeten bürgerlichen Sozialphilosophie Licht auf die Bodinsche Lehre, in der – unbeschadet ihrer prinzipiellen Eigenständigkeit – bürgerliche Theoreme in rudimentärer Form enthalten sind.

II

Nach Aristoteles kommt dem Eigentum im politischen Leben eine ausschließlich dienende Funktion zu: »Reichtum ist nichts anderes als eine Menge von Werkzeugen für die Haus- oder Staatsverwaltung« (*Politik* 1256b). Die Erwerbskunst ist ein Teil der Haushaltungskunst (Ökonomie), die jedoch »nichts Großes und Ehrwürdiges an sich« hat, weshalb der Herr »diese Ehre dem Hausmeister« überläßt und »sich selbst mit den Staatsangelegenheiten oder der Philosophie« beschäftigt (1255b). Haushalt (*Oikos*) und *Polis* sind klar unterschieden (1252a). Nur der Staat ist eine vollkommene Gemeinschaft, und zwar eine Gemeinschaft von Gleichberech- tigten, die um der Selbstbestimmung und des tugendhaften und damit glückseligen Lebens – und nicht wie der Haus- halt nur um des bloßen Lebens – willen besteht (1280a; 1328b). Nach diesem Gesichtspunkt unterscheidet sich auch die Herrschaft in Oikos und Polis: Im Haushalt herrscht einer, an der Herrschaft in der Polis partizipiert jeder Bür- ger (1275a ff.).

Bodin, dem es um eine pluralistische, die Interessen der ge- sellschaftlichen Stände und Gruppen wahrende und zugleich stabile Organisation der modernen Großstaaten geht, kann mit dem auf politische Partizipation gerichteten Polis-Modell des Aristoteles nichts anfangen. Für ihn sind Herrschaft und Ökonomie politische Grundkategorien, die für den Haushalt genauso wie für die Republik gelten. Aristoteles und Xeno- phon haben deshalb nach Bodins Ansicht ohne Grund die Ökonomie von der Politik getrennt: Man müsse aber, wie die Juristen, »les loix & ordonnances de la police, des colleges, & des familles en une mesme science« behandeln, und die Ökonomie, die »science d'acquerir des biens«, »est commune aux corps & colleges aussi bien comme aux Republiques« (I, 2, S. 10 f.).[3] Bodins von Aristoteles abweichender Poli-

3 Von diesem Ansatz her wird leicht verständlich, wie Bodin in seinen

tikbegriff wird deutlich sichtbar: Politik ist nicht Gemein-
schaftshandeln der Bürger, sondern Obrigkeitshandeln.

Ist eine Familie gut regiert, so ist sie »la vraye image de la
Republique, & la puissance domestique semble à la puissance
souveraine: aussi est le droit gouvernement de la maison,
le vray modelle du gouvernement de la Republique« (ibid.
S. 11). Bodin unterscheidet im Haushalt vier Herrschaftsverhältnisse, je nachdem, ob es sich um die Frau, die Kinder,
das Gesinde oder um Sklaven handelt (I, 3, S. 19), wobei
er der an der römischen patria potestas orientierten »puissance paternelle« rigorose Vollmachten einräumt (I, 3-5). Er
geht sogar soweit, die Wiedereinführung der väterlichen Gewalt über Leben und Tod der Kinder zu verlangen (I, 4,
S. 32). Die Bemerkungen, die Bodin über die Eigentums-
rechte der Frau und der Kinder innerhalb der Ökonomie
eines solchen »ganzen Hauses«4 macht, ergeben allerdings kein
klares Bild. In den einschlägigen Kapiteln (I, 3-4) lassen gewisse Hinweise darauf schließen, daß Frau und Kinder Sondereigentum besitzen können, an dem der Vater das Nieß-

ökonomischen Schriften (*La Response aux paradoxes de M. de Malestroit
touchant l'enchérissement de toutes choses et des monnoies*, 1558; *Discours
sur le rehaussement et la diminution des monnoies, pour réponse aux
paradoxes du sieur de Malestroit*, 1578) zu einem Vorläufer der modernen Nationalökonomie werden konnte. Zu Bodins Stellung in der Geschichte der Nationalökonomie vgl. Ernst Oberfohren, *Die Idee der Uni-
versalökonomie in der französischen wirtschaftswissenschaftlichen Literatur
bis auf Turgot*, Jena 1915; zum Übergang von der Ökonomie als Haus-
haltswissenschaft zur »Nationalökonomie« vgl. Siegfried Landshut, *Der
Begriff des Ökonomischen*. In: Ders., *Kritik der Soziologie und andere
Schriften zur Politik*, Neuwied am Rhein und Berlin 1969 (=POLITICA,
27), S. 131-175.
4 Vgl. dazu Otto Brunner, *Das ›ganze Haus‹ und die alteuropäische
›Ökonomik‹*. In: Ders., *Neue Wege der Sozialgeschichte*, Göttingen 1956,
S. 33-61, sowie Max Weber, *Zur Geschichte der Handelsgesellschaften im
Mittelalter*, Stuttgart 1889. Weber weist darauf hin, daß die Rechtsform
der Familienunternehmen die Gütergemeinschaft mit hervorgehobenem
Verfügungsrecht des Familienvaters gewesen sei.

brauchsrecht hat; das Verfügungsrecht über dieses Eigentum ist jedoch von der allgemeinen Befehlsgewalt des Pater familias beschränkt. In Fällen des Mißbrauchs der väterlichen Gewalt steht der Rechtsweg offen – eine Entwicklung zur Aushöhlung der patria potestas, über die Bodin lamentiert (ibid. S. 22-41). Andererseits hat Bodin ausdrücklich die Analogie zwischen Staat und Familie hergestellt: Wie die freien Untertanen im Staat Eigentum besitzen können, so auch die freien Familienmitglieder in der Familie: Die freien Ehefrauen und Kinder, so heißt es an einer anderen, oben bereits zitierten Stelle, haben das Recht, über ihre Habe zu verfügen (I, 6, S. 70). Wie es sich mit dem Sondereigentum von Frau und Kindern im Haushalt auch verhalten mag – die Analogie zwischen dem Haushalt mit dem rigiden Herrschaftsrecht des Familienvaters und dem Staat macht jedenfalls deutlich, daß das Eigentum der Untertanen im Unterschied zu Aristoteles trotz der überragenden Rolle, die es in Bodins politischem Denken spielt, der Theorie nach nicht die Funktion hat, die Unabhängigkeit zu gewährleisten, die den Bürger zur Partizipation am politischen Leben berechtigt und befähigt (vgl. Aristoteles, *Politik* 1329a). Es wird zu zeigen sein, daß in Bodins Konstruktion der Monarchie royale jedoch Tendenzen angelegt sind, welche die in der behaupteten Wesensgleichheit von Familie und Staat implizierte politische Unmündigkeit der Bürger überwinden.

Die Idealrepublik der Monarchie royale, angeblich orientiert am Modell des Haushalts mit seinen strengen Herrschaftsverhältnissen, besitzt bei Bodin die Gestalt der Denkfigur einer »Einheit in der Vielheit«. Die Vielheit, das Besondere (le particulier) der Haushalte, vereinigt sich zur Allgemeinheit (le commun) im Medium des materiellen und geistigen Gemeinsamen (wobei die letztliche »causa efficiens« die Souveränität ist (I, 2, S. 12; 14 f.). »[...] outre la souveraineté, il faut qu'il ait quelque chose de commun, & de public: comme la domaine public, le thresor public, le pourpris de la cité, les rues, les murailles, les places, les temples, les marchés, les usages, les loix, les coustumes, la iustice, les loyers, les peines, & autres choses semblables, qui sont ou communes, ou publiques, ou l'un & l'autre ensemble: car ce n'est pas Republique s'il n'y a rien de public.« Genauso konstitutiv für die Republik wie die Souveränität und das Gemeinsame ist das Private oder Besondere: »[...] il n'y a point de chose publique, s'il n'y a quelque chose de propre: & ne se peut imaginer qu'il y ait rien commun, s'il n'y a rien particulier« (ibid. S. 14 f.). Ohne die Wechselbeziehung von Besonderem und Allgemeinem könnte die wohlgeordnete Republik nicht bestehen.

Das die Republik konstituierende Besondere hat seine materielle Substanz im Eigentum der Haushalte. Deshalb wird der Schutz des Privateigentums zum Staatszweck, da er mit dem Schutz des Staates überhaupt zusammenfällt: »[...] en ostant ces deux mots TIEN & MIEN, on ruine les fondements de toutes Republiques, qui sont principalement establies pour rendre à chacun ce qui luy appartient [...]« (VI, 4, S. 948); »[...] la conservation des biens d'un chacun en particulier, est la conservation du bien publique« (I, 2, S. 17). Das Gesetz Gottes und der Natur, denen der Souverän, wie Bodin mehrfach versichert, untersteht, haben deshalb angeordnet, daß das Eigentum eines jeden bewahrt werden müsse (VI, 4, S. 948; I, 2, S. 15; vgl. auch V, 2, S. 706).

Ohne gesichertes Privateigentum kann es also nach Bodin keine harmonische Organisation des Gemeinwesens geben. Deshalb benutzt er das Kriterium des Eigentums zur Differenzierung seiner *Staats- und Regierungsformenlehre*.[5] Sowohl Monarchie, Aristokratie wie Demokratie können royal, seigneurial und tyrannisch verfaßt sein. Bodin spielt die Prinzipien einer royalen usw. Verfassung nur am Beispiel der Monarchie durch: »[...] la Monarchie royale, ou legi-

5 Über die Staatsformenlehre vgl. den Beitrag von *Horst Denzer* zum Bodinkongreß München 1970.

time, est celle où les suiects obeissent aux loix du Monarque, & le Monarque aux loix de nature, demeurant la liberté naturelle & proprieté des biens aux suiects. La Monarchie seigneuriale est celle où le Prince est faict Seigneur des biens & des personnes par le droit des armes, & de bonne guerre, gouvernant ses suiects comme le pere de famille ses esclaves. La Monarchie tyrannique est où le Monarque mesprisant les loix de nature, abuse des personnes libres comme d'esclaves, & des biens des suiects comme des siens« (II, 2, S. 273). Die Monarchie seigneuriale, in welcher den Untertanen anscheinend eine mehr oder weniger rechtlich gesicherte Verwaltung ihres Besitzes bleibt – Bodin ist in diesem Punkte nicht sehr klar –, widerspricht keinesfalls dem Gesetz der Natur, wie man auf Grund der Sätze über den naturrechtlichen Eigentumsschutz, auf die oben hingewiesen wurde, annehmen könnte. Eine iusta causa, etwa ein gerechter Krieg, berechtigt nämlich durchaus zur Versklavung und Enteignung freier Menschen (ibid. S. 278). Die seigneuriale Monarchie, übrigens die historisch erste Form der Monarchie, besitzt dazu noch den Vorteil, stabiler zu sein als die royale Monarchie, denn sie macht die Menschen feige und servil. Menschen dagegen die frei und Herr ihres Eigentums sind, neigen rasch zur Rebellion, »ayant le coeur genereux, nourri en liberté« (ibid. S. 279). Dieses elementare Streben der Menschen nach Unabhängigkeit und Gleichheit, was den Genuß der irdischen Güter betrifft, muß sich in der *Demokratie* besonders auswirken: Die Menschen verlangen dort nach zügelloser Freiheit, Gütergleichheit oder sogar nach Gemeinbesitz. Doch mit der Beseitigung von MEIN und DEIN werden sie keinesfalls die Quellen des Konflikts unter den Menschen, wie die Gleichmacher meinen, austrocknen: Im Gegenteil, nirgends herrscht so viel Streit wie unter Gleichen – so wird durch die Gütergleichheit die Freundschaft, die Grundlage einer jeden Republik, zerstört. Schließlich können jene, die auf Gleichheit und schrankenlose Freiheit drängen, keine

Männer von offenkundiger Tugend dulden, und müssen so deren Dienste entbehren – kurz, eine auf Gütergleichheit beruhende Demokratie wird nicht lange dauern. Deshalb gilt: »[…] la vraye liberté populaire ne gist en autre chose sinon à iouir de ses biens en seureté […]« (I, 2, S. 15; II, 7, S. 340; VI, 4, S. 937 ff.).

III

Eine nähere Betrachtung der Bodinschen Idealrepublik, der Monarchie royale, scheint die in der Literatur gelegentlich geäußerte Ansicht zu bestätigen, daß Bodins wiederholter Vergleich dieser Herrschaftsform mit der Struktur der Familie – so, wie er diese nach dem Vorbild des römischen Rechts dargestellt hat – zu Unstimmigkeiten führt.[6] Bereits oben, bei dem Versuch, die entscheidende Rolle des Eigentums in Bodins politischem Denken zu erklären, wurde darauf hingewiesen, daß die Monarchie royale eine von der Wechselwirkung zwischen dem Souverän, den materiellen und geistigen Grundlagen der Republik (Gebiet, Institutionen, Normen) und den besonderen Haushalten konstituierte »Einheit in der Vielheit« sei. Diesem Modell mag die Familienstruktur noch entsprechen, obwohl der bei Bodin von der patria potestas eingeschränkte Freiheitsspielraum der Familienmitglieder eine solch pluralistische Organisation des Gemeinwesens eigentlich ausschließt. Sobald sich aber zeigt, daß es in der Monarchie royale eine politisch wirksame Ebene zwischen den Familien und dem Staat gibt, gebildet aus den in gewissen Verkehrsformen zueinander in Beziehung treten-

6 Vgl. Jean Moreau-Reibel, *Jean Bodin et le droit publique comparé dans ses rapports avec la philosophie de l'histoire*, Paris 1933, S. 183; Pierre Mesnard, *L'essor de la philosophie politique au XVIᵉ siècle*, Paris 1951, S. 488; Henri Baudrillart, *Bodin et son temps.* (1853), Aalen 1964, S. 234.

den Familienvätern, kann die Analogie zwischen Staat und Familie nicht mehr aufrechterhalten werden, denn in der Familie fehlt ein solches Forum: »[...] quand le chef de famille vient à sortir de la maison où il commande pour traitter & negotier avec les autres chefs de famille, de ce qui leur touche à tous en general, alors il despouille le titre de maistre, de chef, de seigneur, pour estre compagnon, pair et associé avec les autres: Laissant sa famille, pour entrer en la cité: & les affaires domestiques, pour traitter les publiques: & au lieu du seigneur, il s'appelle citoyen [...]« (I, 6, S. 68). Dieses Zitat scheint quer zum patriarchalischen Ansatz der politischen Theorie Bodins zu stehen.

Mit »traitter & negotier« sind eindeutig keine bürgerlichen Rechtsgeschäfte, sondern Verhandlungen über öffentliche Angelegenheiten gemeint: Offenbar hat der Bürger das Recht, mit seinesgleichen darüber zu beraten. Diese Kommunikationsebene der Bürger ist also eine öffentliche und somit politische. Deshalb kann sie nicht als das bezeichnet werden, was in der späteren bürgerlichen Sozialphilosophie »bürgerliche Gesellschaft« genannt wurde, denn deren Kennzeichen war gerade ihr durch private Rechtsgeschäfte (Tausch, Arbeitsvertrag) gestifteter Zusammenhang.[7] Doch es ist plausibel, anzunehmen, daß das im Zitat erwähnte öffentliche Recht der Bürger auf ihren vorgängigen privaten, durch den Markt vermittelten Beziehungen beruht; hierauf weisen die Ausdrücke »traitter & negotier« hin. Wie die Bürger im Sinne von »Bourgeois« in ihren ökonomischen Marktbeziehungen – und in den Marktbeziehungen sind sie »Gleiche« – ihren Vorteil und zugleich den der Gesellschaft realisieren, so erzielen die »Citoyens«, in dieser Eigenschaft wie in ihren Marktbeziehungen »pair«, indem sie mit ihren Mitbürgern »de ce qui leur touche à tous en general« verhandeln, das

---

7 Vgl. dazu Manfred Riedel, *Der Begriff der ›Bürgerlichen Gesellschaft‹ und das Problem seines geschichtlichen Ursprungs.* In: Ders., *Studien zu Hegels Rechtsphilosophie,* Frankfurt/M. 1969, S. 135-166.

ihnen allen politisch Zuträgliche.[8] Es ist die für Bodins Ideal-
monarchie schlechthin konstitutive Stellung der Privateigentümer, die hier dieses Modell der bürgerlichen Öffentlichkeit,
wenn auch nur im Grundriß, hervorgetrieben hat: Ist der
Privateigentümer-Paterfamilias im politischen System un-
verzichtbar, so muß dies öffentlich, sei es durch Privilegien,
sei es durch politisches Mitspracherecht, honoriert werden.
Zwar betont Bodin, gegen Aristoteles gewandt, ausdrücklich,
daß es ein großer Fehler sei zu behaupten, Bürger könne nur
sein, wer an obrigkeitlichen Institutionen partizipiere (I, 6,
S. 77) – doch immerhin kommt das Mitspracherecht der Bürger in der Frage der Besteuerung vermittels der Ständever-
tretung, das Bodin hartnäckig verficht, einer Beteiligung am
politischen Prozeß nahe.
Bürger im Sinne von Citoyen bedeutet für Bodin seiner gene-
rellen Definition zufolge »freier Untertan«: »franc subiect
tenant de la souveraineté d'autruy« (I, 6, S. 68). In einem
spezielleren Sinn bezeichnet Citoyen jedoch mehr als »non-
esclave« (Mesnard), nämlich eine durch öffentlich relevante
Privilegien ausgezeichnete und somit vom bloßen Bourgeois
unterschiedene Stellung des Untertans: »[...] ce mot de
citoyen a ie ne sçay quoy de plus special à nous, que le mot
de bourgeois, & c'est proprement le subiect naturel, qui a
droit de corps & college, ou quelques autres privileges qui ne
sont point communiquez aux bourgeois« (ibid. S. 73). Bodin
sieht also zwei Arten von Untertanen, den Citoyen und den
Bourgeois, wobei »Bourgeois« einfach »nichtprivilegierter
Untertan«, »non-esclave«, bedeutet. Diese Unterscheidung
nimmt bei ihm also noch nicht die theoretisch explizite Form
an, in der sie in späteren Theorien der bürgerlichen Gesellschaft auftaucht, nämlich daß ein- und derselbe Bürger in

8 Zu diesem Modell der bürgerlichen Gesellschaft und ihrer politischen
Formen grundsätzlich Jürgen Habermas, *Strukturwandel der Öffentlich-
keit. Untersuchungen zu einer Kategorie der bürgerlichen Gesellschaft*,
Neuwied 1962 (= POLITICA, 4).

zweierlei Rollen auftritt: als der seine Geschäfte betreibende Bourgeois und als der am politischen Leben partizipierende Citoyen.[9] Bei Bodin sind Citoyen und Bourgeois noch zwei voneinander unterschiedene Gruppen. Doch die oben zitierte Auffassung, daß der Untertan die Sphäre des Haushalts verlasse und in der öffentliche Angelegenheiten betreffenden Verhandlung mit seinen Mitbürgern zum Citoyen werde, scheint die spätere Vorstellung von der zweifachen Funktion des Bürgers bereits in nuce zu enthalten.

Die Bestimmung des Citoyens durch Korporationsrechte und Privilegien erinnert zweifellos mehr an die feudalistische Gesellschaftsstruktur als an die durch Rechtsgleichheit der Bürger charakterisierte ausgebildete bürgerliche Gesellschaft. Aber dennoch fallen die Privilegien des Citoyen nicht mit feudalen Privilegien zusammen. Trotz dem Überleben vieler institutioneller Elemente des Feudalismus wie Privilegien, Monopole, Stände, Zünfte usw. ist die gesellschaftliche Basis des Bodinschen Idealstaates nicht mehr feudalistisch: Sie ist die idealtypische Konstruktion einer Republik, die zwischen einem feudalistischen Gemeinwesen und einer ausgebildeten bürgerlichen Gesellschaft mit zentraler Staatsgewalt steht – eine Konstruktion, in der die gesellschaftlichen und politischen Kräfte so ausbalanciert sind, daß sozusagen eine transitorische Phase der Entwicklung von der feudalen zur bürgerlichen Gesellschaft im Modell institutionell fixiert wird. Das Recht des Citoyen bezeichnet eine hervorgehobene Stellung im Organismus dieser Republik, deren Strukturprinzip weder die allgemeine Rechtsgleichheit noch die feudalistische komplexe Herrschaftspyramide ist.

IV

Aus der Konstruktion der Idealrepublik Bodins, die – soll sie nicht zu einer seigneurialen oder gar tyrannischen Herr-

9 Dazu Riedel, a.a.O., S. 150.

schaftsform herabsinken – einen ausgegrenzten, durch Eigentum und Privilegien abgesicherten Freiheitsspielraum der
Bürger fordert, ergeben sich auch Gesichtspunkte zur Klä-
rung des sogenannten Bodinschen Steuerparadoxons. Bodin
habe sich, so wird gesagt, in einen Widerspruch verwickelt,
wenn er behaupte, der Fürst sei seinen Untertanen gegenüber
absolut souverän, und zugleich unter den Kennzeichen der
Souveränität das Recht auf Steuererhebung nicht nur weg-
lasse (vgl. I, 10, S. 247), sondern dazu noch mehrfach und
nachdrücklich die Zustimmung der Stände zu Steuererhe-
bungen verlange. Es sei kaum zu verstehen, daß Bodin, der
doch den modernen Großflächenstaat der europäischen Staa-
tenwelt zur Zeit des heraufziehenden Absolutismus propagiert habe, die Notwendigkeit einer uneingeschränkten
Steuererhebung durch den Souverän nicht gesehen habe (wie
etwa Hobbes).[10] Mit den Mitteln aus den öffentlichen Domänen allein – der Haupteinnahmequelle des Staates nach
Bodin (VI, 2, S. 856 ff.) – habe ein solcher Großflächenstaat
nicht unterhalten werden können. Zur Beantwortung dieses
Paradoxons werden häufig politische Gründe genannt: etwa
der, daß Bodin dem König das Geld, das dieser zur Kriegs-
führung gegen die Hugenotten benötigte, als Verfechter des
ausgleichenden Kurses der »Politiques« verweigern wollte.
Doch es scheinen nicht nur pragmatische, sondern auch inner-
theoretisch notwendige Gründe vorzuliegen: Die Besteuerung
tangiert das Grundrecht des freien Untertanen, das Eigentum, dessen konstitutive Funktion in Bodins politischem
Denken bereits erörtert worden ist.[11] »Je respons, que les
autres Rois n'ont pas plus de puissance que le Roy d'Angle-
terre: parce qu'il n'est en la puissance de Prince du monde,

10 Vgl. *Leviathan*, Kap. 18, Punkt 9.
11 Vgl. Martin Wolfe, *Jean Bodin on Taxes: The Souvereignty-Taxes-
Paradox*. In: *Political Science Quarterly*, LXXXIII (1968), S. 268-284
(270); J. W. Allen, *A History of Political Thought in the Sixteenth
Century*, London, New York 1961, S. 421.

de lever impost à son plaisir sur le peuple, non plus que prendre le bien d'autruy« (I, 8, S. 104, vgl. auch VI, 2, S. 880). Mehrfach stellte Bodin illegitime Besteuerung und Konfiskation auf eine Stufe. Weder Papst noch Kaiser können ohne iusta causa ihre Untertanen enteignen. Die absolute Gewalt des Fürsten ist kein ausreichender Rechtstitel: Dies behaupten hieße, dem Gesetz Gottes zuwider sich auf das Recht des Stärkeren und der Räuber berufen. Ein dringender Staatsnotstand ist zwar ein Rechtsgrund, der die Untertanen verpflichtet, ihr Vermögen dem Wohl des Staates zu opfern: Doch bevor der Fürst zu Konfiskationen berechtigt ist, muß er versuchen, den Notstand auf andere Art auszuräumen, etwa durch Friedensschluß mit dem Feind, oder dadurch, daß er sich die nötigen Mittel durch eine Anleihe oder durch Rückgriff auf seine eigenen Ersparnisse beschafft. Und ist dies nicht möglich, so muß er sich darum bemühen, den Verlust der geschädigten Untertanen auszugleichen (I, 8, S. 155 ff.). Auf jeden Fall gilt das Wort Samuels: »Voulez vous sçavoir [...] la coustume des tyrans: c'est de prendre les biens des suiects pour en disposer à leur plaisir« (I, 10, S. 212). Kurz – eine illegitime, von den Untertanen als konfiskatorisch empfundene Steuer würde MEIN und DEIN, die Grundlage der Republik, zerstören; es entstünden Herrschaftsformen, in welchen die Dialektik von Besonderem und Allgemeinem nicht mehr oder nur noch rudimentär besteht: eben jene politische Einheit in der Vielfalt selbständiger Haushalte, welche die Harmonie der idealen Republik ausmacht. Deshalb entspricht es der Logik des Bodinschen politischen Systems, daß die Untertanen der Besteuerung ihres Eigentums zustimmen müssen.

Das Privateigentum als fundamentale Institution der Republik gehört sozusagen zu jenem Bereich politischer Grundwerte, die durch Konsens zwischen Souverän und Bürgern abgesichert sind. Sie sind dem Bereich der Gesetzgebung des Souveräns – worin Bodin zufolge allein der vom natürlichen und göttlichen Gesetz begrenzte Wille des Souveräns herrscht (I, 8, S. 131; 155) entzogen — sie gleichen vertraglichen Abmachungen, die der Souverän nicht brechen darf, weil er dadurch das für den Bestand der Republik entscheidende Vertrauen des Bürgers in den Souverän erschüttern würde (ibid. S. 134 ff.; 153). Zwar wird dieses Argument, das dem angelsächsischen Konsens-Denken entnommen ist, bei Bodin nicht entfaltet, doch es ist seinem Denken nicht fremd. Die Einführung des Gemeineigentums, der Gütergleichheit oder die Aufhebung von Schulden hätten gerade diese Zerstörung des Vertrauens und damit des Staates zur Folge: »[...] on peut dire, que l'equalité de biens est trespernicieuse aux Republiques, lesquelles n'ont appuy ni fondement plus asseuré que la foy, sans laquelle ni la iustice, ni societé quelconque ne peut estre durable: or la foy gist aux promesses des conventions legitimes. Si donc les obligations sont cassees les contracts annullez, les debtes abolies, que doit-on attendre autre chose que l'entiere aversion d'un estat?« (V, 2, S. 704).

Die Mitwirkung der Bürger an politischen Entscheidungen, die ihr Eigentumsrecht, ein wesentliches Fundament des Staates, berühren, ist kein Fremdkörper im politischen System Bodins. Sie ist vielmehr eine aus diesem ableitbare Konsequenz, die allerdings über die von Bodin behauptete Wesensgleichheit von Oikos und Polis hinaustreibt. Die Zustimmung zur Besteuerung war das Recht privilegierter feudaler Stände; in der bürgerlichen Gesellschaft ist sie zum Element der Selbstbestimmung des aus freien Bürgern bestehenden Gemeinwesens geworden; in der Republik Bodins, in der feudalistische Strukturen und solche der heraufziehenden bürgerlichen Gesellschaft eine eigenständige Synthese bilden, soll sie das hieraus entstehende komplexe System von Allgemeinem und Besonderem erhalten.[1]

V

Diese Zwischenstellung der Idealrepublik Bodins zwischen der feudalistischen und der ausgebildeten bürgerlichen Gesellschaftsstruktur, auf die in diesem Beitrag oftmals angespielt worden ist, ist nunmehr näher zu bestimmen. Im idealtypischen Modell der liberalen Gesellschaft stellte sich der Zusammenhang des Gemeinwesens dadurch her, daß jeder seine privaten Interessen verfolgte: Aus der Betätigung der besonderen Interessen ergab sich, durch die »invisible hand« im Sinne von Adam Smith, das Allgemeininteresse von selbst –, und zwar nicht nur ökonomisch, vermittelt durch die Gesetze des Marktes, sondern auch politisch, durch die Auseinandersetzung der politischen Meinungen im Medium der Öffentlichkeit. Nach Bentham zum Beispiel treffen im Zentrum der politischen Willensbildung, dem Parlament, die Ideen aufeinander, die »Berührung der Ideen schlägt Funken« und führt zur Evidenz des politisch Richtigen, des Allgemeininteresses. Die Obrigkeit, die dieses im Willensbildungsprozeß der Bürger erkannte Allgemeininteresse verwirklichen soll, ist keine Institution mit eigener Legitimationsbasis, sondern sie untersteht dem Willen des sich selbst politisch bestimmenden Bürgertums. Die Voraussetzungen dieses bürgerlichen Systems, die Prinzipien der Gleichheit und Selbstbestimmung der Staatsbürger, fehlen in Bodins Konstruktion oder sind höchstens in den ersten Ansätzen vorhanden – zum Beispiel, wie gezeigt, dort, wo er von den ihre gemeinsamen Angelegenheiten beratenden Bürgern spricht. Der Souverän, der das Gemeinwesen zusammenhält, muß also mehr sein als ein Gremium, das von den Bürgern zur Verwaltung ihrer gemeinsamen Angelegenheiten eingesetzt worden ist. In der Tat besitzt der Souverän in der idealen Monarchie royale eine eigenständige Macht kraft originären Rechts, das aus der Unterwerfung seiner Untertanen entsprang. Bodin fordert bereits ein öffentliches Eigentum des Gemeinwesens –

ein modernes Prinzip, denn der Feudalismus kannte die Unterscheidung von öffentlichem und privatem Eigentum nicht. Der Souverän darf nach Bodin über die öffentliche Domäne nicht wie über sein Privateigentum verfügen: Aber er soll doch »en qualité de particulier« einen privaten Schatz (fisque) und private Domänen haben (I, 10, S. 247). Der Souverän des Bodinschen Gemeinwesens ist dies kraft eigenständiger, originärer, durch umfangreichen Eigenbesitz abgesicherter Macht – die Obrigkeit der bürgerlichen Gesellschaft soll dies gerade nicht sein.

Dieser hervorgehobenen, nicht bloß öffentlich-rechtlichen, sondern gleichzeitig privaten, auf originäres Recht der Unterwerfung gestützten Machtstellung des Souveräns entsprechen andere gesellschaftliche Strukturen, die dem Feudalismus näher stehen als der bürgerlichen Gesellschaft. Bodin anerkennt feudale Vasallenverhältnisse, gekennzeichnet durch »foy & hommage«, die der Lehns(fief)-Träger seinem Lehensherrn schuldet. Bodin unterscheidet sechs Typen solcher Lehensverhältnisse. Fünf davon bestehen zwischen Personen, zwischen denen kein staatsrechtliches Untertanenverhältnis besteht; der sechste Typ ist jedoch derjenige Vasall, der zugleich Untertan seines Souveräns und damit dessen Jurisdiktion unterworfen ist (I, 9, S. 162 f.). Unter den Haushalten, den kleinsten gesellschaftlichen Einheiten des Staates, gibt es Standes- und Rangunterschiede, die vor allem in Privilegien bestehen: »[...] il n'est pas inconvenient, que les familles ayent quelques statuts particuliers pour eux & leurs successeurs, faicts par les anciens familles, & ratifiez par les Princes souverains« (I, 2, S. 17); »il se peut faire en termes de droit, qu'entre les citoyens, les uns soyent exempts de toutes charges, tailles, & imposts, ausquels les autres seront subjects« (I, 6, S. 100). Die Einteilung der Stände in »l'Ecclesiastic, la Noblesse, & le peuple« sei in ganz Europa vorherrschend. Selbst Platon könne in seiner Republik, die Bodin als »populaire« ansah, auf Stände nicht verzichten, so daß Bodin die generelle Feststellung trifft: »[...] qu'il n'y eut onques Republiques, soit vraye ou imaginaire, voire la plus populaire qu'on peust penser, où les citoyens soyent egaux en tous droits, & prerogatives, mais tousiours les uns ont plus ou moins que les autres« (ibid.). Bodin ist also noch weit vom bürgerlichen Prinzip der Rechtsgleichheit entfernt.

Auch die intermediären Organe der »corps & colleges« weisen auf eine vorbürgerliche Gesellschaftsstruktur hin. Dies soll nicht heißen, daß diese Korporationen (Kommunen, Stände und Zünfte) Elemente einer Herrschaftspyramide im Sinne des mittelalterlichen Feudalismus waren: Dieses gesellschaftliche Organisationsprinzip ist bei Bodin derart durchbrochen, daß davon keine Rede sein kann. Die Korporationen sollen als Organisation legitimer partikularer Interessen zur »amitié sacree & bienvueillance charitable« in der Republik beitragen; sie sollen verhindern, daß sich die Partikularinteressen in »coniurations & conspirations des uns envers les autres« zuspitzen; ihr Zweck ist die gesellschaftliche *Integration* des Gemeinwesens zu einem harmonischen Ganzen (III, 7, S. 482; 495 ff.).[12] Da die Standes- und Zunftinteressen durch Erteilung von Privilegien befriedigt werden (ibid. S. 481), sind die Korporationen eine weitere Quelle von Rechtsungleichheit.

Obwohl also gesellschaftliche Ungleichheit zu den Strukturprinzipien der Bodinschen Republik gehört, ist in den *Six Livres* die Tendenz zu erkennen, die Rolle der Privilegien innerhalb des Rechtswesens abzuschwächen. Zwar spricht sich

12 Eine ähnliche Rolle spielen die Korporationen bei Hegel. Vgl. *Rechtsphilosophie* §§ 251, 252, 256. Die Elemente, durch die hindurch der objektive Geist bei Hegel den Staat hervortreibt, die Familie, das Eigentum, die »bürgerliche Gesellschaft« (in statu nascendi) und die Korporationen, sind bei Bodin bereits vorhanden, freilich nicht in dialektischen Schritten auseinander hervorgehend, aber doch, was das Private und das Öffentliche angeht, einander bedingend.

Bodin nicht gegen die patrimoniale Gerichtsbarkeit aus; doch sind die »seigneurs particuliers«, ja der Souverän selbst, der strengen »voye de iustice« unterworfen, vor allem was den Eigentumsverkehr betrifft (III, 5, S. 446). Auch gegen den Fürsten muß der Rechtsweg offenstehen (I, 8, S. 158). Hier zeichnet sich offenbar das Prinzip der Gleichheit vor dem Gesetz ab. Max Weber hat das Entstehen eines auf Rechtsgleichheit beruhenden generalisierten und rationalisierten Rechts mit den ökonomischen Bedürfnissen der »Markterweiterung« und der sich entwickelnden kapitalistischen Wirtschaftsweise zusammengebracht.[13] Diese These kann mit dem Werk Bodins nicht unmittelbar belegt werden, doch an Hinweisen fehlt es nicht. In seinen ökonomischen Schriften erweist er sich als Verfechter der von Weber beschriebenen »Markterweiterung«. Die Lebenskraft und der Reichtum der Republik beruhen auf dem Gewerbe und dem Handel (I, 5, S. 67), weshalb die ökonomische Betätigung nichts Ehrenrühriges an sich hat und auch dem Adel, ja dem Fürsten, erlaubt ist: »Toutesfois est-il plus seant au Prince d'estre marchand que Tyran; & au gentilhomme de traffiquer que de voler« (VI, 2, S. 873). Die mittelalterliche Standesmoral ist hier einer Haltung zum Erwerbsleben gewichen, die als bürgerlich bezeichnet werden kann. In dieses Bild paßt auch Bodins Stellung zur Sklaverei. Im Grunde entspricht die traditionelle Rechtfertigung der Sklaverei seinem Weltbild: Die Menschen sind ungleich, daher ist die Sklaverei natürlich, und Kriegsgefangene können versklavt werden. Bodins Haupteinwand ist deshalb auch nicht strikt theoretischer Natur, sondern entstammt der christlichen Moral: Die Sklaverei ist grausam. Ein für Bodin dem Anschein nach wesentlicher Grund bleibt jedoch unausgesprochen: Die Sklaverei ist ökonomisch unrentabel. Häufig haben, so meint Bodin, die Sklaven keinen Beruf erlernt; sie verhungern nach ihrer Freilassung. Das Mittel, dies zu verhindern, »c'est devant les

13 Max Weber, *Rechtssoziologie*, Neuwied 1960, S 138 ff. und passim.

affranchir, leur enseigner quelque mestier«, und zwar in Arbeitshäusern wie jenen, die in Paris, Lyon usw. für die Kinder der Armen eingerichtet worden sind, um ihnen ein Handwerk beizubringen (I, 5, S. 49 ff.; 67).[14]

Zweifellos wäre es verfehlt, in Bodin den Verfechter einer ungehemmten kapitalistischen Dynamik sehen zu wollen. Wiederholt spricht er sich gegen Wucher, Bankgeschäfte und die Beteiligung mit Kapital an kaufmännischen Unternehmungen aus, um Profit zu erzielen[15] (V, 2, S. 710 ff.; VI, 2, S. 891 ff.). Die Besitzverhältnisse und ökonomischen Bewegungen in der Republik sollen offengelegt und kontrolliert werden. Zu diesem Zwecke führt Bodin nach antikem Vorbild das Amt der *Zensur* ein. Der Zensor soll den Besitz eines jeden schätzen. Es gibt zahllose Vorteile der Zensur: Sie trägt zur Steuergerechtigkeit bei, »on sçauroit aussi par ce moyen qui sont les prodigues, les cessionaires, les banqueroutiers, les riches, les povres, les saffraniers, les usuriers: & à quel ieu les uns gaignent tant de biens, & les autres dependent tout, pour y remedier; [...] aussi les tromperies qu'on fait aux mariages, aux ventes, aux marchez, & en toutes les negociations publiques & privees, seroyent descouvertes & cognuës« (VI, 1, S. 842). Lichtscheues Gesindel werde bei solch strenger Überwachung sicherlich aus dem Lande verschwinden. Die »gens de bien« könnten also gegen die Zensur gar nichts haben, höchstens die »trompeurs«, »pipeurs«, »usuriers«, »larrons du public«, »cessionaires«, »voleurs des particuliers«, »banquiers«, die schon in der Antike »ont eu en haine la censure, & empesché tant qu'ils

14 Zur Sklavenbefreiung vgl. M. Weber a.a.O., S. 132 ff., der auf die schwindende Rentabilität der Sklaverei hinweist.

15 Geschäfte »de sorte que le marchand, pour la douceur du proffit, devient casanier, l'artisan mesprise / sa boutique, le laboureur quitte son labeur, le berger son bestail, le noble vend ses heritages, pour tirer quatre ou cinq cens livres de rentes constituees, au lieu de cent livres de rente fonsiere: & puis la rente constituee s'estaint, & l'argent s'en vole en fumee.« (V, 2, S. 710 f.).

ont peu, que le denombrement des biens ne se fist [...]«
(VI, 1, S. 835: 840; 842 ff.). Bodin wird pathetisch, wenn er
die Vorzüge der Zensur schildert. Beifällig zitiert er die Ansicht der Alten, welche die Zensur als »chose divine« angesehen hätten. Mit dem Zensurkapitel scheint man sich im
Herzen der politischen Vorstellungen Bodins zu befinden.
Denn die Zensur kontrolliert nicht nur den Besitzstand der
Bürger, sie überwacht auch die Sitten des Volks, deren Nie-
dergang die Gesetze allein nicht verhindern können. Wie sie
darauf achtet, daß die Regeln der Musik, Symbol aller Harmonie, erhalten bleiben, so schützt sie auch die Harmonie
der wohlgeordneten Republik (ibid. S. 847 ff.). Sie wacht
auch darüber, daß die »peste de la Republique«, nämlich
das Theater, »un apprentissage de toute impudicité, lubri-
cité, paillardise, ruse, finesse, meschanceté«, nicht die »bon-
nes meurs, & la simplicité & bonté naturelle d'un peuple«
zerstöre (ibid.). Bodin beschwört hier den Geist eines tugendhaften Volkes, wobei er von den späteren Theorien des
»Volksgeistes«, wie sie sich bei Montesquieu, Rousseau und
Hegel finden, nicht weit entfernt ist. Das Gemeinwesen, im
Feudalismus in mannigfaltige, durch Rechtsbeziehungen verbundene politische Einheiten zersplittert, soll nicht nur durch
die Souveränität und die gemeinsamen Gesetze und Institutionen, sondern auch durch einen »Gemeingeist« zur indivi-
dualisierten politischen Allgemeinheit werden.[16]
Die Republik Bodins, die aus der Dialektik zwischen den
gemeinsamen Grundlagen des Staates und dem besonderen
Eigentum der Haushalte lebt, gibt den Partikularinteressen
– denen des Adels und des an Bedeutung zunehmenden Bürgertums – so viel Raum, daß die harmonischen Proportionen
des staatlichen Aufbaus mit Leben erfüllt, aber nicht gefähr-
det werden. Die »sciences liberales, & arts mechaniques«,
Handel und Gewerbe, müssen blühen, doch eine unkontrol-

16 Bekanntlich gehört die Zensur auch zu den entscheidenden Institutionen bei Rousseau. Vgl. *Contrat social* IV, 8.

lierte ökonomische Dynamik kann nicht zugelassen werden:
Sie würde die Freundschaft zwischen den sozialen Schichten,
ohne welche die Republik keinen Bestand haben kann, untergraben. Die sozialen Gruppen sind nicht gleichwertig: Bodin
zitiert Menenius Agrippa, um darzutun, daß die Republik
wie der menschliche Körper von seinen edelsten Teilen ge-
lenkt werden müsse (VI, 4, S. 950). Soll aber in der Idealrepublik tatsächlich Freundschaft zwischen den Ständen und
Schichten bestehen, so darf nicht die Gerechtigkeitsvorstel-
lung eines einzigen Standes vorherrschen – das heißt weder
jene des Adels und der Reichen, die sich in der »geometri-
schen Proportion«, noch die des einfachen Bürgertums (roturiers) und der Armen, die sich in der »arithmetischen Proportion« ausdrückt.[17] (Die erste Proportion ist die der
Hierarchie, die zweite die des Tausches, weshalb sie auch
»commutative« heißt.) Es muß vielmehr ein Ausdruck von
Gerechtigkeit gefunden werden, der den Gerechtigkeitsbe-
griff der beiden wesentlichen sozialen Gruppen, des Adels
und des Bürgertums, vereint. Bodin erblickt ihn in seiner
»proportion harmonique« – diese ist gewissermaßen die kür-
zeste Formel der Zwischenstellung Bodins zwischen Feudalismus und bürgerlicher Gesellschaft (VI, 6, S. 1015 f.). Bodin
illustriert ihre institutionellen Konsequenzen an seinem
Bankett-Beispiel: Wie man seine Gäste an der Tafel so pla-
ciert, daß sich die Geschlechter, Stände und Berufe mischen,
so »le sage Roy gouverne son Royaume harmoniquement,
entremeslant doucement les nobles & roturiers«, und zwar
derart, daß »les nobles ayent quelque avantage sur les roturiers«. Die Ämter in den Gerichtshöfen und anderen Kör-
perschaften müssen mit Leuten aus allen Schichten besetzt
werden, und der Tüchtige aus der Unterschicht muß eine

17 Die »proportion arithmetique« schreitet durch Addition immer derselben Zahl fort (3, 9, 15, 21), die »proportion geometrique« im Kubus
einer Zahl (3, 9, 27, 81). Vgl. Michel Villey, *La justice harmonique selon
Bodin*. Beitrag zum Bodinkongreß München 1970.

Chance zum Aufstieg erhalten. Eine Republik, deren gesellschaftliche Glieder auf diese Weise zum harmonischen Zusammenklang gebracht werden, befindet sich in Übereinstimmung mit den Gesetzen des göttlichen Kosmos (VI, 6, S. 1054 ff.). Bodins Idealrepublik stellt ein ausgefeiltes Modell gesellschaftlicher Integration dar, das theoretische Versuche zur Lösung von Integrationsproblemen in späteren Entwicklungsstufen der bürgerlichen Gesellschaft (ständestaatliche Modelle) vorweggenommen hat.

VI

Bodin hat den sozialen Wandel, der zur Veränderung der Staats- und Regierungsform oder der gesellschaftlichen Verhältnisse einer Republik führt, vor allem im IV. und V. Buch der *Six Livres* behandelt. Unter »changement d'une Republique« versteht er ein »changement d'estat«, eine Veränderung der Staatsform, die vorliegt, »quand la souveraineté d'un peuple vient en la puissance d'un Prince: ou la seigneurie des plus grands au menu peuple: ou bien au contraire« (IV, 1, S. 504). Ändert sich die Regierungsform, so spricht Bodin von einem »changement imparfaict«, »c'est à sçavoir, d'estat Royal en seigneurial, de seigneurial en tyrannic, de tyrannic en Royal, de Royal en tyrannic, de tyrannic en Royal«, usw. (ibid. S. 507). Ein bloßer sozialer Wandel, der die Staats- und Herrschaftsformen unberührt läßt, eine Veränderung der Gesetze, der Bräuche, der Religion usw., ist eine »alteration« (ibid. S. 504).

Die Gründe, die zum sozialen Wandel führen, können »humaines, ou naturelles, ou divines« sein. Zu den natürlichen Gründen gehören auch die »causes celestes, & plus esloignees« (IV, 2, S. 542), vor allem die Einflüsse der Gestirne und Zahlenkonstellationen, die Veränderungen an gewissen Daten erwarten lassen. Bodin, als »Klimatheoretiker« bekannt, mißt besonders natürlichen Faktoren wie der Beschaffenheit der Landschaft und dem Klima einen entscheidenden Einfluß auf das politische und soziale Verhalten eines Volkes bei: Diese Faktoren sind Konstanten, die auch beim sozialen Wandel in Rechnung gestellt werden müssen. Gebirgsvölker wie die des Nordens zum Beispiel neigen zur demokratischen Staats- und Regierungsform und werden darum ringen; es genügt aber auch schon, seinen Wohnsitz auf einem Berge zu haben, um demokratisch gesinnt zu sein. So hat Plutarch beobachtet, daß die Bewohner der hoch gelegenen Stadt Athen die Demo- kratie forderten, während die Bewohner der tiefer gelegenen Gebiete zur Oligarchie und jene des Piräus zur Aristokratie neigten (V, 1, S. 664; 694). Der Einfluß des Meeres weckt den Händlergeist, »la ruse de negotier, [...] tromper, men- tir, & abuser les moins fins pour gaigner, qui est le but de plusieurs marchands« (ibid. S. 696).

Zu den »causes humaines« des sozialen Wandels gehören auch jene, die unmittelbar mit der Sozialstruktur und der Eigentumsverteilung zusammenhängen. So treiben etwa kon- fiskatorische Steuern das Volk zum Aufruhr: »[...] il ne se trouve point de changemens, seditions, & ruines de Repu- bliques plus frequentes, que pour les charges & imposts ex- cessifs« (VI, 2, S. 881). An einer anderen Stelle faßt er die »causes que donnent changement aux estats & Republiques« zusammen: »des mesmes causes procedent les seditions & guerres civiles: le deny de iustice, l'oppression du menu peuple, la distribution inegale des peines & loyers, la richesse excessive d'un petit nombre, l' extreme povreté de plusieurs, loisiveté trop grande des subiects, l'impunité des forfaits« (IV, 2, S. 659). Bodin kritisiert an mehreren Stellen der *Six Livres* die Polarisierung von Reichen und Armen in heftigen Worten (z. B. V, 2, S. 704); doch er ist aus den bereits oben gezeigten Gründen ein scharfer Gegner einer Sozialreform, die auf Gütergleichheit, Umverteilung von Grund und Boden und Aufhebung von Schulden hinausliefe. Denn nicht die

Ungleichheit – es sei denn, sie ist extrem –, sondern die Gleichheit ist die Ursache von Streit und Aufruhr: »[...] il est bien certain qu'il n'y a iamais haine plus grande, ni plus capitales inimitez, qu'en entre ceux-là qui sont esgaux: & la ialousie entre esgaux est la source des troubles, seditions & guerres civiles« (V, 2, S. 704). Eine Umverteilung der Güter, die Enteignung voraussetzte, würde das Vertrauen, das die Bürger in den Staat als den Beschützer ihres Eigentums haben, zerstören; das gleiche gilt für die Aufhebung von Schulden, die außerdem zur Folge hätte, daß die Bezieher von Renten aus angelegtem Kapital, also auch Waisen und einfache Leute, ruiniert werden, was weder Arm noch Reich, höchstens den Spekulanten nützt (ibid. S. 704). Die Güterverteilung muß dem Grundprinzip der Bodinschen Politik, der harmonischen Proportion, worin die Teile eines wohlgeordneten Gemeinwesens zueinander stehen, entsprechen.

Bodin wiederholt, wenn er auf die Beziehungen zwischen sozialer Struktur, politischen Anschauungen und sozialem Wandel zu sprechen kommt, vor allem Topoi aus der antiken Literatur (Platon, Aristoteles, Plutarch, usw.), und er vergleicht sie mit seinem überreichen historischen Material (wo er sie zumeist bestätigt findet). Er ist jedoch hinter der Energie, mit der Platon und Aristoteles soziale Regelmäßigkeiten hinsichtlich des Zusammenhangs zwischen sozialer Schichtung, politischer Einstellung, Verfassungsstruktur und sozialem Wandel erforscht hatten, zurückgeblieben: Solch eindringliche Analysen wie die des aristokratischen, timokratischen, oligarchischen usw. Charakters in Platons *Politeia* und entsprechende Untersuchungen in der *Politik* des Aristoteles sind bei Bodin nicht zu finden. Die auf menschlichem Willen beruhenden Gründe des sozialen Wandels sind für ihn prinzipiell »muable & incertaine« (IV, 2, S. 542), kosmischen und göttlichen Einflüssen unterworfen, so daß sie die Formulierung von soziologischen Gesetzmäßigkeiten kaum zulassen. Es hat den Anschein, als hätten ihn die natürlichen und übernatürliche Gründe stärker interessiert als die menschlichen. In seinem zum Teil von magischen Vorstellungen beherrschten Renaissance-Weltbild hatte der Gedanke einer weltimmanenten, allein auf den ökonomischen und moralischen Triebkräften der Gesellschaft beruhenden Gesetzmäßigkeit, wie sie spätere bürgerliche Theoretiker, etwa Harrington und die schottischen Moralphilosophen (John Millar, Ferguson, Adam Smith) entwickelten, noch keinen Platz. Dies verbietet es auch, Bodin als einen Vorläufer der Soziologie anzusehen.

Versuch über Mandevilles Bienenfabel

Mitteilungen über Mandevilles Leben und Schriften*

Dem Scharfsinn der Philosophen spendet man gerne Beifall,
solange er das Bild der heilen Welt nicht zerstört. Jene radi-
kalen Zergliederer aber, die im menschlichen Verhalten nur
selbstsüchtige Affekte und gesellschaftliche Zwänge, dagegen
keine natürliche Neigung zum Guten zu erkennen vermoch-
ten, erregten seit jeher Anstoß und Mißtrauen. Oft genug
reagierten die Verteidiger der staatlichen und geistigen Ordnung auf solche Störungen des philosophischen Friedens mit
dem beliebten argumentum ad hominem: Wer, wie Machiavelli, Hobbes oder die epikuräischen Freidenker der Menschheit einen Zerrspiegel vorhalte, müsse selbst ein unmorali-
scher Mensch ein.[1] Besonders erfolgreich wurde der Londoner
Arzt Bernard Mandeville angeschwärzt, der in seiner *Bienenfabel* die provozierende These aufgestellt hatte, nicht die
Tugend, sondern das Laster sei die wahre Quelle des Gemeinwohls. Dieser Mandeville, so hieß es, sei ein ausgesprochen
übler Charakter gewesen, maßlos im Essen und Trinken und
stets bereit, bei Tisch anwesende Geistliche zu frotzeln;
schlimmer noch, er habe sich von holländischen Kaufleuten
aushalten lassen und sei nicht davor zurückgeschreckt, gegen
Bezahlung im Auftrag von Schnapsbrennern im »London
Journal« und anderen Blättern für den Genuß von Gin zu

---

* Auf den folgenden Seiten wird der erste Band der Bienenfabel mit I,
der zweite Band mit II gekennzeichnet. Die Seitenzahlen von I beziehen
sich auf die Suhrkamp-Ausgabe, die von II auf den zweiten Band der
englischen Ausgabe von Kaye. Die Übersetzung der Zitate aus II stammt
von mir.
1 Vgl. über die Verleumdung Spinozas Kuno Fischer, *Spinozas Leben
und Charakter,* Heidelberg 1892; über die Anwürfe gegen Hobbes S. I.
Mintz, *The Hunting of Leviathan,* Cambridge 1962. Die Polemiken gegen
Machiavelli sind notorisch.

werben. Spuren dieser Verleumdung haben sich bis heute in der Literatur erhalten.[2]

Bernard (de) Mandeville wurde in Holland, in Dordrecht oder Rotterdam, geboren und am 20. November 1670 in Rotterdam getauft.[3] Er entstammt einer vornehmen französischen Hugenottenfamilie, die sich gegen Ende des 16. Jahrhunderts, wohl um den Hugenottenverfolgungen zu entgehen, in Holland niedergelassen hatte und dort alsbald ins Establishment aufgenommen wurde. Mandevilles Vorfahren auf väterlicher Seite hatten sich als bedeutende Ärzte hervorgetan, die auch eine Rolle in der städtischen Selbstverwaltung spielten – in der Familie seiner holländischen Mutter war der Beruf eines Seeoffiziers verbreitet. Im Jahre 1685 immatrikulierte sich Mandeville an der Universität von Leiden. Er studierte zunächst Philosophie und promovierte im Jahre 1689; sein anschließendes Medizinstudium schloß er 1691 gleichfalls mit einer Promotion ab.[4] Für eine kurze Zeit scheint Mandeville in Holland als Facharzt für Nerven- und Magenleiden praktiziert zu haben. Doch bereits in den neunziger Jahren begab er sich nach London, »um die englische Sprache zu erlernen«, wie er selbst sagte. Land und Leute hätten es ihm jedoch so angetan, daß er sich entschlossen habe, bis ans Ende seiner Tage in England zu bleiben.

2 Vgl. Sakmann (49), S. 1 ff.; Kaye (20), vol. 1, S. xxi. Kaye kann nachweisen, daß der Vorwurf der Bestechung durch Kaufleute und Schnapsbrenner haltlos ist. – Leslie Stephen (56), S. 33, bezeichnete die *Bienenfabel* als eine »Bierkneipenausgabe des Erzfeindes Hobbes«; Münstermann (44), S. 1, schreibt: »Dieser vergessene Hugenotte ist Anhänger und Verkünder des Naturalismus, einer Weltanschauung, die ihre zerstörenden Kräfte nach wie vor entfaltet und als deren radikalster Vertreter im politischen Bereich der moderne Sowjetstaat anzusehen ist.« Die Gefährlichkeit Mandevilles erhellt für M. daraus, daß »seine Bienenfabel im kommunistisch beherrschten Teile Deutschlands 1957 neu herausgegeben wurde.« (a.a.O.).

3 Mandeville verzichtete ab 1704 auf das Adelsprädikat »de«. Die biographischen Angaben folgen Sakmann (49) und Kaye (20).

4 Die Titel der Dissertationen s. Literaturverzeichnis (2) u. (3).

Mandeville heiratete 1699 eine Engländerin; aus dieser Ehe gingen zwei Kinder hervor. Am 21. Januar 1733 ist Mandeville in Hackney bei London gestorben.

Mandeville war auch in London als Arzt tätig. Leider haben wir hierüber nur wenig Kenntnis. Er hatte gute Beziehungen zu dem wissenschaftlich bedeutenden Hofarzt Sir Hans Sloane und war mit dem Lord Chancellor Earl of Macclesfield – dem Inhaber eines der höchsten Staatsämter also – befreundet. Die besseren Kreise scheinen vor allem seine Qualitäten als witziger Gesprächspartner geschätzt zu haben. Sein Sinn für Geselligkeit und geistreiche Unterhaltung wird übrigens auch von Benjamin Franklin bezeugt, der Mandeville in einem Bierlokal in Cheapside, wo sich Mandevilles Club befand, kennengelernt hatte.

Das England der Queen Anne, der Könige George I. und II. und Sir Robert Walpoles, des ersten Premierministers im modernen Sinn, hat eine Reihe vorzüglicher zeitgenössischer Portraitisten gefunden, Jonathan Swift etwa, John Gay, den Verfasser der Beggar's Opera, Daniel Defoe und William Hogarth, den Schöpfer der entlarvenden Kupferstich-Serien – doch sicherlich war Mandeville derjenige, der am tiefsten das Getriebe des gesellschaftlichen Gesamtzusammenhanges begriff. Nach der Glorious Revolution von 1688 hatte sich das von feudalen Fesseln befreite England rasch zum ersten Handels- und Industriestaat der Welt entwickelt. Vor allem im Handel wurde zu jener Zeit glänzend verdient; das oligarchische Handelskapital beherrschte über den führenden Whig-Politiker Walpole das politische System – Parlament und Amtsträger –, vor allem durch Bestechung. Das neue Großbürgertum hatte die bisher herrschende Schicht, den Landadel, was politischen Einfluß betrifft, bereits überrundet und zeigte Neigung, durch Heirat oder Nobilitierung sich mit dem Adel zu verschmelzen. Auch hinsichtlich des Lebensstils versuchte das Großbürgertum, sich dem Adel anzupassen, indem es in seinen neuen städtischen Palästen und Landsitzen einen unerhörten Luxus entfaltete. Die Prosperität Englands konnte jedoch nur nutzen, wer die Mittel dazu besaß. Bauern, die ihren Pachtherren den Zins nicht bezahlen konnten oder durch die willkürliche Einhegung (enclosure) ihres gepachteten Besitzes von der Scholle vertrieben wurden, strömten in großer Zahl in die Slums der neuen Industriestädte und Londons und vergrößerten so das Angebot billigster Arbeitskräfte. Die Zustände in den Slums waren himmelschreiend: die Straßen ein Morast aus Kot und Abfällen, man lebte Wand an Wand in armseligsten, überfüllten Hütten, Prostitution, Alkoholismus, Seuchen wie Pocken, Typhus und Rachitis (die »englische Krankheit«) grassierten, drakonische Strafen (z. B. Erhängen für das Stehlen eines Taschentuchs) konnten die wuchernde Kriminalität nicht unterbinden. Im stärksten Kontrast zu der wachsenden Proletarisierung und Ausbeutung ungefähr der Hälfte der englischen Bevölkerung stand die kulturelle und politische Blüte des englischen Bürgertums. Die schönen Künste (dies war die Zeit der Opern Händels) standen hoch im Kurs, ein gebildetes Publikum diskutierte in Clubs und Caféhäusern über Kunst und Politik, das Pressewesen lebte auf, die ersten Ansätze zum parlamentarischen Zweiparteiensystem zeigten sich.[5] Der enorme Gegensatz zwischen Arm und Reich brachte fast zwangsläufig das bevorzugte literarische Stilmittel der damaligen Zeit, die Satire, hervor. Mandeville, der die *Bienenfabel* selbst als eine Satire bezeichnete (II, S. 59, 105),[6] handhabe es meisterhaft, doch seine Schriften sind mehr als Satire. Satire und Analyse der Mechanismen der bürgerlichen

[5] Die historischen Angaben stützen sich auf J. H. Plumb, *England in the Eighteenth Century*, The Pelican History of England 7, (1950); Christopher Hill, *The Century of Revolution 1603-1714*, Edinburgh 1961; A. S. Turberville, *English Men and Manners in the Eighteenth Century*, Oxford 1961.
[6] Über die literarische Form der Arbeiten Mandevilles vgl. Hübner (37) und über seinen Stil Edwards (30).

Gesellschaft seiner Zeit verschmelzen bei Mandeville zu einer grotesken Einheit: Was ob seiner Grausamkeit nicht wahr sein dürfte, ist in seinen Augen nackte, unabänderliche Wahrheit. Je analytisch genauer seine Apologie des Frühkapitalismus wird, desto mehr gerät sie in die Nähe des Schwarzen Humors.

Mandevilles Vorliebe für delikate literarische Themen macht verständlich, daß ihm das an der Erhaltung der etablierten Moral interessierte Publikum mißtraute. Am Anfang seiner erfolgreichen Karriere als Schriftsteller stand die leichte Muse: In den Jahren 1703 und 1704 veröffentlichte er zwei englische Bearbeitungen der Tierfabeln von Lafontaine und Aesop, sowie eine Versgroteske nach Scarrons Manier mit dem Titel *Typhon, oder die Kriege zwischen Göttern und Riesen*.[7] Im folgenden Jahr erschien anonym das Gedicht *Der unzufriedene Bienenstock,* jene anstößige Sixpenny-Broschüre, die Mandeville allmählich durch Kommentare, Essays und Dialoge zur heutigen Fassung der *Bienenfabel* erweiterte. Hierüber gleich unten. Im Jahr 1709 erschien sein Buch *Die entlarvte Jungfrau, oder weibliche Dialoge zwischen einer älteren ledigen Dame und ihrer Nichte,* worin Mandeville die Folgen der Leichtgläubigkeit und Verführbarkeit des weiblichen Geschlechts ausmalte. Seinem wissenschaftlichen Fachgebiet, den »hypochondrischen und hysterischen Leiden«, wandte er sich in einer 1711 erschienenen Schrift zu; 1720 publizierte er *Freie Gedanken über Religion, Kirche und nationales Glück,* ein schwaches Buch, in dem er darauf hinweist, daß »freies Denken« keinesfalls »gottlos und atheistisch« sein müsse. Von Interesse ist, daß Mandeville sich in dieser Schrift zur Verfassung der Glorious Revolution von 1688, vor allem zu den Rechten des Parlamentes, bekennt. In der Schrift *Zur Befürwortung öffentlicher Bordelle, oder ein Essay über die im Vereinigten Königreich*

7 Die englischen Titel der Schriften Mandevilles s. im Literaturverzeichnis.

78

praktizierte Prostitution (1724) spricht sich Mandeville für die staatliche Kontrolle der Prostitution aus, denn diese sei unausrottbar und habe überdies den Vorteil, die Ehre der Frauen und Töchter der höheren Stände zu schützen.[8] Ein Jahr nach Erscheinen dieses Buches publizierte Mandeville eine *Untersuchung über die Ursachen der zahlreichen Hinrichtungen in Tyburn,*[9] *sowie Vorschläge für die Behandlung von Zuchthäuslern.* Ohne rigorose Abschreckung könne das Privateigentum niemals vor organisierten Diebesbanden geschützt werden, vor allem nicht, solange es Hehler wie Jonathan Wild[10] gebe, Leute, die eine Art von Agentur zwischen Verbrechern und Behörden unterhielten und nach Gutdünken einen mißliebigen Dieb hops gehen ließen. Hinrichtungen, Volksfeste für die Unter- und Halbwelt, bei denen lange Züge johlender, betrunkener Spitzbuben dem Henkerskarren folgten und den volltrunkenen Delinquenten hochleben ließen, der sich alsdann »mit dem Mut eines Steins in die Ewigkeit hinabfallen lasse«, könnten natürlich ebenfalls nicht abschreckend wirken. Wie anders, säße der arme Sünder bleich und zitternd auf dem Karren: schon sein Anblick verbreitete Angst und Schrecken! Im Jahr 1732, kurz vor seinem Tode, erschienen noch zwei Schriften Mandevilles, eine *Untersuchung über den Ursprung der Ehre und die Nützlichkeit des Christentums im Kriege* sowie *Ein Brief an Dion,* eine Antwort auf Angriffe, die der Bischof und Philosoph George Berkeley in seinem Buch *Alciphron, oder der scharfsinnige Philosoph, sieben Dialoge für das Christentum und gegen die Freidenker* (1732) gegen die *Bienenfabel* gerichtet hatte. Die Ausführungen über den Ursprung der Ehre entsprechen im wesentlichen denen der *Bienenfabel*

8 Vgl. auch *Bienenfabel* I, Anm. H, S. 142 ff.
9 Tyburn: Londoner Hinrichtungsstätte.
10 Über Jonathan Wild vgl. Turberville (s. Anm. 5), S. 7. Wild war übrigens Vorbild für John Gays und Bert Brechts Bettler- und Einbrecher-Manager Peachum und Macheath.

(vgl. Anm. R). Was die Nützlichkeit des Christentums im Kriege betrifft, so fördert es nach Ansicht Mandevilles die Tapferkeit der Soldaten nicht; dies aber vermöchten tüchtige Feldprediger, die auch in der übelsten Soldateska den Glauben an den Beistand unsichtbarer Mächte erwecken könnten. – Anzumerken ist noch, daß nicht nur die *Bienenfabel*, sondern auch andere Werke Mandevilles ausgesprochene literarische Erfolge waren, die mehrere Auflagen erlebten und zum Teil noch zu seinen Lebzeiten in andere Sprachen übersetzt wurden.[11]

Doch nun zur *Bienenfabel*. Die bereits erwähnte Sixpenny-Broschüre *Der unzufriedene Bienenstock* von 1705 schlug ein; noch im selben Jahr erschien ein Raubdruck. Daraufhin wurde es um dieses Gedicht still, bis 1714, anonym wie die erste Fassung, eine um zwanzig längere Anmerkungen oder Kommentare (die »Remarks«) und um den Essay *Eine Untersuchung über den Ursprung der sittlichen Tugenden* erweiterte Ausgabe unter dem Titel *Die Bienenfabel, oder private Laster, öffentliche Vorteile* erschien, die im selben Jahr noch einmal aufgelegt wurde. Im Jahr 1723 erschien eine zweite Auflage der erweiterten Fassung, ergänzt um die Essays *Eine Abhandlung über Barmherzigkeit, Armenpflege und Armenschulen* sowie *Eine Untersuchung über die Natur der Gesellschaft*. Insbesondere die Abhandlung über die Armenschulen verursachte einigen Wirbel. Das Obergericht von Middlesex deklarierte die *Bienenfabel* als geeignet, »alle Religion und bürgerliche Herrschaft« umzustürzen, wogegen sich Mandeville in einer *Rechtfertigung* wehrte, die 1724 der dritten Auflage beigefügt wurde. Zu Mandevilles Lebzeiten erschienen noch vier weitere Auflagen, 1725, 1728, 1729 und 1732. Die vielen Angriffe gegen die *Bienenfabel* veranlaßten Mandeville, in einem zweiten Band seine Thesen zu erläutern und hie und da zu modifizieren. Dieser

11 Vgl. Kaye (20), vol. 2, S. xxx f.

zweite Teil, 1728 erschienen, enthält sechs Dialoge zwischen Fulvia (die nur im ersten Dialog zu Wort kommt), Cleomenes, der für Mandeville spricht, und Horatio, einem Anhänger der Philosophie Shaftesburys, der sich aber nur zu leicht von Cleomenes-Mandeville überzeugen läßt. Auch der zweite Teil brachte es zu mehreren Auflagen und erschien 1761 auch in einer deutschen Übersetzung.[12]

Die neue deutsche Ausgabe der *Bienenfabel* (Frankfurt/M., 1968; = Theorie) gibt die Fassung der dritten Auflage von 1724 vollständig wieder. Dies bedeutet, daß der überwiegend explikative zweite Teil von 1728, der zwar von Interesse ist, aber doch nicht die Originalität, den Witz und die Kraft des ersten Teiles besitzt, weggelassen worden ist. Der Text folgt der Übersetzung von Otto Bobertag, der den ersten Teil der *Bienenfabel* im Jahre 1914, allerdings stellenweise gekürzt, bei Langen/Müller in München herausgegeben hatte. Dorothea und Friedrich Bassenge hatten in ihrer im Aufbau Verlag Berlin 1957 erschienenen Ausgabe die Bobertagsche Übersetzung mit der mustergültigen, an textkritischer Subtilität nicht zu überbietenden zweibändigen Gesamtausgabe der *Bienenfabel* von F. B. Kaye (Oxford 1924) verglichen, den Bobertagschen Text überarbeitet und die fehlenden Teile selbst übersetzt. Der in der Suhrkamp-Ausgabe von 1968 gebotene Text ist mit der Edition des Aufbau Verlags bis auf ganz geringfügige Änderungen identisch.

Die *Bienenfabel*, vor allem die darin vertretene Auffassung vom Wesen der Ethik, die Bienenfabel-These »Private Laster, öffentliche Vorteile« und der Essay über die Armenschulen, lösten noch unter Mandevilles Zeitgenossen eine lebhafte Diskussion aus, wobei, wie nicht anders zu erwarten, seine Ansichten fast durchweg abgelehnt wurden. Die bekanntesten Kontrahenten Mandevilles sind George Berkeley und Francis Hutcheson.[13] Adam Smith widmete in seiner

12 Vgl. Literaturverzeichnis (17).
13 Vgl. dazu Sakmann (49) und Kaye (20), vol. 2, S. 401 ff.

Theorie der ethischen Gefühle im Kapitel *Über Systeme, welche jede sittliche Bindung aufheben,* über zehn Seiten der Widerlegung Mandevilles.[14] Hume, Godwin, Diderot, Holbach, Rousseau, Montesquieu, Malthus, Kant, Herder, Bentham, James Mill und Marx, um nur die bedeutendsten Namen zu nennen, sind auf Mandevilles Thesen eingegangen; bei Voltaire und vor allem bei Helvétius läßt sich sein Einfluß nachweisen. Die sogenannte Bienenfabel-Kontroverse ist schon mehrfach beschrieben worden, so in Kayes Einleitung zu seiner Ausgabe der *Bienenfabel* und in der immer noch lesenswerten Monographie von Paul Sakmann *Bernard de Mandeville und die Bienenfabel-Controverse* von 1897[15] Es lohnte sich ohne Zweifel, die Auseinandersetzung der genannten Autoren mit Mandeville aufs neue zu untersuchen; dies kann allerdings hier nicht geleistet werden.

Mandevilles natürlicher Mensch

Mandeville, der seine Leser nicht nur belehren, sondern vor allem unterhalten wollte, hat in keiner seiner Schriften ein philosophisches System entwickelt; er springt vielmehr in seinen durch witzige Beispiele und Parabeln aufgelockerten Essays rasch von einem Thema zum andern. Doch hinter Mandevilles verwirrender Darstellung, der es vorzüglich auf den literarischen Effekt ankommt, läßt sich deutlich eine philosophische Position erkennen, die in bestimmten Strömungen der abendländischen Philosophie wurzelt: Mandeville steht in der Tradition des französischen epikuräisch-pyrrhonistischen Skeptizismus – zu seinen bevorzugten Schriftstellern gehören Montaigne, La Rochefoucauld und Pierre Bayle –, des Calvinismus und der von Bacon, Hobbes und Locke begründeten englischen Aufklärungsphilosophie,

14 Vgl. Literaturverzeichnis (53).
15 Zur Bienenfabel-Kontroverse vgl. auch Grégoire (35), S. 176 ff.

die mit dem traditionellen Aristotelismus und Thomismus gebrochen hatte.[16]

Wie viele Philosophen des beginnenden bürgerlichen Zeitalters war Mandeville davon überzeugt, daß am Anfang allen Philosophierens über gesellschaftliche Zustände die Erforschung der menschlichen Natur »so wie sie in Wirklichkeit ist, nicht, wie sie sein sollte«, stehen müsse. Die menschliche Natur sei das beste Lehrbuch; daher wolle er die Menschen unter »natürlichen Verhältnissen« oder im Naturzustand untersuchen und von den »echten, gottgeweihten Christen«, die der göttlichen Gnade teilhaftig geworden seien, absehen. Mit Naturzustand ist hier also eine Abstraktion, ein heuristisches Konzept zur Erforschung der wahren Menschennatur, wie sie sich nach dem Sündenfall darstellt, gemeint. Neben diesem abstrakten Konzept hat Mandeville einige konkrete Vorstellungen von einem historischen vorstaatlichen Zustand entwickelt. Zur Explikation seiner Thesen greift er auf beide Auffassungen vom Naturzustand zurück.[17]

Für Mandeville besteht die menschliche Natur aus einem Komplex von Grundtrieben und Leidenschaften, die sich auf diese Grundtriebe zurückführen lassen. Der mächtigste Grundtrieb ist wie bei Hobbes, Spinoza, Locke und anderen frühbürgerlichen Denkern der Selbsterhaltungstrieb und die unmittelbar damit verbundene Eigenliebe: »Die Eigenliebe wurde unbestritten allen Tieren, nicht zuletzt dem vollkommensten, zum Zweck der Selbsterhaltung gegeben« [...]

16 Zu den philosophischen Quellen besonders gut Grégoire (35), S. 147 ff., und Deckelmann (29), S. 75 ff. Vgl. dazu auch Kaye (20), Einleitung, und Hasbach (36).
17 Die Wendung, man wolle den Menschen untersuchen wie er nun einmal ist, nicht wie er sein soll, findet sich bei Pufendorf (*De jure naturae et gentium,* II, cap. 3, § 14); bei Hobbes (*Leviathan,* Chap. 13) und bei Spinoza (*Tractatus politicus,* I, § 4). Für Mandeville vgl. *Bienenfabel* Band I, S. 93, 207; Band II, 147. Auf den folgenden Seiten wird *Bienenfabel* Band I oder II nur noch mit den römischen Ziffern zitiert. – Über Mandevilles Theologie vgl. unten.

»Es gibt nichts so allgemein Unverfälschtes auf Erden wie die Liebe, die jedes Geschöpf, das ihrer fähig ist, zu sich selbst hegt. Da es ferner keine Liebe ohne gleichzeitiges Streben nach Erhaltung des geliebten Gegenstandes gibt, so wird man in keinem lebenden Wesen etwas finden, was aufrichtiger gemeint wäre als sein Wille, Wunsch und Bemühen, das eigene Selbst zu erhalten. Dies ist ein Naturgesetz, kraft dessen kein Geschöpf mit irgendeinem Streben oder Gefühl begabt ist, das nicht entweder direkt oder indirekt auf die Erhaltung seiner selbst oder seiner Gattung abzielte« (I, 236 f.; II, 129). Hunger und Geschlechtstrieb sind die heftigsten Begierden, die im Dienste jener Grundtriebe stehen (I, 238). Aber auch andere Triebe wie Furcht, Wut, Neid und Streben nach Herrschaft, selbst verfeinerte Affekte wie Scham, Stolz und Anerkennungsstreben sind Derivate des Selbsterhaltungstriebes.[18] Die Befriedigung der Affekte, vor allem die Bestätigung der Eigenliebe, verschafft Lust: Deshalb handelt der Mensch grundsätzlich in keiner anderen Absicht »als der, sich Lust zu verschaffen«. Insofern besteht »zwischen Wille und Lust in gewissem Sinne kein Unterschied«. Kann der Mensch nicht mehr auf Selbstbestätigung hoffen, so gerät er in Verzweiflung – bisweilen ist der Selbstmord die letzte Lust, die er sich gewähren kann (I, 379; II, 135 f., 178).

Neben den genannten natürlichen Affekten besitzt der Mensch auch »künstliche«, das heißt solche, die ihm während des Prozesses seiner Domestizierung und Sozialisierung anerzogen worden sind. Der Mut und das Streben nach Ehre

---

18 »Ich glaube, daß die Natur, um die Sorge der Lebewesen um ihre Selbsterhaltung zu vermehren, ihnen einen Instinkt verliehen hat, der jedes Individuum dazu bringt, sich über seinen wahren Wert hinaus zu schätzen. [...] Dies führt zu unserem Verlangen nach der Billigung, Zuneigung und Zustimmung anderer, weil sie unsere eigene hohe Meinung von uns selbst bestärken und bestätigen« (II, 130). – Zur Mandevilleschen Reduktion der Triebe auf den Selbsterhaltungstrieb vgl. auch Schatz (51), Deckelmann (29) und Grégoire (35).

beispielsweise entstehen dadurch, daß die Herrschenden in Ausnutzung des Prinzips der Eigenliebe, wozu auch die Empfänglichkeit für Lob gehört, den Menschen einreden, daß sie »ein von Wut oder sonstigem Affekte unterschiedenes Tapferkeitsprinzip in sich trügen, das sie befähigte, Gefahren zu verachten und selbst dem Tode furchtlos entgegenzutreten, und daß, die es am ausgeprägtesten hätten, die Wertvollsten ihres Stammes seien« (I, 245). Zwar ist inzwischen der feudale Ehrbegriff (»ein Gemisch von Mut, Redlichkeit und Gerechtigkeit«), der die Ritter zu gewaltigen Heldentaten angespornt hatte, durch einen bescheideneren bürgerlichen mit weniger Redlichkeit und Gerechtigkeit abgelöst worden, »der im Vergleich zu früher gar sehr bequem und handlich wurde«. Dennoch erfüllt er seinen alten Zweck, nämlich die Menschheit zu bändigen, die »innerhalb großer Gemeinschaften bald zu tyrannischen Schurken und verräterischen Sklaven ausarten würde, wenn die ›Ehre‹ keinen Platz mehr bei uns fände« (I, 254). Doch auch das scheinbar so sublime Streben nach Ehre läßt sich auf Eigenliebe reduzieren, wenn man bedenkt, daß der Zwang, den »ein Mann von Ehre seinen Begierden nach *einer* Richtung hin antut, durch die Befriedigung, die er in einer *anderen* gewinnt, unmittelbar aufgewogen (wird), und was seine Habsucht oder sonst eine seiner Leidenschaften einbüßt, erhält sein Selbstgefühl doppelt wieder zurückbezahlt« (I, 257 f.).

Im Gegensatz zu den traditionellen, von Aristoteles und der Stoa beeinflußten Soziallehren, und zu Shaftesbury, der seit der zweiten Auflage der Fabel von 1723 als Hauptkontrahent erscheint, will Mandeville keinen echten Trieb zur Geselligkeit und zu altruistischen Handlungen anerkennen.[19] Zwar ist es vor allen anderen Lebewesen der Mensch, der sich mit seinesgleichen zu den größten Gesellschaften zu vereinen vermag, und er verdient deshalb, als das geselligste

19 Zu Shaftesbury vgl. Kaye (20), vol. 1, S. 336; Deckelmann (29), S. 124. Zur Einschätzung Shaftesburys durch Mandeville vgl. auch I, 361 ff.

Wesen bezeichnet zu werden. Wenn sich der Mensch aber mit anderen zu einer Gesellschaft zusammenschließt, so tut er dies auf keinen Fall aus Zuneigung zu den anderen – nicht mehr, als sich die Planeten aus Zuneigung zu anderen Planeten in einem Planetensystem bewegen. Das wahre Motiv eines jeden, der sich mit anderen vereint, ist sein Eigeninteresse – sein Bedürfnis nach Ruhe, Sicherheit und Verbesserung seiner Situation und seine Hilflosigkeit in der Vereinzelung. Mag man also dem Menschen einen Geselligkeitstrieb insofern zusprechen, als er nicht in der Isolierung zu leben vermag und deshalb zur »ungeselligen Geselligkeit« (Kant)[20] gezwungen wird, so ist dieser Geselligkeitstrieb doch keine altruistische Tugend, aus der Gesellschaft oder Staat (der »politische Körper«, wie Mandeville mit einem Ausdruck der damaligen Staatslehre sagt) unmittelbar erwachsen könnten. Der politische Körper beruht vielmehr allein auf Herrschaft (I, 94, 377 ff.; II, 177 ff.). Auch was andere angeblich altruistische Affekte betrifft, etwa die Liebe (auch die Mutterliebe), das Mitleid, die Barmherzigkeit und die Hilfsbereitschaft, so führen sie keineswegs notwendig zu einem wahrhaft tugendhaftem Handeln, das nur das Wohl des anderen bezweckt. Zwar soll nicht bestritten werden, daß es das spontane Gefühl von Mitleid gibt. Niemand, nicht einmal der verkommenste Straßenräuber, ist so verhärtet, daß er nicht einem Kind zur Hilfe eilen würde, das von einem Wildschwein angefallen wird, denn »in einer solchen Lage bedarf es keiner Tugend oder Selbstverleugnung, um ergriffen zu werden«. Barmherzigkeit üben wir oft genug, um uns von dem Unlustgefühl des Mitleids zu befreien, also aus Eigenliebe: »Tausende geben [...] Bettlern Geld aus demselben Beweggrunde wie ihrem Hühneraugen-Operateur, nämlich des angenehmeren Gehens wegen«, und zwar an Halunken, die man »viel lieber mit dem Stocke durchprügeln würde«

20 *Ideen zu einer allgemeinen Geschichte in weltbürgerlicher Absicht*, Vierter Satz.

86

(I, 290 ff.). Die Liebe schließlich ist nichts anderes als eine »glückliche Verhüllung jenes Triebes, der uns dazu drängt, zur Erhaltung unserer Gattung beizutragen«, und selbst die Mutterliebe beruht als Naturtrieb auf der Eigenliebe und wird oftmals von stärkeren Affekten unterdrückt (I, 123 f., 185). Unser Streben nach Anerkennung und das Glücksgefühl, das uns die Achtung und Bewunderung durch andere verschafft, bringen uns dazu, daß wir unsere Sinnlichkeit, Eitelkeit und Selbstsucht zu verbergen suchen. Dies ist die Wurzel der Heuchelei (I, 361). Auch wenn die Menschen ehrlich überzeugt sind, daß sie moralisch handelten, so machen sie sich doch, wie Mandeville unter Berufung auf seine Autoritäten Montaigne, La Rochefoucauld und Bayle feststellt, Illusionen hinsichtlich der egoistischen Natur ihrer wahren Motive: »Was wir für Tugend halten«, so hatte La Rochefoucauld in einer berühmten Maxime erklärt, »ist oft nur ein Gewebe verschiedener Handlungen und Interessen [...], und nicht immer sind es Mut und Keuschheit, die die Männer mutig machen und die Frauen keusch.«[21]

Es ist für Mandevilles Menschenbild bezeichnend, daß er der Analyse der Vernunft, nach klassischer Auffassung das eigentliche Wesensmerkmal der menschlichen Natur, verhältnismäßig wenig Platz einräumt. Wie viele Denker der frühbürgerlichen Epoche hat Mandeville den Vernunftbegriff der traditionellen Philosophie, demzufolge die Vernunft Einsichten in das Wesen des Guten und Gerechten vermittelte, aufgegeben. Für ihn ist die Vernunft eng mit den Leidenschaften verknüpft; er bezeichnet sie wie später auch Hume in einer berühmten Formulierung als »Sklavin der Leidenschaften«, welche die egozentrischen Passionen grundsätzlich nicht zu transzendieren vermag: »Wir drängen unser Denken (reason) jederzeit in die Richtung, in die es von unseren Gefühlen

---

21 Vgl. *Réflexions, Sentences et Maximes morales de La Rochefoucauld*, Paris o. J. Maxime I, S. 1.

(passion) gezogen wird« (I, 363).[22] Es wäre Selbstbetrug, wenn wir glaubten, daß wir unser Handeln von objektiven, das Gemeinwohl fördernden Vernunftprinzipien anleiten ließen: »Die Selbstliebe vertritt bei allen Menschen die Sache ihrer Sonderinteressen, indem sie jedem Individuum Argumente zur Rechtfertigung gerade *seiner* persönlichen Neigungen liefert« (ibid.). Mandeville hat bereits das Phänomen der »Rationalisierung«, des Bemühens, die wahren Motive der menschlichen Wünsche und Bestrebungen, die Affekte, durch das Vorschieben pseudorationaler Gründe zu verschleiern, erkannt und gehört insofern zu den Vorläufern der Erforscher menschlicher Motivationsstrukturen wie Freud und Pareto.

Aber selbst wenn es einem Menschen gelingt, seine Ichsucht zu überwinden, so liegt sein tugendhaftes Verhalten nicht im kontemplativen Gebrauch seiner Vernunft, sondern in der vita activa, in der rastlosen Tätigkeit zugunsten des Gemeinwohls: »Tugend besteht in Tätigkeit, und jeder, der von sozialer Gesinnung, von freundschaftlichen Gefühlen gegen seine Nebenmenschen erfüllt ist und auf Grund seiner Geburt oder Stellung irgendwelche Teilnahme an der Führung der Staatsgeschäfte beanspruchen kann, der sollte nicht stillsitzen, wenn er sich nützlich machen kann, sondern sollte sich zum Besten seiner Mitgeschöpfe aufs äußerste anstrengen« (I, 362). Von den »sanften Tugenden«, die Shaftesbury in den »Charakteristiken« empfiehlt, hält Mandeville nichts; sie sind für ihn die Tugenden feudaler Drohnen. Mandevilles »natürlicher Mensch« enthüllt sich, wie bereits Rousseau im Hinblick auf Hobbes feststellte, als »Bourgeois von London oder Paris«.[23]

Der Mensch ist für Mandeville letztlich ein Mechanismus, der aus »leicht Sichtbarem, wie Haut, Fleisch, Knochen usw.«

22 Vgl. dazu Lamprecht (40).
23 Vgl. dazu Iring Fetscher, Einleitung zu Thomas Hobbes, *Leviathan*, Neuwied 1966, S. LXIV.

konstruiert ist und angetrieben wird von einem »Gemisch von verschiedenen Neigungen und Gefühlen [...], die ihn alle, je nachdem sie auf- und hervortreten, abwechselnd und unabhängig von seinem Willen beherrschen« (I, 93). »Unabhängig vom Willen« bedeutet hier, daß der Wille keine eigenständige Instanz ist und gegen die Leidenschaften nichts vermag.[24] Allerdings folgt Mandeville der Hobbesschen Lehre von der Determination des menschlichen Verhaltens durch die Affekte, die auf einer mechanischen Wirkung von Korpuskeln beruht, nicht bis zur letzten Konsequenz. Cleomenes-Mandeville weigert sich im zweiten Band der Fabel (S. 139), obwohl er auf der Determination menschlichen Verhaltens durch die Affekte beharrt, den Menschen als Descartessche Tiermaschine zu begreifen. Denn die Konstruktion einer solchen Maschine, von Hobbes vorschnell mit einer nicht beweisbaren Korpuskulartheorie erklärt, ist nicht durchsichtig; vor allem wissen wir nichts darüber, wie die immateriellen Gedanken sich in materielles Handeln umsetzen: »Ein reziprokes Einwirken zwischen einer immateriellen Substanz und der Materie ist für den menschlichen Verstand so unerklärlich wie die These, daß das Denken das Ergebnis von Materie und Bewegung sei« (*ibid.* S. 174). Zu Recht vorsichtiger als die meisten Materialisten von Hobbes bis Lenin läßt es Mandeville in der Frage des physiologischen Zusammenhangs von Denken und Handeln bei einem ignoramus bewenden. Dies hindert aber nicht die Erkenntnis, daß im Menschen die Organe, der Verstand und die Leidenschaften zum Zwecke der Selbsterhaltung zusammenwirken. Dieses Menschenbild bringt Mandevilles Auffassung vom Naturzustand – dem Zustand, in welchen die Staatstheoretiker des 17. und 18. Jahrhunderts den Menschen vor Zustandekommen eines staatlichen Gebildes (häufig nur in Gedanken) versetzten – notwendig in die Nähe der berühmten

24 Vgl. dazu *Fabel* II, 139: »Die inneren Leidenschaften, die (den Menschen) unbekannt sind, regieren ihren Willen und lenken ihr Handeln.«

Hobbesschen Schilderung des Naturzustandes als eines »Krieges aller gegen alle«. Doch Mandeville hat die unhistorische Konstruktion von Hobbes – isoliert lebende und völlig verfeindete Individuen schließen, um dem tödlichen Kampf ein Ende zu setzen, einen Sozialvertrag – nicht übernommen. Die Naturmenschen Mandevilles werden wie die des Hobbes vom Streben nach Selbsterhaltung angetrieben; sie sehen alles, dessen sie habhaft werden können, als ihr Eigentum an; jeder besitzt ein gleiches Recht auf den Boden (II, 222, 271, 310). Ein »Goldenes Zeitalter« hat es nie gegeben.[25] Die Menschen lebten anfänglich in Großfamilien zusammen, mit einem Patriarchen an der Spitze, der wie alle Dinge so auch seine Nachkommen als sein Eigentum ansah (II, 201) und willkürlich über diese herrschte. Vor diesem Patriarchen empfinden die Kinder zunächst Ehrfurcht (wobei die Betonung auf Furcht liegt); doch kaum haben seine Kräfte nachgelassen oder ist er gestorben, so »werden die Söhne in Streit geraten sein, und ehe sich der Friede richtig befestigt hatte, wird schon der Krieg dagewesen sein« (I, 378).

Die ersten Stämme sind also instabil, sie zerfallen, vereinigen sich wieder, fallen abermals auseinander (II, 318). Doch es gibt auch gegenläufige Tendenzen, die bewirken, daß schließlich festere, bereits staatsähnliche Gebilde entstehen. Was die subjektive Seite des sich letzten Endes durchsetzenden Vergesellschaftungsprozesses betrifft, so führen die Furcht des Menschen, seine Neigung zu Ruhe, Frieden und Sicherheit sowie sein Bedürfnis, ständig seine Lebensbedingungen zu verbessern (vergleichbar der Rousseauschen perfectibilité) dazu, daß er sich in seinem eigenen Interesse mit dem Zusammenleben mit anderen abfindet. Auch äußere Umstände beschleunigen den Vergesellschaftungsprozeß: die Gefahren, die von der dem Menschen feindlichen Natur[26]

25 Dies gilt für die Zeit nach dem Sündenfall. Vgl. *Fabel* I, 373 f.; II, 308.
26 Die Natur ist für Mandeville kein harmonischer Kosmos, in dem der

(Gifte, Naturkatastrophen, wilde Tiere) und von den feindlichen Mitmenschen (vor allem von den Angriffen anderer Stämme) drohen. Sie zwingen die Menschen dazu, sich der schützenden Macht eines Stärkeren unterzuordnen (I, 373 f., II, 128, 177 ff., 230 ff., 261 ff.). An dieser Stelle bringt Mandeville auch den Vertragsgedanken der Sozialvertragslehre ins Spiel: Die Menschen schließen bereits im Naturzustand Verträge ab, sich nicht gegenseitig zu schädigen (dies ist die Vertragsformel Epikurs), doch sie halten diese Verträge nur so lange, wie es in ihrem Interesse liegt. Der Vertrag besitzt also bei Mandeville nicht die gesellschaftskonstitutive Kraft wie in den eigentlichen Sozialvertragslehren, etwa denen von Hobbes, Locke, Spinoza und Rousseau. Eine endgültige Stabilität verdanken die Stammesstaaten der Erfindung der Schrift, die es ermöglicht, Rechtsnormen und Strafbestimmungen aufzuzeichnen. Damit ist die erste Stufe der Vergesellschaftung, die primitiver, zumeist monarchischer Stammesstaaten, in einem Jahrhunderte dauernden Prozeß erreicht (II, 299 ff.).

Das System der bürgerlichen Gesellschaft

Man hätte Mandeville überinterpretiert, unterstellte man ihm eine klare Unterscheidung von Gesellschaftsformationen. Doch seine Schriften lassen erkennen, daß ihm die qualitative Verschiedenheit gesellschaftlicher Entwicklungsstufen bewußt war. Von »Gesellschaft« kann nach Mandeville erst dann geredet werden, wenn die individuellen Bedürfnisse und die Hindernisse, welche die feindliche Umwelt der Befriedigung dieser Bedürfnisse entgegensetzt, die Menschen unter die Fit-

Mensch seinen zugewiesenen Platz findet, sondern Chaos. Vgl. dazu Skarsten (52).

tiche einer organisierten Herrschaft getrieben hatten. Eine neue Qualität dieser Herrschaftsorganisation, genannt »Gesellschaft«, war erreicht, wenn die geschriebenen Gesetze einen effektiven Schutz des Privateigentums – dessen Entstehung Mandeville mit vage an Locke anklingenden Argumenten auf Arbeit zurückführt (II, 210) – und damit die Herausbildung der Arbeitsteilung ermöglichten.[27] Mandevilles Definition der Gesellschaft nennt als begriffsnotwendige Momente politische Herrschaft sowie die Chance des einzelnen, seinen Lebensunterhalt durch Arbeit für andere zu verdienen: »Ich hoffe, der Leser weiß, daß ich unter ›Gesellschaft‹ einen politischen Körper verstehe, in dem die Menschen, entweder durch überlegene Gewalt unterworfen oder durch Überredung aus dem Zustande der Wildheit emporgehoben, zu disziplinierten Wesen geworden sind, die in der Arbeit für andere ihr persönliches Interesse finden können, und wo unter monarchischer oder sonstiger Regierungsform jeder einzelne dem ganzen dienstbar gemacht, die Gesamtheit aber durch kluge Leitung zu einheitlichem Handeln befähigt worden ist« (I, 377).

In immer neuen Wendungen und Bildern unterstreicht Mandeville in beiden Bänden der *Bienenfabel,* daß für das Funktionieren des gesellschaftlichen Lebensprozesses politische Herrschaft und eine Chance des einzelnen, durch Arbeit für andere zu subsistieren, unbedingt erforderlich sind. Es ist die Aufgabe der Machthaber, durch Zwang und Überredung das egoistische Streben der einzelnen, ihre Bedürfnisse zu befriedigen, der Prosperität des politischen Körpers dienstbar zu machen. Aber die eigentliche Kohäsion der Gesellschaft wird nicht durch die Manipulation der Herrscher bewirkt, sondern

27 Nach Hübner (37), S. 321, stammt der Ausdruck »Arbeitsteilung (division of labour) von Mandeville. Vgl. auch Kaye (20), vol. 1, S. cxxxiv. Das von Mandeville selbst stammende Register des II. Bands der Fabel enthält den Begriff »Arbeit. Der Nutzen, sie zu teilen und unterzuteilen.«

durch das allmähliche Entstehen eines »Systems der Bedürfnisse« (Hegel)[28], das die divergierenden Partikularinteressen zu einem Netz allseitiger Abhängigkeit verflicht. Substrat
eines solchen gesellschaftlichen Systems ist der endgültig
domestizierte Untertan, »der es gelernt hat, seine Versklaa-
vung zu seinem eigenen Vorteil zu wenden und sich mit dem
Nutzen zufrieden gibt, den er aus der Arbeit für andere
zieht« (II, 184). Wie später Adam Smith weist Mandeville
ausdrücklich die Vorstellung zurück, daß die Gesellschaft auf
dem »Dienst für andere« beruhe; dies scheine nur so; in
Wirklichkeit arbeite jeder nur aus Eigeninteresse (I, 388).[29]
Ein System der Arbeit für andere aus Eigeninteresse kann
jedoch nur entstehen, wenn die anderen dieser Arbeit auch
bedürfen. Daher setzt eine funktionierende Gesellschaft eine
Vielzahl von Bedürfnissen voraus. Zwischen dem Anwachsen
der Bedürfnisse und der Integrationskraft der durch den
Markt[30] vermittelten Vergesellschaftung besteht eine Wechselwirkung: Aus der »Vielzahl der Bedürfnisse« entspringen
die »gegenseitigen Dienste, die sich die Glieder der Gesellschaft einander leisten«; daraus folgt, daß »je größer die
Verschiedenheit dieser Bedürfnisse ist, um so größer auch
die Zahl der Individuen sein kann, die ihr privates Interesse darin finden, für das Wohl der anderen zu arbeiten, und
die in ihrer Gesamtheit eine Art Körper bilden« (I, 418 f.).
Diese Erwägung liegt auch der Mandevilleschen Apologie
des Luxus zugrunde, einem der wichtigsten Leitmotive der
Bienenfabel. Zunächst einmal ist Luxus für Mandeville wie
später für Ferguson und John Millar ein dehnbarer Begriff,
über den nur sinnvolle Aussagen möglich sind, wenn dabei

28 *Rechtsphilosophie* §§ 189 ff. Die Beziehungen Hegels zur klassischen
englischen Nationalökonomie sind bekannt. – Vgl. zum folgenden Hasbach (36), Lecler (41), Rüfner (48) und Schatz (51).
29 Adam Smith, *The Wealth of Nations*, I, Chap. 2.
30 Der Begriff des Marktes wird nicht eigentlich entwickelt, ist aber der
Sache nach vorhanden.

von der Kulturhöhe ausgegangen wird, die eine bestimmte Gesellschaft erreicht hat. Aber auch eindeutiger Luxus, die verschwenderischste Prachtentfaltung, nützt der Gesellschaft, da sie neue Bedürfnisse und damit neue Arbeit und neue Subsistenzmöglichkeiten schafft. Zudem fördert der Luxus den Welthandel, der gleichfalls die Bedürfnisse mehren und damit Arbeit beschaffen hilft: England kann seine Waren nur exportieren, wenn es Produkte der Exportländer importiert – Importe aber regen neue Bedürfnisse an. Umgekehrt gibt es nichts, was einer prosperierenden bürgerlichen Gesellschaft schädlicher wäre als allgemein praktizierte Genügsamkeit. Sie ließe nur die lebensnotwendigen Bedürfnisse gelten und untergrübe damit die Vitalität der Gesellschaft (I, 89 ff.).

Der vollkommenste Ausdruck der als »System der Bedürfnisse« verstandenen Gesellschaft ist das Geld: Mandeville läßt den zweiten Band der Fabel mit einem Hymnus auf die segensreiche Erfindung des Geldes ausklingen. Zwar bezeichne man, so meint er in einer seiner paradoxen Wendungen, das Geld zu Recht als die Wurzel allen Übels – doch genauso richtig sei, daß es nichts gebe, »das so absolut notwendig für die Ordnung, Ökonomie und die gesamte Existenz der bürgerlichen Gesellschaft ist. Denn wie diese völlig auf der Verschiedenheit unserer Bedürfnisse beruht, so besteht der gesamte Überbau (superstructure) aus den wechselseitigen Diensten, die sich die Menschen erweisen. [. . .] Der ganze Verkehr (commerce) der Menschen untereinander muß ein beständiger Austausch von Dingen sein«. Ein unmittelbarer Austausch von Leistungen ist jedoch nur möglich, wenn jeder Partner der Leistung des anderen bedarf: »Wie aber soll ich jemanden überreden, mir einen Dienst zu leisten, wenn dieser mit dem Dienst, womit ich ihn zu bezahlen vermag, nichts anfangen kann?« Das Geld löst diese Schwierigkeit, »da es eine annehmbare Gegenleistung für alle Dienste ist, welche die Menschen sich gegenseitig zu leisten vermögen«;

es ist der »Standard, wonach sich der Wert eines jeden Dinges bemißt« (II, 348 ff.). Mandeville hat sich nicht darum bemüht, den Zusammenhang zwischen der Ware oder der Dienstleistung theoretisch zu fassen; er kann nicht erklären, weshalb das Geld, wie er selbst behauptet, der Standard des Wertes aller Dinge ist.[31] Immerhin deutet er im ersten Band der Fabel an, daß man dem Geld »keinen festen Wert« willkürlich beilegen könne; nicht aus dem »Wert« des Goldes oder Silbers, sondern aus der »Arbeit der Armen« entstünden »alle Annehmlichkeiten des Lebens« (I, 333). Der Wert einer Leistung (service) – worunter Mandeville offenbar Waren und Dienste versteht – und damit ihr Preis hingen vom Schwierigkeitsgrad der aufgewandten Arbeit ab (II, 350). Mandeville hat gesehen, daß im Geld der Wert gesellschaftlicher Arbeit zum Ausdruck kommt. Doch wie unausgegoren die Mandevillesche Geldanalyse auch sein mag, so erkennt er doch mit bemerkenswerter Klarheit, wie mit der Durchsetzung des Geldwesens die traditionelle ständische Hierarchie umgewertet wird. Geld, so meint er, »verträgt sich mit jeder Stellung, mit Hoch und Nieder, mit Reich und Arm. [...] Geld vermag beinahe überall Ehre zu kaufen, ja, Reichtum ist von sich aus eine Ehre für alle, die ihn schicklich zu gebrauchen wissen. Ehre ohne Reichtum ist dagegen eine tote Last, die den Besitzer bedrückt« (II, 354). Zwar ist es von Vorteil, feudale Ehrentitel zu besitzen, doch über den wahren gesellschaftlichen Rang entscheidet letztlich der Reichtum.

Mandeville gebraucht die Begriffe »Gesellschaft« und »bürgerliche Gesellschaft« (civil society) noch ohne Trennschärfe. Doch überall dort, wo er sich auf eine Beschreibung der modernen Gesellschaft einläßt, ist zu erkennen, daß er die »bürgerliche Gesellschaft« vor Augen hat, die vor ihm John

31 Vgl. dazu Karl Marx, *Zur Kritik der politischen Ökonomie.* Erstes Heft, Berlin 1963.

Locke und nach ihm die schottischen Moralphilosophen und in Deutschland Hegel untersucht hatten. Diese bürgerliche Gesellschaft ist gekennzeichnet durch die Garantie des Privateigentums, die Ausbreitung des Gewerbes, durch Außenhandel, durch den Abbau feudaler Privilegien, durch allgemein verbreitetes Profitstreben und schließlich durch Toleranz, welche die Auswanderung besonders fleißiger religiöser Minderheiten, etwa der Puritaner, verhindern soll: »Man teile das Land, sei es auch noch so spärlich vorhanden, und ihr Besitz wird (die Menschen) habgierig machen. [...] Man lehre sie Gewerbe und Handwerk, und man wird Neid und Wetteifer bei ihnen einführen. Um ihre Einnahmen zu vergrößern, begründe man verschiedenartige Fabrikationszweige und lasse den Grund und Boden nirgends unkultiviert. Dem Eigentum gebe man unverletzliche Sicherheit und verleihe Privilegien an alle in gleicher Weise; niemandem gestatte man anders als dem Gesetze gemäß zu handeln, dulde aber völlige Gedankenfreiheit. [...] Will man aber außerdem noch eine wohlhabende kenntnisreiche und gesittete Nation aus ihnen machen, so lehre man ihnen Handel mit fremden Ländern. [...] Dann fördere man die Schiffahrt, begünstige den Kaufmannsstand und unterstütze das Gewerbe in jedem seiner Zweige. Dies wird Reichtum einbringen, und wo dieser ist, werden Künste und Wissenschaften bald folgen« (I, 222 f.). Eine derartige liberale, die wirtschaftlichen Kräfte freisetzende Politik, die Mandeville den Staatsmännern empfiehlt, könne nicht verfehlen, eine Nation »mächtig, angesehen und blühend zu machen« (a.a.O.).

Von dieser Blüte der frühen bürgerlichen Gesellschaften profitierte, wie man weiß, kaum die Hälfte der Bevölkerung, während das Los des anderen Teiles Elend und härteste Arbeit war. Es gehört zu den größten Leistungen Mandevilles, daß er die Lage des Proletariats ohne Beschönigungsversuche theoretisch zu begreifen suchte. Marx nannte ihn dafür, nach einem langen einschlägigen Zitat aus der *Bienen-*

fabel, einen »ehrlichen Mann und hellen Kopf«.[32] Mandeville läßt keinen Zweifel daran, daß die »Armen« oder die
»Leute des niedersten Standes« – von den glücklichen Aus-
nahmen derer abgesehen, denen es gelungen ist, sich nach
oben zu hungern (I, 231) – keine Chance haben, ihren Le-
bensstandard und ihre gesellschaftliche Position zu verbessern. Mehr noch: Eine solche Verbesserung der Situation der
Arbeiter liege auch gar nicht im Interesse der begüterten
Schichten und der Nation, die Mandeville unbekümmert
gleichsetzt. Mandevilles erstes Argument lautet, daß das
»Lebensglück einer menschlichen Gesellschaft [...] immer
vom Ertrag des Erdbodens und der Arbeit des Volkes abhängen (wird), die beide zusammen einen Schatz darstellen,
der sicherer, unerschöpflicher und echter ist als das Gold von
Brasilien oder das Silber von Potosi« (I, 234), das heißt als
Geld, das bei allem Überfluß den Ruin Spaniens nicht verhindern konnte (I, 233 f.). Die entscheidende Quelle des
Reichtums aber ist die Arbeit, denn sie zwingt dem Boden
den Ertrag ab. So gilt letztlich, »daß in einem freien Volke,
wo die Sklaverei verboten ist, der sicherste Reichtum in einer
großen Menge schwer arbeitender Armer besteht« (I, 319).
Dies ist auch die Voraussetzung für die Aufrechterhaltung
des gesellschaftlichen Status quo, der Privilegien derer, die
keine Handarbeit zu leisten brauchen. Mandeville will daran nichts ändern: »Eine soziale Gemeinschaft kann [...]
unmöglich lange bestehen, wenn sie duldet, daß viele ihrer
Mitglieder müßiggehen und sich alle erdenklichen Annehmlichkeiten und Genüsse leisten, ohne daß gleichzeitig eine
große Masse von Individuen vorhanden ist, die des Aus-
gleichs wegen sich zu dem geraden Gegenteil hiervon verstehen, nämlich sich durch rastlose Arbeit daran gewöhnen,
im Interesse jener anderen, und ihrem eigenen dazu, tätig zu
sein« (I, 318).

32 Karl Marx, *Das Kapital. Kritik der politischen Ökonomie.* Erster
Band, Berlin 1960, S. 646.

Beruht das gesamte Herrschaftssystem der bürgerlichen Gesellschaft auf der großen Masse der arbeitenden Bevölkerung, so ergeben sich daraus unabweisbare Konsequenzen. Zunächst einmal muß die den gesellschaftlichen Reichtum schaffende Arbeit so billig wie möglich zu haben sein; daher sollte »der Arbeitslohn [...] dem Preise der Nahrungsmittel« entsprechen (I, 231). Der Wert der Arbeitskraft, hieß es später bei Marx, sei durch das zu ihrer Reproduktion notwendige Arbeitsquantum bestimmt, das heißt der Arbeiter bekomme tendenziell nur so viel Lohn, wie er zur Erhaltung seiner Arbeitskraft eben benötige. »Einerseits«, fährt Mandeville fort, müssen die Armen »vor dem Verhungern bewahrt werden«, [...] »andererseits (sollen sie) jedoch nichts erhalten, wovon sie Ersparnisse machen können« (I, 173). Dies habe zwei Vorteile. Zum einen zwingt die Not die Arbeiter, die wie alle Menschen »einen Hang zum Müßiggang und zum Vergnügen haben«, zur Arbeit. (Zu Mandevilles Zeit war offenbar die Arbeitsmoral noch nicht generell internalisiert.) Zum andern können nur dann, wenn die Arbeit billig ist, die zur Erhaltung der Arbeitskraft aller Arbeiter notwendigen Lebensmittel billig produziert werden.

Armut und billige Arbeit sind also nach Mandeville Voraussetzungen für die Prosperität der Gesellschaft, die, wird eine vernünftige Wirtschaftspolitik nach Mandevilleschen Prinzipien getrieben (I, 282), zur Vollbeschäftigung führt (I, 234).[33] Es wäre reine Torheit, die Armut abschaffen zu wollen. Man kann für die Armen nicht mehr tun, als gewisse caritative Einrichtungen fördern, etwa Hospitäler für

33 Hiergegen hatte Marx eingewandt: »Was Mandeville [...] noch nicht begreift, ist, daß der Mechanismus des Akkumulationsprozesses selbst mit dem Kapital die Masse der ›arbeitsamen Armen‹ vermehrt [...]« und schließlich »einen Teil der Arbeiter beständig ›freisetzt‹, durch Methoden, welche die Anzahl der beschäftigten Arbeiter im Verhältnis zur vermehrten Produktion vermindern.« Es entsteht »eine disponible industrielle Reservearmee«. *Kapital*, a.a.O., S. 646 f., 666 f.

Kranke und Krüppel errichten. Alle irgendwie Arbeitsfähigen aber sind zur Arbeit zu zwingen. Ganz und gar sinnlos aber ist es, wie Mandeville in seiner berüchtigten »Abhandlung über Barmherzigkeit, Armenpflege und Armenschulen« (I, 286 ff.) ausführt, den Kindern der Armen dadurch helfen zu wollen, daß man sie in Armenschulen schickt.

Diese Armenschulen, meint Mandeville, sind ein Produkt aus der Eitelkeit von Kleinbürgern, die sich bereits als Armenschulen-Vorsteher sehen, und der typisch englischen »Verehrung für die Armen, [...] einer Mischung von Mitleid, Albernheit und Aberglauben« (I, 343). Denn was nütze den Armenkindern Lesen und Schreiben? Bei ihrer späteren Arbeit könnten sie ja doch nichts damit anfangen. Bei nüchterner Betrachtung aber erweist sich die Schulbildung der Armenkinder als gefährlich: »Glück und Gedeihen eines jeden Staates erfordern, [...] daß die Kenntnisse der arbeitenden ärmeren Klasse auf das Gebiet ihrer Beschäftigung beschränkt und niemals [...] über ihren Beruf hinaus ausgedehnt werden«. Denn »wer einen großen Teil seiner Jugend mit Lesen, Schreiben und Rechnen zugebracht hat, erwartet auch, nicht ohne Recht, in einem Berufe beschäftigt zu werden, wo er diese Fertigkeiten gebrauchen kann« (I, 319 f.). Für solche Berufe gebe es aber bereits genügend Nachwuchs aus den begüterten Schichten, die die Kosten der Ausbildung ihrer Kinder selbst aufbringen könnten. Zudem hat die Gesellschaft »die größte Sorgfalt auf die Regulierung der Anzahl ihrer Lehrlinge (zu) verwenden« (I, 332) – die Armenkinder würden das Angebot an qualifizierter Arbeit unangemessen steigern und den Kindern der Begüterten Konkurrenz machen.

Für geradezu hirnverbrannt hält Mandeville gewisse »Freiheitsverkünder«, welche »die Armenschulen als geeignetes Mittel zur Untergrabung und Zerstörung der Herrschaft der Priester über die Laien« betrachten. Es genüge völlig, wenn die oberen Schichten über den Betrug der Priester aufgeklärt werden. Und schließlich: Zuviel Wissen führt zwangsläufig zur Unbotmäßigkeit gegenüber den besseren Ständen: »Verstünde ein Pferd soviel wie ein Mensch, so möchte ich sein Reiter nicht sein« (I, 322). Gibt es nicht bereits Dienstboten, die gegen ihren Herrn vor Gericht klagen, weil er sie angeblich geschlagen oder sonstwie beleidigt hat; prozessieren nicht Schneidergesellen gegen ihre Meister? Und haben nicht, wie man hört, »ein Pack Lakaien [...] einen Verein gegründet und Statuten geschaffen, durch die sie sich verpflichten, nicht für weniger als die und die Summe zu dienen?«[34] Und wenn man meine, durch die Errichtung von Armenschulen könne man der Kriminalität steuern, so übersehe man, daß Armenschüler ganz besonders gerissene Diebe abgeben (I, 301 ff.).

Um aber vollends zu begreifen, wie schädlich die Anhebung des kulturellen Niveaus der Arbeiter für die Wirtschaft ist, brauche man nur einen Blick auf den ruinierten englischen Wollexport zu werfen. Der Grund, weshalb England keine Wolle mehr exportieren könne, liege nämlich darin, daß man im Ausland so billige Arbeitskräfte zur Verfügung habe, daß man trotz dem hohen Preis englischer Importwolle mit den Fertigprodukten das englische Angebot unterbieten könne – und dies, obwohl die englische Wollmanufaktur, was Schnelligkeit und Güte betreffe, allen anderen voran sei. Hier zeige es sich, daß es einen Unterschied mache, ob die Arbeiter in einem Lande zwölf Stunden am Tag und sechs Tage in der Woche arbeiteten, und in einem anderen nur acht Stunden am Tag und vier Tage in der Woche, und wie sehr es ins Gewicht falle, wieviel der Unterhalt der Arbeiter koste. Aus alledem ergebe sich, daß eine Handelsnation eine andere nur dann unterbieten könne, wenn »ihre Nahrungsmittel und alle Lebensbedürfnisse [...] billiger (sind), oder

34 In Mandevilles Zeit fallen die Anfänge der Gewerkschaftsbewegung (Vgl. Plumb (s. Anm. 5), S. 15 f.), die von der Regierung sofort unterdrückt wurden.

aber ihre Arbeiter sind fleißiger oder arbeiten länger oder begnügen sich mit einer einfacheren Lebensführung als ihre Nachbarn« (I, 345).

Kurz – es steht fest, daß in der modernen Gesellschaft »ein Übermaß von harter und schmutziger Arbeit« getan werden muß. Hierfür ist niemand mehr geeignet als die Kinder der Armen, da sie nie etwas Besseres als härteste Arbeit kennengelernt haben (I, 343). Jede Stunde, die Kinder armer Leute in der Armenschule hinter Büchern zubringen, ist »für die Gesellschaft verlorene Zeit«. Zudem können Menschen, denen ein Leben in »Mühe, Plagen und Entbehrungen« bevorsteht, nicht früh genug daran gewöhnt werden. Denn müßten sie jene peinvollen Arbeiten leisten, ohne im Ertragen von Leiden geübt zu sein, so wäre dies eine »unerhörte Grausamkeit« (I, 320 f.). Im Grunde liegt es im Interesse der Arbeiter selbst, wenn sie in ihrer Kulturlosigkeit verharren. Außerdem sollte man nicht vergessen, daß sie bei aller Not besser leben als früher selbst Könige (II, 351).

Solche Passagen klingen sehr nach Satire, vergleichbar dem berühmten Vorschlag Swifts, der irischen Hungersnot dadurch beizukommen, daß man den armen Leuten erlaube, ihre Säuglinge an die Reichen als Sonntagsbraten zu verkaufen. Aber Mandevilles Satiren zeichnen sich dadurch aus, daß sie die Realität kaum verzerren; weder beabsichtigt er, die Zustände des englischen Frühkapitalismus zu diskriminieren, noch will er sie durch moralisierende Reflexionen ideologisch verschleiern. Nur an einer Stelle macht er sich selbst etwas vor, wenn er darauf hinweist, daß die Armen, da sie »mit dem Glanz und den Annehmlichkeiten der Welt« am wenigsten vertraut seien, ihr Los mit Zufriedenheit trügen: Im Grunde gebe es, was »Freuden und Widerwärtigkeiten« des Lebens betreffe, zwischen der Lage eines Königs und der eines einfachen Bauern keinen Unterschied (I, 346 f.).

Mandevilles rigorose Formulierung des Klasseninteresses der politisch und ökonomisch Herrschenden hat bereits seine

Zeitgenossen erschreckt und seither immer wieder Proteste hervorgerufen.[35] Die wenigsten der Streitschriften gegen die *Bienenfabel* und gegen den *Versuch über die Armenschulen,* der besonderes Ärgernis hervorgerufen hatte, behandelten seine ökonomischen Thesen, die doch seiner ganzen Argumentation zugrunde liegen.[36] Unter den Einwänden der Kritiker, soweit sie auf die Sache selbst eingingen und sich nicht aufs komfortable Moralisieren beschränkten, findet sich manches Plausible, vor allem in der Frage der Armenschulen. Diese, so hielt Hendley in einer Schrift von 1725[37] Mandeville entgegen, begünstige mit der Art von Bildung, die dort verabreicht werde, keine gesteigerten Bedürfnisse; im Gegenteil, die ganze Erziehung dort sei nichts anderes als eine große Lektion in Bescheidenheit und Pflichterfüllung in dem von Gott gewiesenen Stand. Hendley konnte ferner nachweisen, daß von den Delinquenten in Tyburn kaum einer lesen und schreiben konnte und daß sie immer wieder darüber klagten, keine Erziehung genossen zu haben. Bluett[38] wandte gegen Mandeville ein, daß die Armut eines Teils der Bevölkerung keinesfalls ökonomisch notwendig sei, denn je

35 Bar jeden Verständnisses für soziologische Zusammenhänge Münstermann (44), S. 83 f.: »Dieses Zweiklassensystem ist ein Hohn auf die Menschenwürde. [...] Mit ihrer Soziallehre richtet sich die Philosophie Mandevilles selbst. Dieses Zweiklassensystem, eine Volksgemeinschaft ohne soziale Gerechtigkeit und Nächstenliebe, steht am Ende einer Gedankenreihe, die mit der Verabsolutierung der egoistischen Antriebe beginnt und sich in der Überschätzung materieller Werte fortsetzt. Die Zerspaltung der Volksgemeinschaft in zwei feindliche Klassen ist die unausbleibliche Folge einer Einstellung, die die sittliche Ordnung leugnet und verachtet.«
36 Dazu Sakmann (49), S. 263 ff.
37 William Hendley, *A Defence of the Charity Schools, Wherein the many objections of the Author of the Fable of the Bees ... are answer'd,* London 1725. Dazu Sakmann (49), S. 196 ff.
38 Thomas Bluett, *An Enquiry Whether a general Practice of Virtue tends to the Wealth or Poverty, Benefit or Disadvantage of a People? In which the Pleas offered by the Author of the Fable of the Bees ... are considered,* London 1725. Dazu Sakmann (49), S. 195 f.

mehr der einzelne verdiene, desto reicher sei die Nation. Aber gerade hier hatte Mandeville mit seinem Insistieren auf den Vorzügen der billigen Arbeit das bessere Argument.

Kaye weist zu Recht darauf hin, daß Mandevilles Haltung zur Armenfrage zu seiner Zeit keinesfalls außergewöhnlich hart gewesen sei; insbesondere in der ökonomischen Literatur sei diese Position verbreitet gewesen, so bei Petty und Fletcher. Aber auch die moralisierenden Gegner Mandevilles hätten »in Wirklichkeit so wenig wie Mandeville den Wunsch gehabt, die Arbeitslast der Arbeiter zu vermindern oder ihre Löhne heraufzusetzen.«[39]

Im übrigen hat die Sozialgeschichte gezeigt, daß Analysen des Lebensprozesses der bürgerlichen Gesellschaften, die wie Mandeville, Hegel und Marx zu dem Ergebnis kamen, »daß bei dem Übermaße des Reichtums die bürgerliche Gesellschaft nicht reich genug ist, d. h. an dem ihr eigentümlichen Vermögen nicht genug besitzt, dem Übermaße der Armut und der Erzeugung des Pöbels zu steuern« (Hegel)[40], bis in die zweite Hälfte des 19. Jahrhunderts hinein ihre Richtigkeit behielten. Erst in der Zeit des Imperialismus und mit dem Erstarken der Arbeiterbewegung gelang es dem Proletariat, dem englischen voran, auf einen grünen Zweig zu kommen. Aber selbst heute, in der Zeit des stabilisierten Kapitalismus mit seiner die Arbeiterschaft umfassenden Integrationsideologie, lassen sich die verbreiteten Klagen über zu hohe Lohnkosten und zu kurze Arbeitszeit, über die Gefahren der »Bildungslawine« und der Sozialpolitik und über die abhandengekommene Bereitschaft der jungen Leute, zu dienen, ohne große Mühe in die Denkkategorien Mandevilles übersetzen.[41] Mancher Leitartikler des Wirtschaftsteils ordoliberaler

39 Kaye (20), vol. 1, S. lxxxi.
40 *Rechtsphilosophie* § 245.
41 Besonders Schatz (51) betont die fortdauernde Bedeutung Mandevilles für eine liberale Wirtschaftstheorie: »Man muß darauf hinweisen, wie in der *Bienenfabel* sich der tiefe Grund der beständigen Opposition der

Zeitungen steht Mandeville näher, als man annehmen möchte.

Zum Problem der Bienenfabelthese »Private Laster, öffentliche Vorteile«

Das provozierende Paradoxon Mandevilles, daß es gerade die Laster der Leute seien, die zum Wohl der Allgemeinheit ausschlügen, hat in der Literatur großen Widerhall gefunden. Häufig leiden die Untersuchungen der Bienenfabelthese daran, daß sie das Mandevillesche Paradoxon als isoliertes moralisches Problem nehmen und vorschnell als Vexierformel entlarven. Der Zusammenhang der Bienenfabelthese mit der Struktur der bürgerlichen Gesellschaft, welcher ihr erst den dialektischen Sinn verleiht, wird dabei außer acht gelassen.[42]

Seit Adam Smiths Kritik an der Moralphilosophie Mandevilles wird diesem in der Literatur immer wieder ein gewisser Trick unterstellt, der seiner Lehre eine – freilich trügerische – Plausibilität verleihe. »Gewisse populäre asketische Lehren«, meinte Adam Smith, »welche die Tugend in die vollständige Ausrottung und Vernichtung aller unserer Affekte setzen, waren die wahre Grundlage dieses Systems, welches jede sittliche Bindung aufhob. Es war für Dr. Mandeville leicht, zu beweisen, erstens, daß diese vollständige Besiegung der Affekte sich tatsächlich niemals unter Menschen findet, und daß zweitens, wenn es möglich wäre, daß

liberalen Schule gegen diese gemilderte Ökonomie abzeichnet, die bis heute so populär geblieben ist wie sie im 18. Jahrhundert war.« (S. 476). Die in der Bienenfabel enthaltene Wirtschaftstheorie des Liberalismus könne dazu beitragen, »auf dem Gebiet der Sozialpolitik die Rechte der Vernunft gegen sentimentale Impulse« auszuspielen (S. 478 f.).

42 Hierauf weist Maria Goretti (34) zu Recht hin, indem sie betont, daß Mandevilles Perspektive weniger moralphilosophisch als vielmehr soziologisch ausgerichtet war (vgl. S. 124 f.).

sie allgemein verwirklicht werden würde, dies für die Gesellschaft verderblich wäre, da es allem Handel und Gewerbefleiß, ja, in gewissem Sinn sogar dem ganzen Getriebe des menschlichen Lebens ein Ende setzen müßte. Durch den ersten dieser beiden Sätze schien er zu beweisen, daß es keine wahre Tugend gebe, und daß alles, was sich als Tugend ausgibt, nur eine Täuschung und ein Betrug an der Menschheit sei, und durch den zweiten, daß die Laster des einzelnen Wohltaten für die Allgemeinheit seien, da ja ohne sie keine Gesellschaft gedeihen und blühen könne.«[43] In der Tat gibt Mandeville der Tugend eine an Kant erinnernde »asketische« oder »rigoristische« (wie es in der Literatur immer heißt) Definition.[44] Die wahre Sittlichkeit besteht nach Mandeville in der Aufgabe der selbstischen Neigungen; um wirklich sittlich zu sein, müsse eine Handlung »aus einem vernünftigen Bestreben, gut zu sein« oder »aus keinem anderen Motiv als (einer) edlen Gesinnung« entspringen (I, 105, 197, 292; II, 119). Umgekehrt ist ein »Schurke« – aus denen Mandevilles Bienenstock zusammengesetzt ist – jeder, »der nicht durch und durch ehrenhaft ist und der andern das tut, was er sich selbst nicht gefallen lassen würde« (I, 110). Tugend erfordert also per definitionem Selbstüberwindung. Die wenigsten Menschen – im Grunde nur jene Christen, die der göttlichen Gnade teilhaftig geworden sind (I, 207) – vermögen jedoch ihre egoistischen Strebungen, die, wie gezeigt, nach Mandeville das Wesen der menschlichen Natur ausmachen, zu besiegen.

Die Einwände gegen diese enge Definition der Tugend, die sich allein auf Selbstverleugnung gründen soll, sind sicherlich berechtigt. Schillers auf Kant gemünzte Xenie:

»Gerne dien' ich den Freunden, doch tu ich es leider mit Neigung

43 Adam Smith (53), vol. 2, S. 521.
44 Vgl. dazu Kaye (20), Sakmann (49), Deckelmann (29), Münstermann (44).

Und so wurmt es mich oft, daß ich nicht tugendhaft bin«, sticht auch gegen Mandeville. Und doch spielen viele Kritiker Mandevilles allzu rasch die althergebrachte Moral gegen ihn aus. Manche werden dessen gewahr und räumen bei aller Ablehnung ein, daß er so ganz unrecht doch nicht habe. Oft wird mit leichter Hand darüber hinweggegangen, daß die traditionelle stoisch-christliche Moral kaum weniger »rigoros« ist als die Mandevillesche, und daß alle Versuche, die Pflichtenethik mit einem Eudämonismus oder Hedonismus abstrakt zu versöhnen (eine solche laxere Ethik haben die Mandeville-Kritiker offenbar im Auge), von Locke bis J. St. Mill mit faulen Kompromissen geendet hatten.[45] Daß dieses fatale Problem nicht durch Philosophie, sondern durch Praxis gelöst werden könnte, indem gesellschaftliche Verhältnisse geschaffen werden, worin, wie eine klassische futuristische Formel lautet, »die freie Entwicklung aller ist«, wird von keinem Mandeville-Gegner erwogen. Dabei hat gerade Mandeville, wenn auch unter anderem Vorzeichen, deutlich genug auf den Zusammenhang zwischen gesellschaftlicher Verfassung und der Möglichkeit, ein »tugendhaftes« oder, besser, ein humanes Leben zu führen, hingewiesen. »Wünscht man eine genügsame und ehrenhafte Gemeinschaft zu begründen, so ist die beste Politik die, die Menschen in ihrer ursprünglichen Einfachheit zu erhalten. [...] Viel Geld und fremde Schätze werden jederzeit verschmähen, bei den Menschen einzuziehen, wenn man nicht ihre unzertrennlichen Begleiter Habsucht und Luxus zuläßt; wo das Gewerbe in Blüte steht, wird stets Betrug eindringen, und zu gleicher Zeit wohl-

45 Nach Windelband (62), S. 281, ist Mandevilles »Culturbedeutung« die, »daß er diese Antinomie zwischen der Moralität und der psychologisch-natürlichen Selbstsucht aufgedeckt und damit jenen Eudämonismus ad absurdum geführt hat, der entweder seicht genug war, an eine unausbleiblich beglückende Kraft des tugendhaften Handelns zu glauben, oder raffiniert genug, um in der Tugend nur das sicherste oder anständigste Mittel zur Befriedigung der natürlichen Begierden zu ergreifen.«

erzogen und aufrichtig sein ist nichts anderes als ein Widerspruch« (I, 222 f.). Aber anders als Rousseau (Mandeville zeigt sich hier wie in vielen anderen Punkten als ein seitenverkehrter Rousseau, er ist der wahre Anti-Rousseau)[46] optiert Mandeville für den wirtschaftlich und militärisch potenten Großstaat und nimmt dafür den Verfall der Sitten, der für ihn wie für Rousseau aus der Entfaltung von Handel und Gewerbe notwendig folgt, bewußt in Kauf.[47]

Die eigentliche Schwierigkeit der Morallehre Mandevilles liegt nicht in seinem Bienenfabel-Paradoxon, sondern darin, daß seine rigorose Auffassung von der Tugend das Bestehen objektiver Normen der Moral voraussetzt, nach denen das Handeln eines Menschen bewertet werden kann. Mandevilles Position ist in dieser Frage nicht konsistent. Auf der einen Seite vertritt er einen moralischen Relativismus, der ihm in der Literatur immer wieder angekreidet wird – auf der anderen Seite hält er diesen Relativismus nicht konsequent

46 Einen ersten, sehr geistreichen Vergleich zwischen Rousseau und Mandeville zog übrigens Adam Smith in einer Rezension des *Zweiten Discours* in der *Edinburgh Review,* abgedruckt bei Iring Fetscher, *Rousseaus politische Philosophie. Zur Geschichte des demokratischen Freiheitsbegriffs,* Neuwied 1960, Anhang II.

47 Mandeville hat den Zusammenhang von Moral und gesellschaftlicher Praxis noch auf andere Weise angedeutet. Gewisse gut betuchte Leute wie etwa Lord Shaftesbury hätten es leicht, gegen ihn einzuwenden, »daß die Menschen auch ohne Selbstverleugnung in Sittlichkeit und Eintracht zu leben vermöchten«. Denn wer »in Reichtum und Wohlleben aufgewachsen« sei, könne sich in seinem Studierzimmer mühelos »vortreffliche Anschauungen bilden über die sozialen Tugenden«; dies aber beruhe auf einer Täuschung über die wahre Natur der menschlichen und auch der eigenen Leidenschaften (I, 268, 361 f.). Mandeville sieht also gewisse auf Privilegien beruhende Inseln in der Gesellschaft, in der die einzelnen Egoismen konfliktfrei koexistieren können. Er weigert sich jedoch, aus dem Verhalten solcher schöngeistiger privilegierter Gruppen Schlüsse auf einen natürlichen Altruismus zu ziehen oder solche »pädagogischen Provinzen« zu Normen oder Idealen für die Gesamtgesellschaft zu erheben. Diese ist und bleibt für ihn notwendig antagonistisch, wenn sie auf der Höhe der Zeit bleiben will.

durch, sondern bekennt sich zu objektiven Normen, die mindestens dann, wenn eine Gesellschaft eine gewisse kulturelle Höhe erreicht hat, immer gelten.

Mandeville gibt in den beiden Bänden der *Bienenfabel* zwei Erklärungen der Genesis moralischer Normen, die gleichfalls nur schwer zusammengehen. Die erste Erklärung der *Untersuchung über den Ursprung der sittlichen Tugend* (erster Band der Fabel) hat Aufsehen erregt. Mandeville deklariert dort analog zu der im 18. Jahrhundert verbreiteten These von der Entstehung der Religionen durch Priesterbetrug die Moral zum Politikerbetrug. Die Politiker hätten den Menschen, um sie überhaupt regierbar zu machen, eingeredet, »daß es für jeden einzelnen vorteilhafter sei, seine Begierden zu unterdrücken als ihnen freien Lauf zu lassen, und daß es weit besser sei, das allgemeine Wohl als die vermeintlichen Privatinteressen im Auge zu haben«; sie hätten die Menschen in »zwei Klassen« eingeteilt, in die Edelmütigen, die ganz der Tugend lebten, und in die Niedriggesinnten, die nur ihren Trieben folgten. Natürlich habe sich jedermann angestrengt, den Eindruck zu erwecken, er gehöre zur Klasse der Edelmütigen – schon allein deshalb, weil dies Vorteile einbrachte. »Die ersten Ansätze von Sittlichkeit« sind also »geschickten Politikern zu verdanken«; die Sittlichkeit ist nichts anderes als ein »politisches Erzeugnis aus Schmeichelei und Eitelkeit« (I, 94 ff.).

Im zweiten Band der *Bienenfabel* revidiert Mandeville diese ahistorische These von der Entstehung der Moral durch Politikerbetrug. In einer plausiblen Hypothese verknüpft er nunmehr die Genesis moralischer Prinzipien mit der Entstehung der Sprache und dem Sozialisierungsprozeß überhaupt. Im Anschluß an Locke bestreitet er, daß es angeborene oder sonstwie a priori einsehbare Moralbegriffe geben könne (II, 149 ff.); diese entstünden vielmehr in der gesellschaftlichen Praxis vieler Generationen. Der Urmensch besitzt überhaupt keinen Sinn für Recht und Unrecht; von allem, dessen er habhaft werden kann, ergreift er Besitz. Von einem Stärkeren schließlich unterworfen, lernt er das Gefühl der Ehrfurcht kennen, woraus auch die Vorstellung von einem höheren, allmächtigen Wesen hervorgeht. Anständiges Betragen resultiert aus der Eigenliebe, da jedermann als eine Person von Wert dastehen möchte. Mandeville scheint anzunehmen, daß sich die der gesellschaftlichen Praxis entspringenden Verhaltensnormen, ist einmal ein gewisses kulturelles Niveau einer Gesellschaft erreicht, schließlich zu einem Kodex objektiver moralischer Prinzipien verdichtet haben. »Ein Mann von Empfindung, Wissen und Erfahrung, der eine gute Erziehung genossen hat, wird immer in diametral entgegengesetzten Dingen den Unterschied zwischen Recht und Unrecht herausfinden; und es gibt gewisse Tatsachen, die er immer verurteilen, und andere, die er immer billigen wird: Einen Menschen derselben Gesellschaft töten, der uns nicht geschädigt hat, oder ihn berauben, wird immer schlecht sein; und Kranke heilen und zum öffentlichen Wohl beitragen wird er immer als in sich gute Handlungen bezeichnen: Und wenn ein Mensch so handelt, wie er selbst behandelt werden möchte, so wird er dies immer als eine gute Lebensmaxime bezeichnen« (II, 222, vgl. zum obigen Dial. V und VI).

Dieses überraschende Bekenntnis zu objektiven Prinzipien der Moral, das in der Mandeville-Literatur häufig übersehen wird,[48] kontrastiert auf merkwürdige Weise mit Mandevilles These von der Künstlichkeit und Relativität moralischer Prinzipien, die er im ersten Band der Fabel vorträgt. Seine Untersuchung, »ob es einen realen Wert und Rang der Dinge sowie einen Vorrang des einen vor dem anderen gibt«, wovon die traditionelle Philosophie überzeugt war, endet mit dem Ergebnis, »daß jenes eifrige Suchen nach dem Pulchrum et Honestum (dem Schönen und Ehrenhaften, W. E.) nicht viel besser ist als eine Jagd auf wilde Gänse,

48 Darauf hingewiesen zu haben, daß Mandeville kein konsequenter Relativist war, ist das Verdienst von Deckelmann (29) und Maxwell (43).

bei der auch kein großer Verlaß ist.« Dies gilt, wie ein Blick auf die unterschiedlichen Sitten der Völker zeigt, vor allem auch für die Moral. Illusionen über diesen Sachverhalt können zu nichts anderem führen als zur Heuchelei in moralischen Dingen (I, 355 ff.).

Diese Antinomie zwischen einem angeblich objektiven moralichen Standard und einer Kunstmoral, die auf den als primär egoistisch angesehenen Trieben und deren Domestizierung basiert, ist keine Eigenart der Mandevilleschen Morallehre. Sie läßt sich vielmehr bei allen Philosophen des beginnenden bürgerlichen Zeitalters nachweisen, die eine Reminiszenz an den klassischen Ordo-Gedanken bewahren wollten und deshalb versuchten, die Güterhierarchie der aristotelisch-scholastischen Tradition mit einem Weltbild zu versöhnen, in welchem die Menschen als gleichberechtigte bürgerliche Monaden erscheinen. Solche Versuche mußten bei allem philosophischen Scharfsinn, wie das Beispiel Lockes zeigt, scheitern. Mandeville, zu dessen Stärke philosophische Präzision nicht gehörte und der auch keinen Wert darauf legte, stellt beide Moralen, den traditionellen objektiven Maßstab, der allein seinem »rigoristischen« Tugendbegriff genügen kann, und die relative Kunstmoral, die Erfindung von Politikern, einfach nebeneinander.

Doch wie die moralischen Prinzipien befriedigend begründet werden können, ist für Mandeville nebensächlich. Worauf es in seinem System ankommt, ist, daß die Menschen auf Grund ihrer Triebstruktur zum überwiegenden Teil nicht in der Lage sind, sie zu befolgen, und welche Konsequenzen diese prinzipielle Lasterhaftigkeit des Menschen für den gesellschaftlichen Lebensprozeß hat. Die *Bienenfabel* gibt hierüber eindeutig Auskunft: »Private Laster, öffentliche Vorteile!«

Die öffentlichen Vorteile oder das Gemeinwohl lagen nach dem Verständnis der traditionellen aristotelischen und thomistischen Politik im tugendhaften Zusammenleben der Bürger in einem sittlich geordneten Gemeinwesen. Mandeville, der behauptet hatte,

> »[. . .] für Tugend hat's
> In großen Staaten nicht viel Platz«,

war gezwungen, mit der überkommenen Lehre vom Gemeinwohl radikal zu brechen. Mit der ihm eigenen Unbekümmertheit ging er über die politische Ethik der Tradition hinweg und formulierte einen neuen Begriff des Gemeinwohls, der nicht mehr das gute und tugendhafte Leben der Bürger im Gemeinwesen, sondern die ökonomische und militärische Macht des neuen bürgerlichen Großstaates anvisierte. Er ist heute im Zeitalter der Imperialismen und der Machtpolitik noch genauso gültig wie zur Zeit der expandierenden Handelsstaaten Mandevilles. »Nationale Glückseligkeit«, so führte er im zweiten Band der Fabel aus, »besteht in Reichtum und Macht, Ruhm und weltlicher Größe; darin, daß man im Innern in Bequemlichkeit, Überfluß und Glanz lebt und nach außen hin gefürchtet, hofiert und geachtet wird.« Dies allerdings, so fährt er, die Bienenfabel-These wiederholend, fort, »ist nicht ohne Habgier, Verschwendung, Stolz, Neid, Ehrgeiz und andere Laster zu erreichen« (II, 106; vgl. auch I, 349 ff.). Der erste Band der *Bienenfabel* ist geradezu überladen mit Exempeln, welche diese These illustrieren sollen.

Besonders zahlreich sind die Beispiele, die Mandeville aus dem Bereich der Warenzirkulation nimmt: Es gibt keinen Handel ohne den Versuch, den andern übers Ohr zu hauen. Nichts könnte die Warenproduktion mehr anregen als die Mode: Die Eitelkeit der Frauen verhilft vielen Gewerben erst eigentlich zu Brot. Die Trunksucht, so widerlich sie sein mag, schafft doch Einkommen, vor allem in den Taschen der großen Schnapsbrenner, während die Zwischenhändler oft selbst in der Gosse landen. Der moralische Zeigefinger ist fehl am Platze, denn der Schnapsfabrikant, der sich am Alkoholismus, den er selbst noch fördert, bereichert hat, gibt vielleicht einen vorzüglichen Friedensrichter ab. Durch die Prostitution wird die Ehre der hochgestellten Frauen geschützt. Die Laster des Geizes und der Verschwendung ergänzen sich gegenseitig vorzüglich: Der Geiz fördert die notwendige Akkumulation von Kapital, während die Verschwendungssucht den Zirkulationsprozeß beschleunigt und somit die Verwertung des Kapitals erleichtert. Tugenden wie Mäßigung und Ehrlichkeit dagegen hemmen die ökonomische Entwicklung: In Mandevilles Bienenfabel-Parabel hat die plötzliche Konversion der Bienen zur Rechtschaffenheit den einstmals blühenden Bienenstock ruiniert.

In seinem Bestreben, die Antriebsmotive, welche die bürgerliche Gesellschaft in Bewegung halten, ans Licht zu bringen, hat Mandeville die Grenze zwischen Bedürfnissen, natürlichen Übeln und Lastern verwischt.[49] Jedes Bedürfnis wird zum Übel (I, 418), alle Übel und Laster sind nützlich, wenn sie den Konsum und damit die Produktion anreizen. Mandeville hat bereits erkannt, daß auch die Vernichtung von Gütern – an sich ein Übel – der Gesellschaft insofern nützlich werden kann, als dadurch neue Bedürfnisse geschaffen werden: So hat der große Brand von London unzählige Handwerker wieder ins Brot gesetzt, Schiffsuntergänge kurbeln die Schiffsindustrie an, und letztlich war auch der Krieg von unendlichem Nutzen für die Menschheit – er hat eine unerträgliche Übervölkerung der Welt verhindert und überhaupt erst die Bedingungen für das Entstehen moderner prosperierender Staaten geschaffen (II, 259). Da bei Mandeville so gut wie jedes Übel eine vorteilhafte Seite hat, verschwimmen bei ihm hinsichtlich der nützlichen Folgen auch die Grenzen, die er selbst zwischen »Laster« und »Verbrechen« zieht (I, 84):

> »Der Allerschlechteste sogar
> Fürs Allgemeinwohl tätig war.«

---

49 Vgl. dazu Fidia Arata (24, 25).

Werden einem Geizhals tausend Guineen geraubt, so kommt dieses Geld unter die Leute und regt den Handel an. Gäbe es keine Einbrecher, so wäre die Hälfte aller Schmiede beschäftigungslos (I, 134).

Nach Mandeville fällt also im System der bürgerlichen Gesellschaft die moralische Qualität eines Produktionsanreizes nicht ins Gewicht. Diese Einsicht inspirierte Marx, der von Mandeville fasziniert war, zu einer Mandeville-Paraphrase: »Ein Philosoph produziert Ideen, ein Poet Gedichte, ein Pastor Predigten, ein Professor Kompendien usw. Ein Verbrecher produziert Verbrechen. Betrachtet man näher den Zusammenhang dieses letztren Produktionszweiges mit dem Ganzen der Gesellschaft, so wird man von vielen Vorurteilen zurückkommen. Der Verbrecher produziert nicht nur Verbrechen, sondern auch das Kriminalrecht und damit auch den Professor, der Vorlesungen über das Kriminalrecht hält, und zudem das unvermeidliche Kompendium, worin dieser selbe Professor seine Vorträge als ›Ware‹ auf den allgemeinen Markt wirft. Damit tritt Vermehrung des Nationalreichtums ein. [...] Der Verbrecher produziert ferner die ganze Polizei und Kriminaljustiz, Schergen, Richter, Henker, Geschworene usw.; und alle diese verschiednen Gewerbszweige, die ebenso viele Kategorien der gesellschaftlichen Teilung der Arbeit bilden, entwickeln verschiedne Fähigkeiten des menschlichen Geistes, schaffen neue Bedürfnisse und neue Weisen ihrer Befriedigung. Die Tortur allein hat zu den sinnreichsten mechanischen Erfindungen Anlaß gegeben und in der Produktion ihrer Werkzeuge eine Masse ehrsamer Handwerksleute beschäftigt. [...] Bis ins Detail können die Einwirkungen des Verbrechers auf die Entwicklung der Produktivkraft nachgewiesen werden. Wären Schlösser je zu ihrer jetzigen Vollkommenheit gediehn, wenn es keine Diebe gäbe? Wäre die Fabrikation von Banknoten zu ihrer gegenwärtigen Vollendung gediehn, gäbe es keine Falschmünzer? [...] Das Verbrechen, durch die stets neuen Mittel des Angriffs auf das Eigentum, ruft stets neue Verteidigungsmittel ins Leben und wirkt damit produktiv wie Streiks auf Erfindung von Maschinen. Und verläßt man die Sphäre des Privatverbrechens: Wäre je˙ ohne nationale Verbrechen der Weltmarkt entstanden? Ja, auch nur Nationen? [...] Mandeville in seiner *Fable of the Bees* hatte schon die Produktivität aller möglichen Berufsweisen usw. bewiesen und überhaupt die Tendenz dieses ganzen Arguments: ›Das, was wir in dieser Welt das Böse nennen, das moralische so gut wie das natürliche, ist das große Prinzip, das uns zu sozialen Geschöpfen macht, die feste Basis, das Leben und die Stütze aller Gewerbe und Beschäftigungen ohne Ausnahme [...] und in dem Moment, da das Böse aufhörte, müßte die Gesellschaft verderben, wenn nicht gar gänzlich untergehen‹. (Marxens Übersetzung von I, 399, W. E.). Nur war Mandeville natürlich unendlich kühner und ehrlicher als die philisterhaften Apologeten der bürgerlichen Gesellschaft.«[50]

Mandeville hat immer wieder versichert, daß sein Hinweis auf die Funktion des Lasters als Motor des gesellschaftlichen Lebens keineswegs bedeute, daß er damit das Laster billigen oder gar empfehlen wolle. »Die Nützlichkeit des Lasters ändert nichts daran, daß es böse ist«, sagt er mit Bayle in seiner Verteidigungsschrift *Ein Brief an Dion*, und was ihn selbst betreffe, so habe er »dem Pfade der Tugend stets unbedenklich den Vorzug gegeben« (I, 266). Dieser Versicherung Mandevilles, meint Kaye, »dürfe man einfach keinen Glauben schenken«. Mandeville sei durch und durch Utilitarist gewesen; seine »rigoristische« Tugendlehre sei nichts als Fassade.[51]

---

50 Karl Marx, *Theorien über den Mehrwert* (Vierter Band des *Kapitals*), 1. Teil, Berlin 1956, S. 351 f. Über das Böse als Motor bei Mandeville vgl. auch Brockdorff (27). Die Verwischung der Grenze zwischen kapitalistischem Profitstreben und Verbrechen ist das Thema von Brechts *Dreigroschenoper* und dem *Dreigroschenroman*. Vgl. dazu Walter Benjamin, *Versuche über Brecht*. Hrsg. und mit einem Nachwort versehen von Rolf Tiedemann, Frankfurt 1966 (= edition suhrkamp Band 172) S. 91 ff.
51 Kaye (20), vol. I, S. lv.

Sakmann behauptet rundweg, Mandeville habe beabsichtigt, »die Grundlagen der Ethik zu untergraben«.[52] Neuere Forschungen haben demgegenüber auf Mandevilles Calvinismus hingewiesen.[53] In der Tat taucht insbesondere im zweiten Band der Fabel immer wieder der Gedanke auf, daß die Welt des Menschen eine tief in die Sünde verstrickte Welt der Gefallenen sei; das Laster und die natürlichen Übel gehörten notwendig zu dieser Welt und hielten sie in Gang; ohne göttliche Gnade könne sich der Mensch aus dieser sündhaften Verstrickung nicht lösen. Der Auserwählte steht bei Gott und vermag den Anforderungen der Tugend zu genügen – die übrige Welt geht ihren sündhaften, gleichwohl von Gott vorherbestimmten Gang: hieran vermag der Mensch nichts zu ändern. Mandeville akzeptiert die Welt so, wie sie sich nach seiner Ansicht nach dem Sündenfall darstellt: als einen vom Laster angetriebenen Mechanismus, der, wird sein Funktionieren von klugen Politikern überwacht, weltliche Größe hervortreibt. Prosperität und Macht der Staaten sind eine Wohltat, die Gott auch den gefallenen Menschen zuteil werden läßt; daher gilt es, das System, das den irdischen Reichtum schafft, zu erkennen und seine Wirksamkeit zu steigern. Eine Korrektur an den Gesetzen dieses Systems brächte nur Nachteile. Ist man sich zugleich bewußt, daß dieser Mechanismus auf Grund göttlicher Vorsehung auf dem Laster beruht, so wird man um so leichter einsehen, wo das wahre Glück der Sterblichen liegt – im Seelenheil. Mandevilles Theologie arrangiert komfortabel Demut vor Gottes Größe mit einem freudigen Bekenntnis zu Reichtum und Größe dieser Welt.[54]

52 Sakmann (49), S. 67.
53 Vgl. Deckelmann (29), Grégoire (35), Maxwell (43). Für eine Zusammenfassung von Mandevilles theologischer Haltung vgl. *A Letter to Dion* (16).
54 Über den Zusammenhang von Mandevilles Calvinismus und seiner Apologie des Kapitalismus vgl. Rüfner (48). Das bekannte Motiv des

Mandeville und »Laissez-faire«

In der Literatur wird häufig die Ansicht vertreten, Mandeville gehöre zu den ersten Verfechtern jenes ökonomischen Prinzips, das vor allen Eingriffen des Staates in den Wirtschaftsprozeß warnt, da die natürliche Ordnung der Welt und der menschlichen Gesellschaft von selbst das optimale wirtschaftliche Ergebnis hervorbringe. Die Physiokraten, eine einflußreiche französische Schule der Nationalökonomie des 18. Jahrhunderts, brachte dieses Prinzip auf die berühmte Formel: »Laissez-faire, laissez-passer, le monde va de lui-même!« – »Laßt den Dingen ihren Lauf, die Welt läuft dann von selbst!« Mandeville wird auch gerne als einer der ersten Vertreter des »Manchester-Liberalismus« bezeichnet, jener wirtschaftspolitischen Haltung also, die trotz dem Elend breiter Schichten jede staatliche Sozialpolitik im Namen der ökonomischen Freiheit ablehnte.[55] Voraussetzung des »Laissez-faire«-Prinzips ist die Überzeugung, daß die auf privaten Gewinn abzielenden ökonomischen Bestrebungen sich konfliktlos vermitteln lassen und daß das freie Spiel der Kräfte zu einem höheren Sozialprodukt führe als eine obrigkeitliche Wirtschaftslenkung, etwa durch Verleihung von Monopolen und Privilegien. Seinen klassischen Ausdruck hat dieser Glaube an das harmonische Zusammenspiel der Einzelinteressen in der Lehre von Adam Smith gefunden.

In der Tat finden sich bei Mandeville genügend Stellen, worauf sich die These, er sei ein Verfechter des »Laissez-faire«-Prinzips gewesen, stützen läßt. In allen Staaten, so heißt es im zweiten Band der Fabel, müßten die verschiedenen gesellschaftlichen Schichten in einem bestimmten Zahlenverhältnis zueinander stehen, um eine »wohlproportionierte Mi-

puritanischen Calvinismus, daß wirtschaftlicher Erfolg ein Zeichen göttlicher Gnadenwahl sei, fehlt übrigens bei Mandeville.
55 Vgl. dazu Kaye (20), vol. 1, S. cxxxix, Lecler (41), Rüfner (48), Schatz (51).

schung« zu bilden. Und da dieses Verhältnis »das natürliche Ergebnis der menschlichen Begabungen« sei, stelle es sich am sichersten ein, »wenn sich niemand einmischt«. Hieraus könne man entnehmen, »wie kurzsichtige Weisheit vielleicht wohlmeinender Leute uns um die glückliche Ordnung der Dinge bringt, die sich spontan aus der Natur einer jeden großen Gesellschaft ergeben würde, wenn niemand ihren Gang störte oder unterbräche« (II, 353). Bereits im ersten Band hatte Mandeville betont, daß sich in jedem Gewerbe die richtigen Zahlenverhältnisse von allein herausbildeten und erhielten, wenn sich niemand einmische, und im Bienenfabelgedicht selbst gebraucht er das Bild der gesamtgesellschaftlichen Harmonie:

»So herrscht im Ganzen Einigkeit,
Wenn auch im einzelnen oft Streit,
Wie aus der Musik harmon'sche Schöne
Entsprießet aus dem Streit der Töne.«

Die gesamte *Bienenfabel* wird jedoch von der gegenläufigen Ansicht durchzogen, daß das gesellschaftliche Gefüge der ordnenden Hand des Politikers bedarf, wenn es nicht aus dem Gleichgewicht kommen soll. Schon die ersten Stammesstaaten wären nicht zustandegekommen, hätten nicht die Häuptlinge den gegenseitigen Machtkämpfen ein Ende bereitet; die Moral, die den Prozeß der Vergesellschaftung erleichtert, ist ein Werkzeug in den Händen der Herrschenden. Auch in fortgeschrittenen Gesellschaften ist die ständige Intervention des Politikers erforderlich; seine Geschicklichkeit entscheidet darüber, ob ein Volk reich und glücklich wird (I, 222 f.).

So gehört gerade die Wirtschaftsförderung zu den Aufgaben eines Politikers. Er hat darauf zu achten, daß jene Erwerbszweige, welche die Grundnahrungsmittel erzeugen, also Landwirtschaft und Fischerei, unterstützt werden, damit die Kosten der Arbeit niedrig bleiben (I, 234, 282). Was den Außenhandel betrifft, so hat der Politiker stets die Handelsbilanz im Auge zu behalten: Er darf »niemals dulden, daß

die Gesamtheit der innerhalb eines Jahres importierten fremden Waren dasjenige an Wert übersteigt, was in derselben Zeit von ihren eigenen Gütern und Fabrikaten nach auswärts exportiert wird« (I, 159, 336 f.). Auch in die Verhältnisse im Innern muß der Politiker eingreifen: Für Waisen, Greise und Kranke sind Waisenhäuser und Hospitäler zu errichten; der arbeitsfähige Teil der armen Bevölkerung muß »erfaßt« und zur Arbeit angehalten werden; selbst für Kränkliche, Lahme und Blinde sind Arbeitsmöglichkeiten zu schaffen (I, 299). Die Bienenfabelthese »Private Laster, öffentliche Vorteile« impliziert keinen Mechanismus, der das Gemeinwohl unmittelbar aus den Lastern der einzelnen herausspringen ließe. Um kein Mißverständnis aufkommen zu lassen, präzisiert Mandeville mehrfach seine Formel: Das scheinbare Paradoxon, das er auf der Titelseite der *Bienenfabel* ausgesprochen habe, bedeute, »daß die privaten Laster durch das geschickte Vorgehen eines tüchtigen Politikers in öffentliche Vorteile umgewandelt werden können« (I, 400; II, 319; *Brief an Dion*) – Unfähige Politiker aber können ein Volk zugrunde richten: »Von all den herrlichen Ländern und Reichen, von denen die Geschichte bis jetzt zu berichten weiß, kam keines je zu Fall, an dessen Untergang nicht hauptsächlich die politische Unfähigkeit, Nachlässigkeit oder Mißwirtschaft der Regierenden schuld war« (I, 160).
Mandeville sieht das System der Bedürfnisse noch nicht so stabilisiert und verselbständigt, daß er sich Gesellschaft ohne politische Herrschaft denken könnte: »Die unbezweifelbare Grundlage aller Gesellschaften ist die Herrschaft« (II, 184); die Gesellschaft muß »durch kluge Leitung zu einheitlichem Handeln befähigt werden« (I, 377). Mandeville hat sich im zweiten Band der Fabel ausführlich über die Regierungskunst geäußert: Sie ist nicht, wie in der klassischen Politik, weise Hinlenkung der Bürger zu einem guten und gerechten Leben durch den Staatsmann, sondern »skilful management« oder, um einen modernen Ausdruck zu gebrauchen, Sozial-

technik. Bei wenigen Autoren des 17. und 18. Jahrhunderts erscheint die Rolle des bürgerlichen Politikers als Sozialtechniker, dessen Aufgabe es ist, ein reibungsloses Funktionieren des gesellschaftlichen Lebensprozesses zu gewährleisten, so deutlich wie bei Mandeville. Ein guter Politiker muß die menschliche Natur, vor allem die Leidenschaften, genau kennen: »Alle gesunde Politik und die ganze Regierungskunst beruht völlig auf der Kenntnis der menschlichen Natur.« Politik besteht wesentlich aus dem »Zügeln, Zurückdrängen und Entmutigen der ungeregelten Leidenschaften und der schädlichen Schwächen des Menschen« und zugleich aus der »klugen Ausnutzung« derselben Leidenschaften – kurz, der Politiker muß es verstehen, »jede Schwäche der Bürger zur Stärke des gesamten Körpers ausschlagen zu lassen und durch geschicktes Management die *privaten Laster in öffentliche Vorteile*« zu verwandeln (II, 319 f.).

Anders als in den bürgerlichen Sozialvertragslehren, etwa bei Hobbes, Locke und Rousseau, ist in den Ansatz des Mandevilleschen liberalen Modells das Selbstbestimmungsrecht des den politischen Körper konstituierenden Bürgers nicht eingegangen (wobei allerdings in vielen dieser Sozialvertragsmodelle, so bei Hobbes, das ursprüngliche Selbstbestimmungsrecht wieder zurückgenommen wird). Mandevilles politische Theorie enthält zunächst nur den liberalen Spielraum, den das Modell einer sogenannten »gemischten Monarchie« gewährt (I, 378). Das Parlament kontrolliert die Minister, und der Gegensatz zwischen den Parteien verhindert ein Überhandnehmen der Korruption (II, 334).

Doch ist das Land gut regiert, funktioniert der gesellschaftliche Lebensprozeß mit einem Minimum an Konflikten, so ist ein Abbau der Herrschaft und eine Ausdehnung des Freiheitsspielraumes denkbar. Vielleicht, meint Mandeville, komme es einmal dazu, »daß es nicht schwieriger ist, eine große Stadt zu regieren als Strümpfe zu weben«; vielleicht kann die gesellschaftliche »Maschine« einer Stadt dahin gebracht werden, daß sie von selbst läuft und daß man zu ihrer Regierung nicht mehr Geschicklichkeit braucht als zum Aufziehen einer Uhr. Der richtige Kurs kann schon dadurch gehalten werden, daß der Magistrat einfach seiner Nase folgt; dies wird auch gelingen, wenn sich in der Stadt kein einziger weiser Mann befindet. Und was große Staaten betrifft, so gilt mindestens dies, daß sie so gut eingerichtet werden können, daß auch nur durchschnittlich begabte Menschen die höchsten Ämter versehen können (II, 322 ff.).

In Mandevilles politischem System richtet sich das Ausmaß politischer Herrschaft nach dem Grad, in dem die partikularen Interessen der Bürger gegenseitig vermittelt werden können. Gesellschaftliche Harmonie ist nicht von vornherein gegeben; dafür sind die menschlichen Leidenschaften zu virulent. Gelingt es jedoch, ein System der Bedürfnisse zu schaffen, das gesellschaftsgefährdende Konflikte nicht aufkommen läßt, so kann Herrschaft tendenziell abgebaut und der Staat zum Nachtwächterstaat werden. Freilich, so weit wie der liberale Anarchist William Godwin, der an ein völliges Verschwinden der Herrschaft glaubte, konnte Mandeville nicht gehen; daran hinderte ihn sein pessimistisches Menschenbild. Zudem sind in seinem Modell Liberalität und »Laissez-faire« nur für die höheren Stände vorgesehen – die Arbeiterklasse bleibt immer Objekt von Herrschaft und Repression.

Im Grunde ergibt sich Mandevilles Gedanke, daß es der Zustand der Gesellschaft einmal erlauben könnte, politische Herrschaft zugunsten einer Art von bürgerlicher Selbstverwaltung abzubauen, nicht mit Notwendigkeit aus seiner politischen Theorie. Seinem pessimistischen Menschenbild entspricht ein Staat mit größerer Repression eher. Mandevilles herrschaftsarme Gesellschaft ist eine optimistische Variante des liberalen Modells, das nur dann realisiert werden kann, wenn es gelingt, die gesellschaftlichen Konflikte auf ein Minimum zu reduzieren. Hierfür spricht in Mandevilles eigener Theorie wenig. So bleibt seine Erwägung, daß politische Herrschaft abgebaut werden könnte, eine Episode seines Denkens, die illustriert, wie sehr ein konsequenter Liberalismus an den Glauben an gesellschaftliche Harmonie gebunden ist.

Mandevilles unlösbares Paradoxon: Gesellschaftskritik als Apologie des Bestehenden

Mandeville läßt keinen Zweifel daran, daß auch eine Gesellschaftsordnung mit minimisierter politischer Herrschaft die Grundlagen des gesellschaftlichen Gesamtzusammenhangs, Profitsucht und Ausbeutung des Proletariats, nicht beseitigen würde. Deshalb erklärt er nicht diesen herrschaftsarmen bürgerlichen Zukunftsstaat, sondern ein irreales vorbürgerliches Gemeinwesen zu seinem politischen Ideal: »Wenn man mich [...], alle irdische Größe und Herrlichkeit beiseite lassend, fragen sollte, wo die Menschen meiner Meinung nach wohl am ehesten wahre Glückseligkeit genießen dürften, so würde ich einer kleinen friedlichen Gemeinschaft, in der die Menschen, von ihren Nachbarn weder beneidet noch geachtet, mit den natürlichen Erzeugnissen ihres Wohnplatzes zufrieden wären, den Vorzug geben vor einer im Überfluß an Macht und Reichtum lebenden ungeheuren Masse, die nach außen hin dauernd mit anderen im Streite liegt und daheim in ausländischen Genüssen schwelgt« (I, 64). Dieser bei Mandeville überraschende Rousseauismus ist jedoch nicht wahrhaft utopisch, ein ernsthaftes Ideal, sondern eine Art von Seelenkomfort, dem jener Industriellen vergleichbar, die, nachdem sie ihren Beitrag zur Erzeugung des modernen Lebens geleistet haben, in der Jagdhütte im Hunsrück das einfache Leben preisen. Daß Mandevilles ideales Gemeinwesen nichts anderes als eine Ausfluchts-Idylle darstellt, zeigt sich deutlich, wenn er über die Konsequenzen nachdenkt, die eine Regression in einen vorbürgerlichen Gesellschaftszustand mit sich brächte – Konsequenzen, die, kurz gesagt, Refeudalisierung bedeuteten: »Will man, daß Betrug und Luxus weichen, daß Gleichgültigkeit und Unglaube verschwinden und das Volk im großen und ganzen fromm, gut und sittenrein werde, so zerschlage man die Druckerpressen, schmelze die Lettern ein und verbrenne alle Bücher im Lande außer denen in den Universitäten, wo man sie fürsorglich verwahrt und keinen Band in Privathänden duldet, es sei denn eine Bibel. Man vernichte den Fremdenverkehr, verhindere allen Handel mit dem Auslande und erlaube keinen Schiffen außer Fischerbooten, in See zu gehen und wieder heimzukehren. Der Geistlichkeit, dem Könige und den Baronen gebe man ihre alten Privilegien, Prärogativen und Besitzungen zurück. [...] Man gebe Gesetze gegen die Verschwendung und härte die Jugend gegen Strapazen ab, erfülle sie mit den höchsten und edelsten Vorstellungen von Ehre und Schande, von Freundschaft und Heldentum und führe ideelle Belohnungen für sie in großer Zahl ein« (I, 266, vgl. auch 223). Die erste Folge einer solchen Refeudalisierung wäre, daß die »habgierigen, unzufriedenen und ehrgeizigen Streber« außer Landes gingen. Vielleicht entstände durch eine so beschaffene retrograde Umwälzung tatsächlich ein »harmloses, unschuldiges und gutmütiges Volk« (a.a.O.).

Doch Mandeville plädiert ausdrücklich für die vita activa (I, 362); die Vorstellung einer befriedeten, zur Ruhe gekommenen Welt erfüllt ihn mit Unbehagen. Die aktiven, zerstörerischen Kräfte sind im göttlichen Weltenplan vorgesehen, ihr Resultat ist die »tatsächliche Existenz jenes Pomps und Ruhms, zu welchem weltliche Weisheit die menschlichen Gesellschaften emporgehoben hat und es weiterhin tut« (II, 260). Eine friedliche, von altruistisch gesinnten Menschen besiedelte Welt dagegen hätte zu regierungslosen Gesellschaften geführt; alle Menschen wären von Natur aus »Levellers«[56] gewesen; ein armes Proletariat, »der größte und ver-

56 Levellers: Eine Gruppe kleinbürgerlicher Anhänger Cromwells, die

breitetste Segen, der aus der Gesellschaft erwächst, von dem
alle Annehmlichkeiten des Lebens in zivilisierten Staaten un-
vermeidlich abhängen«, wäre nicht entstanden; »die Welt
hätte des Fleißes entbehrt, den sie dem Neid und dem Wettbewerb verdankt« (II, 259). Der Versuch, die dem Weltenplan entsprechende tatsächliche Entwicklung des Menschengeschlechtes mit einem politischen Gegenentwurf zu revidieren, wäre nichts anderes als »Utopie« (I, 92).

Mandevilles Ideen zu einer Reform der Gesellschaft gehen
in eine andere Richtung; sie zeigen überdies, daß seine Vorstellungen von einer herrschaftsarmen Gesellschaft kein zu-
reichendes Indiz dafür darstellen, daß er von der Stabilität
der bürgerlichen Gesellschaft überzeugt gewesen wäre. Um
»den Mängeln der Gesellschaft abzuhelfen«, meinte er, »solle
die Regierung sich zu irgendeinem großen Unternehmen ent-
schließen, das lange Zeit hindurch gewaltige Arbeit beanspruchen müßte, und sollte so die Welt davon überzeugen,
daß sie nichts tut ohne ängstliche Rücksicht auf die späteste
Nachkommenschaft. Dies wird festigend wirken auf den
schwankenden Geist und den luftigen Sinn des Volkes, es
wird uns daran erinnern, daß wir nicht bloß für uns selbst
leben, und wird schließlich ein Mittel sein, um die Menschen
weniger mißtrauisch zu machen und ihnen dafür mehr wahrhafte Vaterlandsliebe und treue Anhänglichkeit an den heimatlichen Boden einzuflößen, was für die Höherentwicklung
einer Nation vor allem andern notwendig ist« (I, 352 f.).
Mandeville zählt solche futuristischen Projekte auf, von denen er sich eine integrierende Wirkung auf die gesamte
Nation verspricht: »Um unser Land in allen Teilen nutzbar
und im ganzen stattlich bevölkert zu machen, wären viele

den Schutz des kleinen Eigentums und das allgemeine Wahlrecht forderten, von dem sie jedoch die in abhängiger Arbeit Stehenden ausschließen
wollten. Vgl. dazu C. B. Macpherson, *The Political Theory of Possessive
Individualism. Hobbes to Locke*, Oxford 1962 (deutsch: *Die politische
Theorie des Besitzindividualismus.* Frankfurt 1967).

Flüsse schiffbar zu machen und zahlreiche Kanäle anzulegen. Manche Gegenden wären zu entwässern und für die Zukunft gegen Überschwemmungen zu schützen. Weite Strecken dürren Bodens wären fruchtbar, viele Quadratmeilen Landes leichter zugänglich und damit einträglicher zu machen. [...] Es gibt keine Schwierigkeiten auf diesem Gebiete, die Arbeit und Ausdauer nicht zu bewältigen vermöchten. Die höchsten Berge lassen sich in die Täler stürzen [...] und Brücken könnten geschlagen werden an Stellen, an die wir jetzt gar nicht wagen würden zu denken« (I, 349). Mandeville läßt auch deutlich genug durchblicken, auf wen sich die integrierende Wirkung dieser futuristischen Projekte vor allem erstrecken soll: auf das Proletariat. Er hat die Gefahr, die von seiner Massenhaftigkeit für das Funktionieren der bürgerlichen Gesellschaft ausgehen könnte, erkannt – dies zeigten bereits seine Invektiven gegen die ersten Zusammenschlüsse von Arbeitern, die ihm nicht entgangen waren. »Wir haben«, so ruft er seinem bürgerlichen Publikum zu, »Geld genug zur Beschäftigung großer Mengen von Arbeitern«; genauso, wie sich die bürgerliche Gesellschaft ein Heer von Soldaten leisten könne, könne sie auch ein Heer von Arbeitern unterhalten. »Die ewig Bedenklichen, denen stets um ihre Freiheit bange ist, werden freilich gleich ausrufen: wo solche Menschen in dauerndem Solde gehalten werden, müssen Eigentum und Privilegien unsicher werden. Aber sie mögen sich beruhigen: man würde schon in bezug auf die Frage, wem die Leitung und Beaufsichtigung dieser Arbeitskräfte anvertraut wäre, geeignete Wege zu finden und solche Verfügungen zu treffen wissen, daß es für den Fürsten oder sonst jemanden unmöglich sein würde, einen schlechten Gebrauch von ihnen zu machen« (I, 350).

Dies scheint also die letzte Perspektive der politischen Theorie Mandevilles zu sein: Eine bürgerliche Gesellschaft, welche die Sprengkraft, die das massenhafte Anwachsen eines verelendeten Proletariats in sich birgt, dadurch entschärft, daß sie gigantische öffentliche Projekte mitsamt der dazu passenden Ideologie entwirft (»wahrhafte Vaterlandsliebe und treue Anhänglichkeit an den heimatlichen Boden«) und zur Bewältigung dieser Projekte einen disziplinierten Arbeitsdienst schafft. In der Logik des Mandevilleschen Systems liegt ohnehin der bürgerliche Ständestaat: Wiederholt spricht er vom »Stand, dem sich (die arbeitende Bevölkerung) mit Freudigkeit unterwirft, wobei sie zufrieden ist, daß ihre Kinder ihr in der gleichen untergeordneten Lage nachfolgen werden (II, 351, vgl. auch ibid. 353) – Indizien genug, welche die Vermutung rechtfertigen: Mandevilles konsequent bürgerliches Denken wurde zu Thesen getrieben, die – bei aller Anerkenntnis der besonderen Qualität des Faschismus in seiner historischen Epoche – als präfaschistisch oder faschistoid charakterisiert werden können.

Mandeville ist das Gegenteil von einem Harmonisator. Er hat es verschmäht, das Bild einer heilen bürgerlichen Welt zu zeichnen, in der Moral und Geschäft gleichermaßen zu ihrem Recht kommen. Unermüdlich zeigte er mit dem Finger auf die Antinomie zwischen der Häßlichkeit des gesellschaftlichen Lebensprozesses und den Illusionen, denen sich die Bürger über die moralische Qualität ihrer Lebensführung hingeben. Unbestechlichkeit und Redlichkeit machen seinen Rang aus. Doch wie scharfsinnig seine Analysen der bürgerlichen Gesellschaft auch sein mögen, so arm ist er an Imaginationskraft, was die Zukunft des Menschengeschlechtes betrifft. Das bürgerliche Freiheitspathos Lockes, Rousseaus Ringen um eine gesellschaftliche Ordnung, in der menschliche Selbstbestimmung möglich ist, die Sorge des deutschen Idealismus um die Würde des Menschen, sind ihm fremd. Soweit sein Denken überhaupt eine Zukunftsperspektive hat, propagiert es eine Verfestigung eben jener Zustände, die er als schlecht durchschaut hatte. Da er die Unmenschlichkeit und Unhaltbarkeit des Systems seiner Zeit erkennt, aber nicht dessen Veränderbarkeit, bleibt seine Haltung paradox: Sie endet in dem oft kritisierten, verzweifelten Zynismus seiner Satiren, der ihm aber gerade von jenen nicht zum Vorwurf gemacht werden darf, die, anders als er, vor den Ursachen menschlicher Not und Unterdrückung die Augen verschließen.[57]

Literaturverzeichnis

A Schriften Mandevilles

1. *Bernardi a Mandeville De Medicina Oratio Scholastica, publice habita cum e schola Erasmiana ad Academiam promoveretur,* Rotterodami 1685.
2. *Disputatio Philosophica De Brutorum Operationibus . . .,* Lugduni Batavorum, apud Abrahamum Elzevier 1689.
3. *Disputatio Medica Inauguralis de Chylosi Vitiata . . .,* Lugduni Batavorum, apud Abrahamum Elzevier 1691.
4. *Some Fables after the Easie and Familiar Method of Monsieur de la Fontaine,* London 1703.
5. *Aesop Dress'd; or a collection of Fables writ in familiar verse,* London 1704.
6. *Typhon: or The Wars Between the Gods and Giants: A Burlesque Poem. In Imitation of the Comical Mons. Scarron,* London 1704.
7. *The Grumbling Hive: or, Knaves Turn'd Honest,* London 1705.
8. *The Virgin Unmask'd: or female dialogues betwixt an Elderly Maiden Lady and her Niece, or several Diverting Discourses on Love Marriage Memoirs and Morals etc. of the Times,* London 1709.
9. *A Treatise of The Hypochondriack and Hysterick Pas-*

---

57 Zu dem zwiespältigen Charakter der Satiren Mandevilles vgl. Edwards (30).

sions, Vulgarly call'd the Hypo in Men and Vapours in Women . . ., London 1711.

10. *The Fable Of The Bees: or, Private Vices Publick Benefits.* Containing Several Discourses, to demonstrate, That Human frailties, during the degeneracy of Mankind, may be turn'd to the Advantage of the Civil Society, and made to supply the Place of Moral Virtues. – Lux e Tenebris – London 1714.

11. *Free Thoughts on Religion, the Church and National Happiness*, London 1720.

12. *A Modest Defence of Public Stews: or, an Essay upon Whoring, as it is now practised in these Kingdoms*, London 1724.

13. *An Enquiry Into the Causes of The Frequent Executions At Tyburn: And a Proposal for some Regulations concerning Felons in Prison, and the good Effects to be expected from them*, London 1725.

14. *The Fable of the Bees.* Part II. By the Author of the First, London 1729.

15. *An Enquiry into the Origin of Honour, and the Usefulness of Christianity in War.* By the Author of the Fable of the Bees, London 1732.

16. *A Letter to Dion, Occasion'd by his Book call'd Alciphron, or the Minute Philosopher.* By the Author of the Fable of the Bees, London 1732.

17. *Anti-Shaftsbury, oder die Entlarvte Eitelkeit der Selbstliebe und Ruhmsucht.* In philosophischen Gesprächen nach dem Engländischen, Frankfurt am Mayn 1761 (II. Band d. Fabel).

18. *Bernard von Mandeville's Fabel von den Bienen.* Aus dem Englischen übersetzt und mit einer Einleitung und einem neuen Commentar versehen von Dr. S. Ascher, Leipzig 1818.

19. *Mandevilles Bienenfabel.* Herausgegeben von Otto Bobertag, München 1914.

20. *The Fable of the Bees: or, Private Vices, Publick Benefits.* By Bernard Mandeville. With a Commentary Critical, Historical, and Explanatory by F. B. Kaye. 2 vol, Oxford 1924, 2. Aufl. 1957 (die maßgebliche historisch-kritische Ausgabe).

21. Bernard Mandeville, *The Fable of the Bees, or Private Vices, Publick Benefits,* ed. Irwin Primer, New York 1962 (gekürzt).

22. Bernard Mandeville, *A Letter to Dion.* Ed. by Bonamy Dobrée, Liverpool 1954.

23. Bernard Mandeville, *Die Bienenfabel.* Hrsg. v. Friedrich Bassenge, Berlin 1957 (= Philosophische Bücherei Bd. 13).

B Sekundärliteratur

24. Arata, Fidia, ›*Le api‹ di B. (de) Mandeville.* In: *Giornale di metafisica,* VIII (1953), S. 344-361; 460-487.

25. Arata, Fidia, *Economia e morale* (Rezens. v. M. Goretti, *Il paradosso Mandeville*). In: *Giornale di metafisica,* XIV (1959), S. 719-724.

26. Barth, Hans, *Fluten und Dämme. Der philosophische Gedanke in der Politik,* Zürich 1943 (Über Mandeville S. 11-23).

27. Brockdorff, Cay von, *Die englische Aufklärungsphilosophie,* München 1924 (Über Mandeville S. 102-111).

28. Danzig, S., *Drei Genealogien der Moral. B. de Mandeville, Paul Rée und Friedrich Nietzsche,* Phil. Diss. Pressburg 1904.

29. Deckelmann, Wilhelm, *Untersuchungen zur Bienenfabel Mandevilles und zu ihrer Entstehungsgeschichte im Hinblick auf die Bienenfabelthese,* Hamburg 1933.

30. Edwards, Thomas R. Jr., *Mandeville's moral prose.* In: *Journal of English Literary History,* XXXI (1964), S. 195-212.

31. From, F., *Mandevilles Paradox*. In: *Theoria*, X (1944), S. 197-215.

32. Garin, Eugenio, *A proposito di Bernardo di Mandeville*. In: *Giornale critico della filosofia italiana*, XII (1958), S. 500-509.

33. Goldbach, Paul, *Bernard de Mandeville's Bienenfabel*, Phil. Diss. Halle 1886.

34. Goretti, Maria, *Il paradosso Mandeville. Saggio sulla »Favola delle Api« col testo inglese a fronte e bibliografia*, Firenze 1958 (Umfangreiche Bibliographie).

35. Grégoire, François, *Bernard de Mandeville et la »Fable des Abeilles«*, Nancy 1947.

36. Hasbach, Wilhelm, *Larochefoucauld und Mandeville*. In: *Jahrbuch für Gesetzgebung, Verwaltung und Volkswirtschaft im Deutschen Reich*, XIV (1890), S. 1–43.

37. Hübner, Walther, *Mandevilles Bienenfabel und die Begründung der praktischen Zweckethik in der englischen Aufklärung. Ein Beitrag zur Genealogie des englischen Geistes*. In: *Grundformen der englischen Geistesgeschichte*. Hrsg. v. P. Meissner, Stuttgart 1941.

38. Hübner, Walther, *Bernard Mandeville als Deuter seiner Bienenfabel*. In: *Formen der Selbstdarstellung. Analekten zu einer Geschichte des literarischen Selbstportraits*. Festgabe für Fritz Neubert, Berlin 1956, S. 167-174.

39. Joffe, A., *Zu Mandevilles Ethik und Kants Sozialismus*. In: *Die neue Zeit*, XXIV, 1. Bd. (1906), S. 45-50.

40. Lamprecht, Sterling P., *The Fable of the Bees*. In: *Journal of Philosophy*, XXIII (1926), S. 561-579.

41. Lecler, Joseph, *Libéralisme économique et libre pensée au XVIIIe siècle; Mandeville et la Fable des Abeilles*. In: *Études*, CCXXX (1937), S. 624-645.

42. Lovejoy, A. O., *Reflections on Human Nature*, Baltimore 1961 (Über Mandeville S. 170-193).

43. Maxwell, J. L., *Ethics and Politics in Mandeville*. In: *Philosophy*, XXVI (1951), S. 242-252.

44. Münstermann, Paul, *Mandevilles Bienenfabel,* Jur. Diss. Köln 1960.

45. Price, Martin, *To the Palace of Wisdom,* New York 1964 (Über Mandeville S. 105-128).

46. Rogers, A. K., *The Ethics of Mandeville.* In: *International Journal of Ethics,* XXVI (1925/26), S. 1-17.

47. Rosenberg, Nathan, *Mandeville and Laissez-faire.* In: *Journal of the History of Ideas,* XXIV (1963), S. 183 bis 196.

48. Rüfner, Vinzenz, *Die soziologische Stellung von Mandevilles Bienenfabel.* In: *Archiv für Geschichte der Philosophie und Soziologie,* XXXIX, Neue Folge XXXII (1930), S. 295-305.

49. Sakmann, Paul, *Bernard de Mandeville und die Bienenfabel-Controverse. Eine Episode in der Geschichte der englischen Aufklärung,* Freiburg i. Br. 1897.

50. Sakmann, Paul, *Die Denker und Kämpfer der englischen Aufklärung,* Stuttgart 1946 (Über Mandeville S. 133 bis 144).

51. Schatz, Albert, *Bernard de Mandeville. Contribution à l'étude des origines du liberalisme économique.* In: *Vierteljahrsschrift für Sozial- und Wirtschaftsgeschichte,* I (1903), S. 434-480.

52. Skarsten, A. K., *Nature in Mandeville.* In: *Journal of English and Germanic Philology,* LIII (1954), S. 562–568.

53. Smith, Adam, *Theorie der ethischen Gefühle,* Bd. II, Leipzig 1926 (Über Mandeville S. 513-523.

54. Stammler, Rudolf, *Mandevilles Bienenfabel. Die letzten Gründe einer wissenschaftlich geleiteten Politik,* Berlin 1918.

55. Stephen, Sir James Fitzjames, *Horae Sabbaticae.* Second Series, London 1892 (Über Mandeville S. 193-210).

56. Stephen, Sir Leslie, *History of English Thought in the 18th Century.* 3rd. ed., New York and London 1902, vol. II (Über Mandeville S. 33 ff.).

57. Talluri, B., *I limiti e le risorse speculative del pensiero politico e morale di Bernardo di Mandeville.* In: *Studi Senesi,* LXIII (1951), S. 95-111.

58. Talluri, B., *Cinquant'anni di critica intorno al pensiero di B. di Mandeville,* 1900-1950. ibid. S. 322-338.

59. Vichert, Gordon S., *Bernard de Mandeville and ›A Dissertation upon Drunkenness‹.* In: *Notes and Queries for Readers, Writers, Collectors and Librarians,* XI (1964), S. 288-292.

60. Vorländer, Karl, *Spinoza und Mandeville.* In: Vorländer, Karl, *Von Machiavelli bis Lenin. Neuzeitliche Staats- und Gesellschaftstheorien,* Leipzig 1925, S. 71-85.

61. Wilde, M., *Mandeville' Place in English Thought.* In: *Mind,* VII (1898), S. 219-232.

62. Windelband, Wilhelm, *Die Geschichte der neueren Philosophie in ihrem Zusammenhange mit der allgemeinen Cultur und den besonderen Wissenschaften,* Bd. I, Leipzig 1899 (Über Mandeville S. 280-282).

63. Young, James D., *Mandeville: A Popularizer of Hobbes.* In: *Modern Language Notes,* LXXIV (1959), S. 10-13.

Freiheit, Eigentum und Herrschaft bei Hegel

> »[...] die *Vernunft* ist negativ und *dialektisch,* weil
> sie die Bestimmungen des Verstands in nichts auflöst;
> sie ist *positiv,* weil sie das *Allgemeine* erzeugt und
> das Besondere darin begreift.«
>
> Logik I, Vorrede (1812)

Der eigentliche Zankapfel des sogenannten Positivismusstrei-
tes in den deutschen Sozialwissenschaften heißt Hegel: Insofern ist dieser zweihundert Jahre nach seiner Geburt doch
nicht der »tote Hund«, als der er, *Marx* zufolge, hundert
Jahre zuvor »im gebildeten Deutschland« behandelt wurde.[1]
In der Philosophie ist ihm neuerdings die säkulare Leistung
zugesprochen worden, die große Tradition der abendländischen Philosophie erneuert zu haben, indem er die moderne
Gesellschaft als »Gegenwart und Erscheinung der vernünftigen Substanz, die von je für die Philosophie die Wahrheit
der Wirklichkeit und der Geschichte gewesen ist«, begriff.[2]
Doch trotz der doppelten Aktualisierung Hegels durch die
linkshegelianisch-marxistische »Kritische Theorie« und die
traditionsgebundene politische Philosophie scheint das vor-
herrschende Verhältnis der Sozialwissenschaften zu Hegel,
besonders bei deren jüngeren Vertretern, Gleichgültigkeit zu
sein.
Dabei müßte die auf wissenschaftliche Systematik gerichtete
Intention Hegels auch bei dem szientifisch orientierten Teil

1 Karl Marx, *Das Kapital.* Erster Band. Nachwort zur zweiten Auflage,
Berlin 1960, S. 18. – Zum Positivismusstreit vgl. Theodor W. Adorno u. a.,
Der Positivismusstreit in der deutschen Soziologie, Neuwied und Ber-
lin 1969.
2 Joachim Ritter *Hegel und die französische Revolution.* In: Ders.,
Metaphysik und Politik. Studien zu Aristoteles und Hegel, Frankfurt/M.
1969, S. 189. Vgl. zu dieser Frage auch die gesammelten Aufsätze von
Manfred Riedel, *Studien zu Hegels Rechtsphilosophie,* Frankfurt/M. 1969.

der Sozialwissenschaften auf Interesse stoßen. Schließlich hat er, freilich mit einer Methode, die beansprucht, das Wesen der Phänomene in Begriffen auszudrücken und deshalb mit den nominalistischen Konstruktionen moderner Systemtheorien kontrastiert, Momente subjektiven Verhaltens und objektiver Institutionen zu einem Beziehungsgeflecht verknüpft, dessen Dichte und perspektivischer Reichtum von den kompliziertesten Systemtheorien kaum übertroffen worden ist.[3] Das Hegelsche System umgreift Institutionen wie Familie, Eigentum, Geld, Recht, Stände, Staatsgewalt ebenso wie die gesellschaftliche Praxis der einzelnen, die ökonomischen Bewegungsgesetze, denen sie unterliegen, und ihre moralischen Einstellungen – und dies im Zusammenhang mit ihrer Genesis, als deren Vehikel die Arbeit des als Bürger dechiffrier-

[3] Es wäre reizvoll, einmal das strukturell-funktionale System *T. Parsons'* mit dem Hegelschen zu vergleichen – natürlich immer eingedenk der bei beiden fundamental verschiedenen Methode. Es würden sich auffällige, vielleicht über das bloß Formale hinausgehende Gemeinsamkeiten feststellen lassen: etwa die Bestimmung von Verhaltensstereotypen durch Funktionserfordernisse des Systems; die Rolle der Familie und ihrer Auflösung durch »Heraustreiben« einzelner Mitglieder im Hinblick auf gesellschaftliche Erfordernisse; die Reduktion der Motive der Erwerbsorientierung nicht auf bloßes Eigeninteresse, sondern auf Funktionserfordernisse des Systems, verbunden mit dem Einschleifen moralischer Empfindungen durch Integration; die Parallelisierung von Geld und Macht in der Systemsteuerung. Hegel hätte Parsons gegenüber den Vorzug, das System nicht nur vorauszusetzen, sondern seine Genesis und sein »Wesen« zu erklären, indem er es als von den Menschen selbst in ihrem gesellschaftlichen Lebensprozeß produziert und als ihre eigene, aber entfremdete, ihnen entgegenstehende Macht begreift. Da bei Hegel der gesellschaftliche Prozeß antagonistisch verläuft, enthält seine Theorie immer schon die Annahme von Massenelend der Unterschichten und Intellektuellen-Empörung, während Parsons' System am meisten Erklärungskraft in der Anwendung auf eine differenzierte, aber grundsätzlich integrierte Mittelstandsgesellschaft zu besitzen scheint. Man mag Hegels Denken als haltlose Metaphysik schelten, sollte aber darüber nicht vergessen, daß das System bei Parsons mit seinen nicht erklärten strukturierenden Kräften eine Reifikation erfährt, die gleichfalls metaphysisch ist.

baren Subjekts, das sich in historisch verorteten Bewußtseinsstufen konstituiert, erscheint. Hegel hat es zudem vermocht,
ältere politische Theoreme wie Naturrechtslehre, Sozialver-
tragstheorien und Eigentumstheorien in sein System zu integrieren, indem er ihre Berechtigung auf bestimmten Stufen
der Genesis des Gemeinwesens anerkannte.

Sicherlich war die zugleich historisch und strukturell argu-
mentierende intellektuelle Leistung nur unter der Prämisse
möglich, daß das subjektive Verhalten des einzelnen in seiner
Wechselbeziehung zu den politischen Institutionen in den
verschiedenen historischen Etappen die Erscheinungsformen
des *einen* sich entfaltenden göttlichen Geistes seien, der im
Bewußtsein des Philosophen, der den modernen Staat begreift, zu sich selbst kommt.[4] Diese politische Theologie und
Ontologie dürfte heute nur noch wenigen akzeptabel sein.
Die Warnung *Ritters*, daß man die politische Theorie Hegels
ihrer Substanz beraube und sie umdeute, wenn man sie aus
der Philosophie herauslöse, ist, philosophiegeschichtlich gesehen, zweifellos begründet.[5] Dennoch besteht angesichts des
Untergangs der metaphysischen Grundlagen der Hegelschen
Philosophie die *Marxsche* Formel zu Recht, daß aus deren
»metaphysischer Hülle« ein »rationeller Kern« herausgearbeitet werden könne.[6] Hegels immense Gedankenarbeit hat
eine Fülle von sozialen Zusammenhängen plausibel gemacht,
die als empirische Annahmen oder als – wenngleich nicht
unmittelbar überprüfbare – Theorieelemente von heuristi-
schem Wert ernst genommen zu werden verdienen. Zwar
bietet die Gedankenwelt Hegels so, in *disiecta membra* aufgelöst, das dem Philosophen ärgerliche Bild eines Steinbruchs,
worin sich jeder nach passenden Bausteinen umsehen mag.

4 Ritter, a.a.O. (s. Anm. 2), S. 186, weist zu Recht darauf hin, daß die
sogenannte »Staatsvergottung« bei Hegel, die man diesem häufig vor-
wirft, sich dieser Konstruktion verdankt.
5 Ritter a.a.O., S. 187, Anm. 8.
6 *Kapital I* (s. Anm. 1), S. 18.

Wer die moderne soziale Welt nicht als grundsätzlich kontingent, mit partiellen Regelmäßigkeiten, sondern von ihrem Reproduktionsprozeß vorstrukturiert erachtet, wird dort immer wieder fündig.

Hegels politisches System – dies sollen die folgenden Untersuchungen zeigen – stellt sich als ein von den partikularen Interessen der einzelnen vorangetriebener, sich selbst perpetuierender Mechanismus dar, dessen institutionelle Momente, von den einzelnen als ihr eigenes Interesse erkannt, auftretenden dysfunktionalen Systemtendenzen entgegenwirken. Funktionserfordernisse des Systems neutralisieren und frustrieren moralische Einstellungen der einzelnen, die von der Konformität mit dem positiven Gesetz abweichen. Materielle und moralische Gratifikationen erzielt der einzelne durch Aktivität fürs Eigeninteresse im Rahmen der Gesetze, womit er zugleich das Gemeinwohl voranbringt: Dies ist seine Freiheit, die, begreift er sie, ihn in die Wirklichkeit des Gemeinwesens integriert. – Hegels politische Philosophie soll in Deutschland einmal Staatsphilosophie gewesen sein: Sie hat das Zeug, geringfügig retouchiert, diese Rolle heute noch zu spielen.

Das bürgerliche Grundthema: Freiheit, Arbeit, Eigentum

Hegel gehört, insoweit er seine politische Theorie mit dem isolierten Subjekt, das durch den *freien* Willen bestimmt ist, beginnen läßt, noch zur Epoche der frühbürgerlichen politischen Philosophie.[7] Das *Rousseausche* Problem, wie sich der einzelne der Herrschaft des Gemeinwesens unterwerfen und doch sich selbst gehorchen und so frei wie zuvor bleiben könne, ist auch das Hegels:[8] Es ging ihm darum, »die Rechts-

7 Vgl. die Konstruktion der politischen Theorie etwa bei *Hobbes, Locke, Rousseau, Fichte* usw., die vom mehr oder weniger isoliert gesehenen einzelnen und seinem Willen ausgehen.
8 *Contrat social* I,6.

form der Freiheit zu finden und d. h. eine Rechtsordnung auszubilden, die der Freiheit des Selbstseins angemessen ist und ihr gerecht wird und es dem Einzelnen ermöglicht, er selbst zu sein und zu seiner menschlichen Bestimmung zu kommen« (Ritter).[9] Doch anders als die bürgerliche Sozialvertragslehre ließ er das Gemeinwesen nicht aus einem Vertrag entstehen, den die einzelnen zum gegenseitigen Schutz von persönlicher Freiheit und Eigentum abschließen. Aus der Willkür des Willens einzelner, so lautet sein Einwand, könne weder ein Allgemeinwille noch die Verbindlichkeit, sich dem Mehrheitswillen zu unterwerfen, entspringen.[10] Der allgemeine Wille und das Gemeinwesen entstehen vielmehr im Prozeß der Selbstentfaltung der einzelnen Person, der zugleich die Entfaltung des Geistes zur Wirklichkeit ist.

Hegel legt alle Momente dieses Prozesses, die für sich allein nicht bestehen können, sondern erst in ihrer Totalität wirk-

9 Ritter a.a.O. (s. Anm. 2), S. 199.

10 Hegels Schriften werden vor allem aus folgenden Ausgaben zitiert: Georg Wilhelm Friedrich Hegel, *Phänomenologie des Geistes*. Nach dem Texte der Originalausgabe hrsg. v. Johannes Hoffmeister. Verlag von Felix Meiner, Hamburg 1952 (= Philosophische Bibliothek Band 114) (= Phän); Ders., *Grundlinien der Philosophie des Rechts [. . .]*, hrsg. v. Johannes Hoffmeister. Verlag von Felix Meiner, Hamburg 1955 (4. Aufl.) (= Philosophische Bibliothek Band 124a) (= RPh); Ders., *Enzyklopädie der philosophischen Wissenschaften im Grundrisse (1830). Dritter Teil. Die Philosophie des Geistes. Mit den mündlichen Zusätzen*, Werke in 20 Bänden, Band 10. Suhrkamp Verlag, Frankfurt/M. 1970 (= Enz.); Ders., *Jenaer Realphilosophie. Vorlesungsmanuskripte zur Philosophie der Natur und des Geistes von 1805-1806*, hrsg. v. Johannes Hoffmeister. Verlag von Felix Meiner, Hamburg 1967 (= Philosophische Bibliothek Band 67) (= J. Realph.). Es handelt sich hierbei um einen Text, der 1931 zum ersten Mal unter dem bekannteren Titel *Jenenser Realphilosophie II* herausgegeben worden war. Die Herausgeber glauben nunmehr, daß es nicht mehr erlaubt sei, von einer vorgängigen *Jenenser Realphilosophie I* zu sprechen und geben deshalb die ehemalige *Jenenser Realphilosophie II* unter dem die Abweichung der Editionspraxis anzeigenden Titel *Jenaer Realphilosophie* heraus. Vgl. die Vorbemerkung des Verlags in dieser Ausgabe. – J. Realph. S. 245; RPh. §§ 75; 258.

lich sind, auseinander. Am Anfang steht das leere Ich, das
»Anderslose«, dem reine abstrakte *Freiheit* zukommt und
das, um seiner gewiß, wirklich und konkret zu werden, sich
in die Außenwelt, seinen Gegen-stand, entlassen (die »Entzweiung« mit sich) und sich darin »reflektieren«, zu sich
selbst zurückkommen muß – z. B. indem es den Gegenstand
betrachtet und sich so seiner gewiß wird, oder indem es ihn
bearbeitet und sich in seinem Produkt selbst anschaut.[11] Es
kann hier nicht darum gehen, alle Stufen dieses verwickelten
Prozesses, die stets in der dialektischen Bewegung des Sich-
Entäußerns oder Sich-Entfremdens und des auf einer höheren Stufe Sich-Wiedergewinnens oder Sich-Aneignens ablau-
fen – vom Bewußtsein über Selbstbewußtsein und Willen bis
zum Übergang des subjektiven in den objektiven Geist, der
sich in den Institutionen des Rechts, Eigentums etc. ausdrückt
– zu schildern. Entscheidend ist, daß der freie Wille des einzelnen auf diesem Stufengang eine immer höhere Konkretion erfährt, bis er im Staat seine Wirklichkeit findet: Der
Staat wird so zur »Wirklichkeit der konkreten Freiheit«
(*RPh* § 260).

Der junge Hegel vermochte im neuzeitlichen Staatswesen
noch nicht das Reich der »konkreten Freiheit« zu erblicken.
Er war umgekehrt der Ansicht, daß die Freiheit der antiken
Republiken, »die Freiheit, selbstgegebenen Gesetzen zu gehorchen, selbstgegebenen Obrigkeiten im Frieden und Heer-
führern zu folgen, selbstmitbeschlossene Pläne auszuführen«,
von der »Positivität« von Institutionen, die sich von der
selbsttätigen Praxis der Bürger abgelöst haben, zerstört worden sei.[12] In Anlehnung an den in der antiken und mittel-

11 Vgl. *Enz.* Abteilung *Der subjektive Geist* §§ 387-482; *J. Realph.*
S. 194 ff.
12 Vgl. *Hegels Theologische Jugendschriften.* Hrsg. v. Hermann Nohl,
Tübingen 1907, S. 221 ff. – Zur Bedeutung des Begriffs »Positivität« für
den frühen Hegel vgl. Georg Lukács, *Der junge Hegel. Über die Beziehungen von Dialektik und Ökonomie,* Neuwied und Berlin 1967 (= Werke
Band 8), S. 114 ff.

alterlichen Literatur verbreiteten Topos, daß das unbesonnene Streben nach Gewinn und Eigentum eines Bürgers oder Christen unwürdig sei und Geist und Einrichtungen eines guten Gemeinwesens schädigen müsse, und daß mittlerer Reichtum aller Bürger der Republik am besten fromme, schreibt er den Untergang der alten Republiken einer von Reichtum und Luxus erzeugten Dekadenz zu.[13] Niemand habe sich schließlich ums Gemeinwesen gesorgt, jeder nur für sich oder gezwungen für einen andern gearbeitet. Die Ersetzung der politischen Freiheit des Bürgers durch sein »Recht an Sicherheit des Eigentums, das itzt seine ganze Welt ausfüllte«, habe sich damals herausgebildet. In einem Fragment aus der Berner oder Frankfurter Zeit heißt es: »*In den Staaten der neueren Zeit ist Sicherheit des Eigentums* der Angel, um den sich die ganze Gesetzgebung dreht, worauf sich die meisten Rechte der Staatsbürger beziehen.« In manchen Republiken des Altertums dagegen, etwa in Sparta und Athen, sei das Eigentumsrecht, »die Sorge aller unserer Obrigkeiten, der Stolz unserer Staaten«, beeinträchtigt gewesen. Historische Beispiele zeigten, »wie sehr der unverhältnismäßige Reichtum einiger Bürger auch der freiesten Form der Verfassung gefährlich und die Freiheit selbst zu zerstören im Stande sei« – »es wäre eine wichtige Untersuchung, wie viel von dem strengen Eigentumsrecht der dauerhaften Form einer Republik aufgeopfert werden müßte.« Deshalb tue die Annahme, daß die Gleichmacherei des »Sansculottismus« allein auf »Raubgier« beruhe, diesem vielleicht Unrecht.[14]

13 Diese Topoi tauchen bei *Platon, Aristoteles,* in der Patristik und Scholastik bis in politische Literatur der beginnenden Neuzeit hinein auf. Der Polyhistor Hegel war vermutlich, auf Grund seines theologischen Studiums im Tübinger Stift, mit dieser Literatur vertraut. Zu den genannten Theoremen bezüglich des Eigentums vgl. Richard Schlatter, *Private Property. The History of an Idea,* London 1951.
14 Vgl. Georg Wilhelm Friedrich Hegel, *Politische Schriften,* Nachw. v. Jürgen Habermas, Frankfurt/M. 1966 (Theorie 1), S. 335.

In seinen frühen theologischen Schriften stellte Hegel die »tote« und »positive« Institution des *Eigentums* dem Prinzip der *Liebe* gegenüber. Die mit dem Eigentum verknüpften sozialen Beziehungen könnten nie zu »schönen Verhältnissen« werden; *Jesus* habe sich deshalb von ihnen abgewandt. Der »Besitz von Reichtum, mit allen den Rechten, sowie mit allen Sorgen, die damit zusammenhängen«, brächten »Bestimmtheiten in den Menschen [...], deren Schranken den Tugenden ihre Grenzen setzen [...]. Der Reichtum verrät sogleich seine Entgegensetzung gegen die Liebe, gegen die Ganzheit dadurch, daß er ein Recht, und in einer Mannigfaltigkeit von Rechten begriffen ist, wodurch teils seine auf ihn sich beziehende Tugend, die Rechtschaffenheit, teils die anderen, innerhalb seines Kreises möglichen Tugenden notwendig mit Ausschließung verbunden, und jeder Tugendakt an sich selbst ein Entgegengesetztes ist.« Die Rechtschaffenheit als Tugend des Eigentumsverkehrs bleibt also ichbezogen, der Liebe und Solidarität entgegengesetzt. Gleichwohl konstatiert Hegel: »Das Schicksal des Eigentums ist uns zu mächtig geworden, als daß Reflexionen darüber erträglich, seine Trennung von uns denkbar wäre.«[15]

Georg Lukács hat gezeigt, daß die Frankfurter Zeit (1797 bis 1801) für Hegel eine Epoche des Übergangs aus der Welt des Ideals in die bürgerliche Gesellschaft war, deren Prinzipien anzuerkennen er sich schließlich durchrang. Hegel habe sich von dem Gedanken leiten lassen, den Zusammenhang zwischen der scheinbar toten Objektivität der gesellschaftlichen Institutionen zu finden, in dem diese ihren toten Charakter verlieren und als Voraussetzung und Resultat der Aktivität des Subjekts erscheinen.[16] Entscheidende Gesichtspunkte zur neuen Deutung der bürgerlichen Gesellschaft erhielt Hegel

15 *Jugendschriften*, ed. Nohl (s. Anm. 12), S. 273 ff.; 397. Zum Eigentum beim jungen Hegel vgl. auch Franz Rosenzweig, *Hegel und der Staat*. Neudruck der Ausgabe 1920, Aalen 1962, S. 159 ff.
16 Lukács a.a.O., (s. Anm. 12) S. 170.

aus dem Studium der englischen politischen Ökonomie. In den Jenenser Schriften ist es die *Arbeit* im bürgerlichen Begriffsverständnis, die den Menschen aus der kreatürlichen dumpfen Triebhaftigkeit herauswachsen, die Gegenstände der Welt aneignen und ihn mit anderen sich vergesellschaften läßt. Im Medium der Arbeit, in der traditionellen praktischen Philosophie eine der philosophischen Kontemplation untergeordnete banausische Tätigkeit, »bildet« sich der Geist, der der Arbeitswelt der bürgerlichen Gesellschaft bedarf, um zur Selbsterkenntnis zu kommen.[17] Die nachstehende Skizze dieses Prozesses folgt der *Jenaer Realphilosophie*, die seine dialektischen Bewegungen in größter Dichte darstellt.

Das anders- und inhaltslose Ich hat das Gefühl des Mangels, den *Trieb,* der im Gegensatz zur tierischen Begierde nicht nur zur »leeren Sattheit«, sondern zur »Vergegenständlichung« des Ich und somit zu einer höheren Bewußtseinsstufe führt. Während Begierde »immer von vorne anfangen« muß, vermag der Trieb »die Arbeit von sich abzutrennen« (»die Entzweiung des Trieb-seienden Ich«). Als vergegenständlichtes Mittel der Begierde, als »Werkzeug« oder »Acker«, ist sie als Möglichkeit künftiger Befriedigung über das Besondere der Einzelbegierde hinausreichende Allgemeinheit (*J. Realph.* S. 194-199).

Auch der Sexualtrieb bewegt sich nach dem Muster der Vergegenständlichung und Wiederaneignung. Er ist »das Nicht-

---

17 Vgl. zu diesem Problem die Aufsätze von *Riedel* (s. Anm. 2). Die Rolle der Arbeit bei Hegel hat übrigens bereits der junge Marx erkannt: »Das Große an der Hegelschen *Phänomenologie* [...] ist also [...], daß Hegel die Selbsterzeugung des Menschen als einen Prozeß faßt, die Vergegenständlichung als Entgegenständlichung, als Entäußerung, und als Aufhebung dieser Entäußerung; daß er also das Wesen der *Arbeit* faßt und den gegenständlichen Menschen, wahren, weil wirklichen Menschen, als Resultat seiner *eigenen Arbeit begreift.« Nationalökonomie und Philosophie*, In: Karl Marx, *Der historische Materialismus. Die Frühschriften.* Hrsg. v. S. Landshut und J. P. Mayer. Erster Band, Leipzig 1932, S. 328.

in-sich-Befriedigtsein, sondern (dies,) sein Wesen im Andern zu haben«. Das Erkennen der Sexualpartner, daß sie wechselseitig »Sein für Anderes« sind, ist *Liebe*. Die Partner erkennen ihre gegenseitige Liebe, indem sie durch »gegenseitige Dienstleistung« eine »dauernde, bleibende Möglichkeit ihrer Existenz« schaffen, nämlich »Familienbesitz, als Bewegung *Erwerb*«. Die Begierde erreicht darin eine höhere »vernünftige, geheiligte« Stufe, die durch »gemeinschaftliche Arbeit« befriedigt wird. In der Erzeugung und Erziehung von Kindern und im gemeinsamen Erwerb, der gegenseitigen Dienstleistung und Sorge ist sich die Liebe, als Familie, zum *Gegenstande* geworden. Sie ist sozusagen das erste durch gemeinsame Arbeit vermittelte Gemeinwesen: »Die Arbeit geschieht nicht für die Begierde als einzelne, sondern allgemein. Der dies bearbeitet, verzehrt nicht gerade dieses, sondern es kommt in den gemeinsamen Schatz, und aus diesem werden alle erhalten.« (*ebenda* S. 200–204).[18]

Die gemeinsame Arbeit vermag auf dieser Entwicklungsstufe des Geistes zwar die Familie zum Gemeinwesen des »Haushalts« zusammenzuschließen, aber noch keine geordneten Beziehungen zu anderen Familien zu schaffen. Die Familien treten »als *Ganzes* einem andern in sich geschlossenen Ganzen« als »vollständige, freie Individualitäten füreinander« gegenüber.[19] In der Entwicklung des Geistes zum Gemeinwesen ist dies der logische Ort des Naturzustandes; Hegel spricht hier dieser Konzeption eine relative Berechtigung zu. Es sei jedoch vergebens, wie die Naturrechtslehrer anzunehmen, daß in diesem Zustand das Naturrecht die gegenseitigen Rechte und Pflichten der Individuen bestimmen könnte. Die

18 Ein Gemeinwesen, das allerdings für sich keinen Bestand haben kann, sondern erst, wenn es im weiteren Entfaltungsprozeß des Geistes in das übergreifende Gemeinwesen, den Staat, integriert worden ist.
19 *Ebenda* S. 205. – Von dieser Stelle an spricht Hegel übrigens von Individuen statt von der Familie, ohne den Prozeß des Heraustretens der einzelnen aus diesem Verband zu entwickeln, wie er dies in der *Rechtsphilosophie* (§§ 173-180) getan hat.

einander entgegengesetzten freien Selbstbewußtseine könnten Rechte und Pflichten erst durch das Verlassen des Naturzustandes erwerben; deshalb gelte: *exeundum e statu naturae.*
Der Naturzustand wird aber nicht, wie in der Naturrechtslehre, auf Grund eines Vertrags, sondern gleichsam »bewußtlos« verlassen. Die Individuen stören bei ihrer Arbeit gegenseitig ihren Besitz. Wie *Hobbes* spricht Hegel vom Recht des
einzelnen, »in Besitz zu nehmen, was er als Einzelner kann.
Er hat das Recht; dies liegt in seinem Begriffe, Selbst zu
sein; dadurch ist er die Macht gegen alle Dinge. Aber seine
Besitznahme erhält auch die Bedeutung, einen Dritten aus-
zuschließen«.[20] Anders als *Locke* kennt Hegel im Naturzustand keine naturrechtliche Aneignungsschranke; auch geschieht die ursprüngliche Aneignung nicht, wie bei jenem,
durch *Bearbeitung,* sondern, wie in den auf dem römisch-
rechtlichen Eigentumsbegriff beruhenden Eigentumstheorien,
durch *Okkupation,* die durch *Bezeichnung* vollzogen wird.
(Die intensivste Form der Bezeichnung ist allerdings die Bearbeitung.)[21] Durch diese ungeregelte Okkupation kann jedoch nur »schlecht(e) unendliche Teilung« des Besitzes zustande kommen, ohne jede »Angemessenheit zum Bedürfnisse eine(r) Familie, eines Einzelnen« – eine Angemessenheit, die freilich umgekehrt dem Prinzip des reinen Selbst,
das die Familien oder die einzelnen sind, und dem damit

20 Vgl. auch *RPh* § 44 »Die Person hat das Recht, in jede Sache ihren
Willen zu legen, welche dadurch die *Meinige* ist [. . .]«.
21 Bei *Locke* darf der einzelne im Naturzustand sich nur so viel aneignen, wie er selbst bearbeiten und verbrauchen kann, und er hat darauf zu
achten, daß dem anderen Gleichwertiges übrigbleibt – Aneignungsschran-
ken, die von der Erfindung des Geldes bereits im Naturzustand, der bei
ihm Züge einer entfalteten bürgerlichen Ökonomie trägt, unterlaufen
werden. Vgl. dazu Walter Euchner, *Naturrecht und Politik bei John
Locke,* Frankfurt/M. 1969, S. 80 ff. – Über Besitzergreifung bei Hegel
vgl. auch *RPh* § 52 und § 56, wo die Formierung als die der Idee ange-
messenste Besitznahme bezeichnet wird, weil sie das Subjektive und das
Objektive in sich vereinige.

gesetzten gleichen Recht, widerspräche.[22] In dieser Besitz-
verteilung »ist keine Vernunft darin«; die Individuen, als
»unmittelbare füreinander«, wissen ihr Wesen nicht im andern (wie etwa die Liebenden), sondern schließen sich gegenseitig aus, negieren sich. Der vom Besitz Ausgeschlossene ist
»*fürsichseiend,* weil er für den Andern nicht ist. [...] Der
Andere aber, die Familie, ist ruhig unbefangen für sich. Der
Ausgeschlossne verletzt den Besitz des Andern; er setzt sein
ausgeschlossnes Fürsichsein darein, sein *Mein.* Er verdirbt
etwas daran [...], um sein Selbstgefühl sich zu geben«. Im
Grunde geht diese Tätigkeit nicht auf das Ding, sondern auf
das »Sich-Wissen des Andern«. Er will den andern dazu
bringen, sich in ihm anzuschauen, das heißt: ihn anzuerkennen. Das Verhältnis zwischen beiden, in dem sich jeder im
anderen anschaut, sein Wissen von sich gewinnt, anerkannt
wird, entspringt erst dem *Kampfe um Leben und Tod*
(*ebenda* S. 205–212).[23]
Das Kapitel *Herrschaft und Knechtschaft* in der *Phänomenologie* schildert den Prozeß, der zur gegenseitigen Anerkennung aller führt, in der berühmten dramatischen und histo-

22 Dieses Argument liegt, wie unten noch erläutert wird, der Kritik Hegels an der Forderung nach Gütergleichheit zugrunde.
23 Diese Herleitung der Familienbeziehungen durch gemeinsame Arbeit
und des Übergangs zum Kampf um Besitz und Anerkennung im Naturzustand steht noch in einer gewissen Nähe zu den Konstruktionen der
neueren Sozialvertragslehren und findet sich in dieser Form nur in den
Jenenser Schriften. Sie wurde hier in dieser Breite referiert, weil sie besser als die vergleichbaren Stellen in den späteren Schriften die Rolle, die
Hegel der Arbeit und dem Besitz bei der Entstehung der ursprünglichen
sozialen Beziehungen, besonders in der Familie, zeigt. In der Systematik
der *Enzyklopädie* und der *Rechtsphilosophie* wird die Familie als Gestalt
des äußeren Daseins erst unter dem »objektiven Geist« behandelt; der
Prozeß der »Anerkennung« durch Kampf auf Leben und Tod, der zur
Herausbildung freier »Personen« führt, in der *Enzyklopädie* wie in der
Realphilosophie von 1805/06 unter dem »subjektiven Geist« und in der
Phänomenologie im Abschnitt »Selbstbewußtsein«. In der *Rechtsphilosophie* wird diese Genesis der Anerkennung vorausgesetzt (vgl. § 57). Auf

risch verorteten Form. Allerdings ist in dieser Darstellung die ökonomische Motivation des Kampfes, die in der *Realphilosophie* noch deutlich zum Ausdruck kam, kaum mehr zu erkennen. Hierdurch wurde *Kojève* verleitet, den unter Einsatz des Lebens geführten Kampf um Anerkennung als *reinen* Prestigekampf zu interpretieren: dies ist er zwar *auch*, aber nicht *ausschließlich*.[24] Der Sieger im Anerkennungskampf, der Herr, macht den Besiegten zum Knecht. Doch der Herr kann die im Kampfe abgenötigte Anerkennung nicht genießen, da sie von einem Menschen minderen Ranges, eben einem Knecht, gezollt wird. Auf die Welt der Dinge bezieht sich der Herr durch den Knecht: Dieser bearbeitet sie, jener hat den Genuß. Die Bewegung der Vergegenständlichung in der Arbeit ist nur dem Knecht eigen. Während Befriedigung im Genuß verschwindet, weil die gegenständliche Seite fehlt, ist Arbeit »gehemmte Begierde, *aufgehaltenes* Verschwinden, oder sie *bildet*«. Die Arbeit, das »formierende *Tun*«, kommt, weil der Arbeitende im Bleibenden des Gegenstandes das Fürsichsein seines Bewußtseins findet, »zur Anschauung des selbständigen Seins *als seiner selbst*« (*Phän.* S. 141–150).[25] So hat sich der Knecht seinen Einzel-

eine weitere Abweichung in den verschiedenen Systemfassungen hat *Habermas* aufmerksam gemacht: In den Jenenser Schriften habe Hegel Sprache, Arbeit und Familie, kurz Arbeit und Interaktion, bei der Herausbildung des subjektiven Geistes eine gleichwertige Stellung eingeräumt, später aber Arbeit und Familie als Momente des äußeren Daseins zum objektiven Geist geschlagen. Die Jenenser Systemfassung beleuchte die Bedeutung der Interaktionsformen für den Begriff des Geistes. (Jürgen Habermas, *Arbeit und Interaktion. Bemerkungen zu Hegels Jenenser ›Philosophie des Geistes‹*. In: Ders., *Technik und Wissenschaft als ›Ideologie‹*, Frankfurt/M. 1968, S. 9 ff.

24 Alexandre Kojève, *Hegel. Eine Vergegenwärtigung seines Denkens, Kommentar zur Phänomenologie des Geistes.* Hrsg. v. Iring Fetscher, Stuttgart 1958. – Die Deutung des Kampfes um Anerkennung als reinen Prestigekampf hat Kojève den Vorwurf einer faschistischen Hegel-Interpretation eingebracht. Vgl. die Einleitung von *Fetscher* S. 8.

25 Vgl. auch *Enz.* §§ 430-435.

und Eigenwillen abgearbeitet; die innere Unmittelbarkeit der Begierden aufgehoben; deshalb ist die »*Wahrheit* des selbständigen Bewußtseins [...] das *knechtische Bewußtsein*« (*ebenda* S. 147). Und da es ohne »die Zucht des Dienstes und des Gehorsams« bei der bloßen Furcht des Unterworfenen geblieben und somit keine disziplinierte Arbeitswelt entstanden wäre, sind die auf gewaltsamer Unterdrückung beruhenden Herrschaftsformen der Tyrannis und der Sklavenhaltergesellschaft »das *notwendige* und *berechtigte* Moment« bei der Herausbildung der modernen Gemeinwesen, in denen das Selbstbewußtsein allgemein geworden ist. Sie werden zu ihrer Zeit, weil überflüssig geworden, gestürzt werden (*Phän.* S. 149; *J. Realph.* S. 247 f.; *Enz.* §§ 443 ff.).

In der *Phänomenologie* wird der verwickelte historische und damit verflochtene sozial- und individualpsychologische Prozeß zur Verwirklichung des allgemein anerkannten Selbstbewußtseins aller Bürger im modernen Staate, der sich die positiven Ergebnisse der Französischen Revolution zu eigen gemacht hat, ausführlich entfaltet.[26] Die *Enzyklopädie* rafft diesen Prozeß: Die *Freiheit* erhalte Wirklichkeit, »wenn einerseits das knechtische Selbstbewußtsein, ebensowohl von der Einzelheit des Herrn wie von seiner eigenen Einzelheit sich losmachend, das *an und für sich Vernünftige* in dessen von der Besonderheit der Subjekte unabhängigen *Allgemeinheit* erfaßt – und wenn andererseits das Selbstbewußtsein des Herrn durch die zwischen ihm und dem Knechte stattfindenden *Gemeinsamkeit* des Bedürfnisses und der Sorge für die Befriedigung desselben sowie durch die Anschauung der ihm im Knechte gegenständlichen Aufhebung des unmittelbaren einzelnen Willens dahin gebracht wird, diese Aufhebung auch in bezug auf ihn selber als das Wahrhafte zu erkennen und demnach seinen eigenen selbstischen Willen dem Gesetze des an und für sich seienden Willens zu unter-

26 Diese Zusammenhänge sind von *Kojève* a.a.O. vorzüglich dargestellt worden; hierauf soll verwiesen werden.

werfen.« »Der dem Knecht gegenüberstehende Herr war noch nicht wahrhaft frei, denn er schaute im andern noch nicht durchaus sich selber an. Erst durch das Freiwerden des Knechtes wird folglich auch der Herr vollkommen frei« (*Enz.* §§ 435 f., jeweils Zusatz). Indem jeder den anderen anerkennt, bezieht er sich, sich auf den andern beziehend, auf sich selber. Diese gegenseitige Anerkennung, der allgemein gewordene »wissende Wille«, den andern anerkennen zu wollen, ist das *Recht,* das die einzelnen Individuen in vor dem Recht Gleiche, in *Personen,* verwandelt (*J. Realph.* S. 212 ff.; *Phän.* S. 342 ff.). Erst im Rechtszustand wird der *Besitz* gesichertes *Eigentum,* der Kampf um Besitz als Konfliktursache beseitigt, werden neue, sichere Arten des Eigentumserwerbs geschaffen: »Hier ist die Zufälligkeit des *Besitzergreifens aufgehoben:* ich habe alles durch *Arbeit* und durch *Tausch* im Anerkanntsein« (*J. Realph.* S. 216 f.).

Die herausragende Stellung des Eigentums im politischen Teil des Hegelschen Systems beruht darin, daß es als *äußere Sphäre der Freiheit der Person* gesehen wird (*RPh* § 41); »*Sinn des Eigentums* ist, daß mein Wille und Meinung mein *Dasein* hat« (*J. Realph.* S. 218 *Anm.* 2); in der Sphäre des Rechts gilt der einzelne »als Eigentum besitzend« (*ebenda* S. 226). Im Eigentum gibt sich das tätige Subjekt, das sich in der vorgefundenen Natur vergegenständlicht, Realität (*RPh* § 39); deshalb ist es nicht bloß Mittel zur Bedürfnisbefriedigung, sondern das »erste *Dasein*« der Freiheit (*ebenda* § 45).[27] Die einzelnen garantieren sich ihr Privateigen-

---

27 Dies hebt besonders *Ritter* in seinem Aufsatz *Person und Eigentum. Zu Hegels ›Grundlinien der Philosophie des Rechts‹ §§ 34-81* hervor. In *Metaphysik und Politik* (s. Anm. 2) S. 256-280 (267). – Hegel hat sich die Verknüpfung »Freiheit der Person« und »Freiheit des Eigentums« als Verdienst zugute gehalten (vgl. *RPh* § 62). Hegel erweist sich hier als Vertreter des frühbürgerlichen »possessive individualism« (*Macpherson*), für den die These von der Vergegenständlichung der Person im Eigentum zugetroffen haben mag, während dies im Zeitalter der Kapitalakkumula-

tum als Medium ihrer realen Freiheit und ihrer Stellung als Rechtsgleiche dadurch, daß sie untereinander *Verträge* über den Austausch von Eigentum abschließen. Der einzelne hat sich in seinem Eigentum vergegenständlicht und entäußert im Tauschakt dieses sein eigenes vergegenständlichtes Wesen, das sich so von ihm abtrennt, sich von ihm unterscheidet, ein anderes wird. Zugleich bleibt er fürsichseiendes Subjekt. Der Vertragspartner entäußert sich seines Eigentums ebenso. Auf diese Weise fließt der jeweilige vergegenständlichte Wille der Partner zu einem gemeinsamen, ja identischen, Willen zusammen: »Ich *kann* mich eines Eigentums nicht nur (§ 65) als einer äußerlichen Sache entäußern, sondern *muß* durch den Begriff mich desselben als Eigentums entäußern, damit mir *mein* Wille, als *daseiend,* gegenständlich sei. Aber nach diesem Momente ist mein Wille als entäußerter zugleich ein *anderer.* Dies somit, worin diese Notwendigkeit des Begriffes reell ist, ist *die Einheit* unterschiedlicher Willen, in der also ihre Unterschiedenheit und Eigentümlichkeit sich aufgibt. Aber in dieser Identität ihres Willens ist (auf dieser Stufe) ebenso dies enthalten, daß jeder ein mit dem anderen *nicht identischer,* für sich eigentümlicher Wille sei und bleibe« (*RPh* § 73; vgl. auch § 74).

Der gemeinsame, ja identische Wille der ihr Eigentum tauschenden Vertragspartner ist *in nuce* Gemeinwille, Substanz des Freiheit realisierenden Gemeinwesens: »Diese Beziehung von Willen auf Willen ist der eigentümliche und wahrhafte Boden, in welchem die Freiheit *Dasein* hat« (*RPh* § 71). Der zwischen Eigentümern abgeschlossene Tauschvertrag erscheint als Grundmuster des im Gemeinwesen herrschenden allgemeinen Willens, der aus der Interaktion der Eigentümer-

tion fraglich ist. Hegel scheint übrigens geahnt zu haben, daß die Epoche, in welcher sich der Bürger in seinem überschaubaren und sinnlich sichtbaren Eigentum vergegenständlichen und selbst anschauen konnte, zu Ende geht; vgl. unten über seine Reflexion über die Schwierigkeit, sich im Reichtum zu vergegenständlichen.

Individuen resultiert.[28] Es wird zu zeigen sein, daß dieses Muster seine materielle Basis im Arbeits- und Austauschprozeß der Gesellschaft hat.

Ist aber das Eigentum Voraussetzung dafür, daß sich die Freiheit des Individuums vergegenständlichen und die das Gemeinwesen konstituierende Dialektik zwischen Besonderem und Allgemeinem entfalten kann, so wird ein Staat, der das Privateigentum ausschließt, keinen Bestand haben können. *Platon* hat, Hegel zufolge, noch einmal die substantielle Sittlichkeit der antiken Polis in ihrer idealen Schönheit und Wahrheit dargestellt; doch das Prinzip der selbständigen Besonderheit, das damals in die griechische Sittlichkeit hereingebrochen sei, habe er nur bewältigen können, indem er ihm seinen substantiellen Staat entgegengestellt habe. Das Prinzip der neuen Zeit jedoch, die selbständige, in sich unendliche Persönlichkeit des einzelnen, die subjektive Freiheit, aufgegangen innerlich in der christlichen Religion und äußerlich in der römischen Welt, komme bei ihm nicht zu seinem Recht. Die platonische Republik sei nicht ausführbar, weil sie des Prinzips der absoluten Einzelheit entbehre. Die im Eigentum sich vergegenständlichende Einzelpersönlichkeit ist unverzichtbares Prinzip der modernen bürgerlichen Staaten. Wer deshalb von einer »frommen oder freundschaftlichen und selbst erzwungenen Verbrüderung der Menschen mit *Gemeinschaft der Güter*« redet, hat die Natur der Freiheit des Geistes und des Rechts und die sie bestimmenden Momente nicht erfaßt (*RPh Einl.* S. 14; §§ 46, 185; *J. Realph.* S. 251 Anm.). Zwar ist nach Hegels Ansicht der Satz, daß kein Eigentum oder Gütergemeinschaft sein soll, als eine isolierte, nur sich

28 Ausgetauscht werden können auch Arbeits- und Dienstleistungen aller Art, »Geistige Geschicklichkeiten, Wissenschaften, Künste, selbst Religiöses« (vgl. *RPh* §§ 43; 67). Die Vorstellung, daß das Allgemeine des Gemeinwesens mit den Tauschbeziehungen zwischen den besonderen einzelnen Bürgern zusammenhänge, daß sich hieraus die Struktur der »Einheit in der Mannigfaltigkeit« ergibt, taucht auch in anderen großen politischen Philosophien auf, z. B. bei *Aristoteles* und *Bodin*.

selbst gleiche Bestimmung, widerspruchsfrei, ebenso wie der, daß Eigentum sein soll. In dieser Frage versagt das formale Denken. Die abstrakten Thesen, Eigentum solle sein oder nicht sein, sind nichts weiter als »haltungslose Momente des sittlichen Bewußtseins« (*Phän.* S. 309; vgl. auch *RPh* § 200). Die wahre sittliche Gesinnung besteht allein darin, »unverrückt in dem fest zu beharren«, was im Reich der konkreten Sittlichkeit, dem Staat, das Rechte ist. Wird zum Beispiel bei mir ein Depositum hinterlegt, so kann ich es entweder als das Eigentum eines andern anerkennen oder aber es mir aneignen – in beiden Fällen handle ich nicht widersprüchlich. Denn im Falle der Aneignung sehe ich eben das Depositum nicht mehr für das Eigentum des andern an. Meine private Ansicht, ob jemand widerspruchsfrei ein Recht besitzt, entscheidet nicht über das Rechte: »Daß etwas das Eigentum des Andern *ist*, dies liegt *zum Grunde*; darüber habe ich nicht zu räsonnieren [...]«; lasse ich mich darauf ein, bin ich schon auf dem unsittlichen Wege (*Phän.* S. 311 f.). Das Eigentum als unentrinnbares Produkt des Lebensprozesses existiert notwendig und ist unantastbar. Hieran ändert seine abstrakte tautologische Negierbarkeit nichts.

Ein Gemeinwesen, das das Privateigentum ausschlösse, widerspräche der Logik der Selbstbewegung des Geistes, der als tätiger sich in sein Gegen-teil, in seinen Gegen-stand, entäußert und auf einer höheren Stufe des Bewußtseins sich wieder aneignet. So sehr sind für Hegel *Arbeit* und *Eigentum* als Medium von *Freiheit* Daseinsweisen des tätigen Geistes, der Bewußtwerdung und Vergesellschaftung vorantreibt, daß er »Arbeit« als Metapher für die zum Wissen führende Selbstbewegung des Geistes und »Eigentum« als eine solche für das sichere Wissen benutzte: Anzeichen dafür, daß Hegel die Ontologisierung der – wie gleich zu sehen, entfremdeten – Arbeit und des Privateigentums auf eine unübersteigbare Spitze getrieben hat.[29]

29 Vgl. *Phän.*, Vorrede und passim.

Der Prozeß der Vergesellschaftung

Der durch gegenseitige Anerkennung entstandene Rechtszustand schafft eine von Arbeitsteilung und Warenverkehr beherrschte bürgerliche Gesellschaft, deren Gemeinwille aus dem Prozeß individueller und zugleich vergesellschafteter Arbeit resultiert.

In der Sphäre des Anerkanntseins wird die Begierde gleichsam veredelt; sie hat »*das Recht, aufzutreten*«, da sie jetzt den Übergang in das *allgemeine* Sein aller vorantreibt. Sie im Elemente des *Allgemeinen,* das heißt bezogen auf den Willen der anderen, befriedigen aber heißt *abstrakt arbeiten.* Befriedigung aller Bedürfnisse des einzelnen und seine Vergegenständlichung bei der Arbeit fallen auseinander. »*Allgemeine* Arbeit (ist so) *Teilung* der Arbeit [...]. Jeder Einzelne also, weil er hier Einzelner ist, arbeitet für *ein* Bedürfnis. Der Inhalt seiner Arbeit geht über *sein* Bedürfnis hinaus; er arbeitet für die Bedürfnisse Vieler, und so (tut es) jeder« (*J. Realph.* S. 213–215; vgl. auch *RPh* § 195 ff.).

Die abstrakte Arbeit für die Bedürfnisse der vielen Unbekannten, für die der einzelne arbeitet, muß bei diesen zum *konkreten* Bedürfnis werden. Diese Bewegung, in welcher das vielerlei abstrakt Bearbeitete wieder zum konkreten Bedürfnis eines einzelnen wird, verselbständigt sich zu einem »Subjekt«, das sich aus den vielen bestimmten, einander gegenüberstehenden Abstraktionen herausbildet und zur »Allgemeinheit [...] hinaufsteigt«, weil sich diese Abstraktionen als wesensmäßig *gleich* erweisen. Jeder negiert sein vergegenständlichtes Sein, sein Eigentum, und dies ist dadurch vermittelt, daß der andere dasselbe tut – ein Vorgang, der nur möglich ist, weil es in den ausgetauschten Dingen ein *Gleiches* gibt, den *Wert,* das »*positive Mein* und ebenso das *Sein, die Einheit meines und seines Willens*« (*J. Realph.* S. 215 f.; vgl. auch *RPh* § 74). Hegel ist übrigens im Gegensatz zu Marx Anhänger der subjektiven Wertlehre: Wert ist

»*meine Meinung* von der Sache« (*ebenda* S. 217; vgl. auch *RPh* § 63). Bei Gleichheit dieser Meinung bei den Vertragspartnern kommt ein Tausch zustande.

Die Rückkehr des Produkts der abstrakten Arbeit zur Konkretion in der Befriedigung des Bedürfnisses eines andern, in dessen Eigentum es gelangen muß, der *Tausch,* ist also vermittelt durch den *Wert,* ein Allgemeines, die Tauschpartner Umgreifendes, weil seine Substanz die Identität ihres Willens ist. Da im Vorgang des Tausches mein Wille mit dem des andern zusammengeschlossen ist, bin ich nicht nur diese einzelne Person, sondern zugleich Allgemeiner, Familie, Gemeinwesen: »*Wille des Einzelnen* ist gemeinsamer *Wille*« (*J. Realph.* S. 218). In der Formel: »Ich mache mich *unmittelbar* zum Dinge, (zur) Form, die *Sein* ist, in der Arbeit. [...] Dieses mein(es) Daseins entäußere ich mich ebenso, mache es zu *einem mir fremden* und *erhalte* mich darin. Ebendarin schaue ich mein Anerkanntsein an [...]; dort mein *unmittelbares* Ich, hier mein *Fürmichsein,* meine Person« (*ebenda* S. 217), faßt Hegel diese Bewegung der Konstitution des Allgemeinen, des Reichs der Anerkennung und des Rechts, durch reziproke Entäußerung in der abstrakten Arbeit zusammen. Meine Existenz verdoppelt sich: Als Arbeitender bin ich unmittelbares Ich, in der Entäußerung, als Entfremdeter, habe ich Existenz als in der Sphäre des allgemeinen Anerkanntseins agierende Person. Aus diesem Grundmuster der Entäußerung und Wiederaneignung im Tausch, übertragen auf das gesellschaftliche Ganze, ergibt sich ein System, in dem sich das durch Entäußerung der einzelnen Arbeitenden zustandekommende Allgemeine *bewußtlos* herstellt, weil sie nicht für das konkrete Bedürfnis eines bestimmten Tauschpartners, sondern für die Anonymität eines allgemeinen Marktes produzieren. Dennoch bleibt das so entstehende Ganze des gesellschaftlichen Zusammenhangs, entstanden durch seine Entäußerung oder »Aufopferung«, das Werk des einzelnen, das ihm die Wiederaneignung seines entäußerten Wesens ermöglicht: »Die *Arbeit* des Individuums für seine Bedürfnisse ist ebensosehr eine Befriedigung der Bedürfnisse der andern als seiner eignen, und die Befriedigung der seinigen erreicht es nur durch die Arbeit der andern. – Wie der Einzelne in seiner *einzelnen* Arbeit schon eine *allgemeine* Arbeit *bewußtlos* vollbringt, so vollbringt er auch wieder die allgemeine als seinen *bewußten* Gegenstand; das Ganze wird *als Ganzes* sein Werk, für das er sich aufopfert und eben dadurch sich selbst von ihm zurückerhält« (*Phän.* S. 257; vgl. auch S. 314). In der Terminologie der *Rechtsphilosophie* ist dieser Strukturzusammenhang die »bürgerliche Gesellschaft«, der »äußere Staat« oder der »Not- und Verstandesstaat«, der von dem – was in der *Jenaer Realphilosophie* noch nicht ausdrücklich geschehen ist – ausgebildeten sittlichen Staat zu unterscheiden ist.

Die von dem beschriebenen gesellschaftlichen Lebensprozeß vermittelte Identität des Willens aller erhält die Form des *Gesetzes*, die »allgemeine Substanz«, in der jeder sich weiß (*J. Realph.* S. 225, 237). Als Substanz der Existenz der einzelnen, die ganz auf der Gemeinschaft mit den anderen beruht, ist es zugleich »allgemeine Subsistenz« (*ebenda* S. 226), in der der einzelne aufgehoben ist. Doch als Allgemeines kann das Gesetz »nur für alle, nicht (für) den Einzelnen als solchen« sorgen; dieser wird »vielmehr dem Allgemeinen aufgeopfert«, das heißt, er gilt nur als an das Allgemeine Entäußerter, als anerkannte Rechtsperson, als Eigentümer (*ebenda* S. 226, 234), dessen Schicksal im allgemeinen gesellschaftlichen Zusammenhang ungewiß ist. An dem »aufgeopferten« einzelnen als Arbeitendem oder Tauschendem ist das Allgemeine »reine Notwendigkeit«. »Er hat seine bewußtlose Existenz in dem Allgemeinen; die Gesellschaft ist seine Natur, von deren elementarischer, blinder Bewegung er abhängt, die ihn geistig und physisch erhält oder aufhebt. [...] Er ist da durch unmittelbaren Besitz, (oder) *Erbschaft*: vollkommner Zufall. Er arbeitet eine abstrakte

Arbeit; er gewinnt der Natur um soviel ab. Aber dies verkehrt sich nur in eine andere Form des Zufalls« (*ebenda* S. 231) – weil der Markt, für den er abstrakte Arbeit leistet, nicht kalkulierbar ist.

Hier tritt der anonyme und undurchsichtige Zwangscharakter des gesellschaftlichen Systems, den Hegel in vielen drastischen Formulierungen, besonders in der *Rechtsphilosophie,* gezeigt hat, klar zutage.[30] Die Ausgangsposition bei der Teilnahme am Austauschprozeß hängt vom Zufall ab, vom unmittelbaren, vielleicht durch Erbschaft erlangten Besitz (vgl. *RPh* § 200). Das Vermögen des einzelnen, das Hegel bereits »Kapital« nennt, kann durch Mehrarbeit nicht ohne weiteres vermehrt werden, da diese den Wert der Arbeit vermindert. Der Reichtum vermehrt sich einseitig, da er, so wie die große Masse die kleinere an sich zieht, ständig »um sich her sammelt«; deshalb kann es der Arme zu nichts bringen: »Wer da hat, dem wird gegeben. Der Erwerb wird *ein vielseitiges System, das nach allen Seiten einbringt, die ein kleineres Geschäft nicht benutzen* kann« (*J. Realph.* S. 233). Außerdem wächst auf Grund der Vervielfältigung der Bedürfnisse der Abstraktionsgrad der Arbeit; sie wird »*mechanischer,* abgestumpfter, geistloser«. Der einzelne übersieht

30 Es wird deutlich geworden sein, daß die referierte Hegelsche Konstruktion auch der Entfremdungsthese des jungen *Marx* zugrunde liegt, und daß es Marx und den hegelianisierenden Marxisten bis *Adorno* um die Überwindung dieses »verdinglichten« Systems und der »entfremdeten« Arbeit gegangen ist. Ferner dürfte sichtbar geworden sein, weshalb *Adorno* den Tausch als das grundlegende zwischenmenschliche Verhältnis bezeichnen konnte, das die Gesellschaft zu einem die Menschen beherrschenden Zwangsmechanismus werden läßt. Es wäre an der Zeit, dem völligen Unverständnis abzuhelfen, das primär empirisch orientierte Sozialwissenschaftler wie etwa *Scheuch* den Gedankengängen Adornos und der Kritischen Theorie entgegenbringen, wenn anders die Diskussion nicht weiterlaufen soll, ohne daß eine Seite die Dimension des Diskussionsgegenstands kennt. Vgl. den Diskussionsbeitrag von Scheuch in: *Verhandlungen des 16. Deutschen Soziologentages, Spätkapitalismus oder Industriegesellschaft?* Hrsg. v. Th. W. Adorno, Stuttgart 1969, S. 188.

nichts mehr von »großem Umfang« und hat darin sein Selbst, wie früher der Meister. Ob einer durch seine Geschicklichkeit seine Existenz erhalten kann, ist »der völligen Verwicklung des Zufalls des Ganzen unterworfen. Es werden also eine Menge zu den ganz abstumpfenden, ungesunden und unsichern und die Geschicklichkeit beschränkenden Fabrik-, Manufaktur-Arbeiten, Bergwerken usf. verdammt, und Zweige der Industrie, die eine große Klasse Menschen erhielten, versiegen auf einmal wegen der Mode oder Wohlfeilerwerden(s) durch Erfindungen in andern Länder(n) usf. und diese ganze Menge ist der Armut, die sich nicht helfen kann, preisgegeben« (*ebenda* S. 215, 232 f.; vgl. auch die berühmten §§ 243-245 der *RPh*). Diese Zustände bringen »die höchste Zerrissenheit des Willens, innre Empörung und Haß« hervor. Der daraus erwachsenden Gefahr der Revolution muß durch Wirtschafts- und Sozialpolitik (»neue Kanäle des Verkaufs in andern Ländern«, »*Armentaxen* und Anstalten«) gesteuert werden; doch ist dabei streng darauf zu achten, daß das Eingreifen »so unscheinbar wie möglich« geschieht, denn das Erwerbsleben ist das »Feld der Willkür«, weshalb die »Freiheit des Gewerbes« erhalten werden muß (*ebenda* S. 233). Dies ist im späteren System der *Rechtsphilosophie* die Aktivität der »Polizei« (§§ 230 ff.).

Hegel betont immer wieder, daß dieser Zwangszusammenhang, diese »Notwendigkeit, welche die vollkommne Zufälligkeit des einzelnen Daseins ist«, ebensosehr dessen »erhaltende Substanz« ist (*J. Realph.* S. 234, 237). Der tiefere Grund, weshalb der einzelne gezwungen ist, sich diesem System anzupassen, liegt darin, daß dieses zugleich sein eigenes vergegenständlichtes und, wie es in der *Phänomenologie* heißt, »entfremdetes« Wesen ist. Als Angepaßter weiß er den allgemeinen Willen als seinen besonderen, als sein entäußertes, gegenständliches, das heißt ihm entgegenstehendes Wesen, als seine eigene Macht, der er unterworfen ist. »Diese Einheit des Seins für anderes oder des sich zum Dinge

Machens und des Fürsichseins, diese allgemeine Substanz redet ihre *allgemeine Sprache* in den Sitten und Gesetzen seines Volks; aber dies seiende unwandelbare Wesen ist nichts anders als der Ausdruck der ihr entgegengesetzt scheinenden einzelnen Individualität selbst; die Gesetze sprechen das aus, was jeder einzelne *ist* und *tut;* das Individuum erkennt sie nicht nur als seine *allgemeine* gegenständliche Dingheit, sondern ebensosehr sich in ihr, oder als *vereinzelt* in seiner eignen Individualität und in jedem seiner Mitbürger. In dem allgemeinen Geiste hat daher jeder nur die Gewißheit seiner selbst, nichts anders in der seienden Wirklichkeit zu finden als sich selbst; er ist der Andern so gewiß wie seiner. – [...] Ich schaue die freie Einheit mit den Andern in ihnen so an, daß sie wie durch Mich, so durch die Andern selbst ist, – sie als Mich, Mich als Sie« (*Phän.* S. 258). Haben die einzelnen dies erkannt, so wissen sie sich, ganz im Sinne von *Rousseau,* nicht einem *Herrn,* sondern sich selbst unterworfen. In der Sphäre des *Wissens* erscheint das Werden des Allgemeinen nicht als *blinde* Notwendigkeit, sondern als eine durch Wissen vermittelte: Jeder weiß, daß das sich dergestalt konstituierende Allgemeine für ihn gültig ist und zugleich seine besonderen Zwecke und Interessen darin aufgehoben sind.[31] Indem das Allgemeine mein Leben und Eigentum beschützt, ist es die unmittelbare Einheit meines Willens und meiner Existenz im Allgemeinen, und so habe ich zu ihm *Vertrauen.* Da es mein wirkliches Selbst ist, bin ich, wieder *rousseauisch* gesprochen, mein eigener Regent; doch da es gleichzeitig mein negatives, von mir selbst entäußertes und entfremdetes We-

31 Diese Erkenntnis wird vor allem den in den Korporationen zusammengeschlossenen Bürgern zuteil: »Der Korporationsgeist, der sich in der Berechtigung der besonderen Sphären erzeugt, schlägt in sich selbst zugleich in den Geist des Staates um, indem er an dem Staate das Mittel der Erhaltung der besonderen Zwecke hat. Dies ist das Geheimnis des Patriotismus der Bürger nach dieser Seite, daß sie den Staat als ihre Substanz wissen, weil er ihre besonderen Sphären, deren Berechtigung und Autorität wie deren Wohlfahrt, erhält« (*RPh* § 289).

sen ist, habe ich vor ihm Furcht – insofern ist es mein *Herr* (*J. Realph.* S. 242-245).

Als Totalität des Volkes, seiner Institutionen und des Gemeinwillens, ist das Allgemeine »*Notwendigkeit und niederdrückende Macht*«. Diese Macht und Stärke, die die des Volkes ist, ist jedoch nur als »in Eins« zusammengenommener Wille wirksam.[32] Wie bereits gezeigt, ist dieser Exponent der vereinigten Stärke des Volkes und Repräsentant des Allgemeinen zu Beginn der Geschichte der Tyrann, später, im römischen Imperium, ein absoluter Gewalthaber. Zur Zeit der »schönen und glücklichen Freiheit der Griechen«, in der Polisdemokratie, als sich die Tyrannis als überflüssig erwies, war im einzelnen Bürger die »Einheit *der Individualität und des Allgemeinen*« auf gedoppelte Weise da: Für seine partikulare Existenz, seine Familie etc., arbeitend, war er *bourgeois;* doch indem er darin das Allgemeine zum Zweck hatte, war er zugleich *citoyen.* Jeder wußte sich im Allgemeinen und tat auf seine Besonderheit Verzicht, ja er wußte sich gar nicht als Besonderheit, »als dieses Selbst« (*J. Realph.* S. 248 bis 250). Das Prinzip der modernen Welt ist jedoch, daß dieses unentschiedene Verhältnis von privater und öffentlicher Existenz sich völlig auseinanderlegt, daß der einzelne, nach seiner Entäußerung ins Allgemeine, wieder ganz in sich zurückgeht, »*sein Selbst als solches* als das Wesen weiß, zu diesem Eigensinne kommt, vom daseienden Willen abgetrennt, doch absolut zu sein, *in seinem Wissen sein Absolutes unmittelbar zu besitzen*« (*ebenda* S. 250). Oder in der Formulierung der *Rechtsphilosophie* : »Das Prinzip der modernen Staaten hat diese ungeheure Stärke und Tiefe, das Prinzip

32 In diesem Zusammenhang bezeichnet Hegel unter Berufung auf *Aristoteles* das Allgemeine als das »Erste« und das »Wesen«. Zwar habe sich das Allgemeine aus dem Willen der besonderen einzelnen konstituiert, so daß es den Anschein habe, als seien diese das Erste – doch sie konstituieren das Allgemeine durch Negation, so daß logisch das Allgemeine – der Geist – das Prius hat.

der Subjektivität sich zum *selbständigen Extreme* der persönlichen Besonderheit vollenden zu lassen und zugleich es in die *substantielle Einheit zurückzuführen* und in ihm selbst diese zu erhalten« (§ 260).

Das vom vollständigen Zurückgehen der einzelnen in ihre Besonderheit gereinigte Allgemeine findet seine besondere, *unmittelbare,* »natürliche« Existenz im erblichen Monarchen. »Er ist der feste, *unmittelbare* Knoten des Ganzen« (*J. Realph.* S. 250), welcher der Gefahr, daß das zwar in sich kreisende, aber immerhin aus antagonistischen Momenten bestehende gesellschaftliche System auseinanderfallen könnte, steuert, indem er die letzte Entscheidungsgewalt ausübt.[33] Im übrigen hat Hegel im Laufe seines Lebens Sinn und Zweck politischer Institutionen unterschiedlich eingeschätzt. Zur Jenaer Zeit war vom Republikanismus der Basler Phase kaum etwas übrig geblieben: »Nationalversammlung [...], Erklärung des allgemeinen Willens, Kollegien, Gesetze zu verbessern«, hielt er für »unnütze Künsteleien«; als »wahres legislatives Korps« sah er die »öffentliche Meinung« an, gegen die er wiederum später in Berlin, wie noch zu zeigen, beträchtliche Vorbehalte hatte *(ebenda).* Zu allen Zeiten schienen ihm jedoch Selbstverwaltungsorgane der Stände erforderlich zu sein, um die partikulare Existenz der Bürger in »Korporationen« zusammenzufassen, welche die Eigensucht der einzelnen in patriotische Gesinnung zu überführen vermögen, weil sie ihnen vor Augen halten, daß ihre Sonderinteressen vom Staat geschützt werden. Außerdem verhindert die Zusammenfassung der Berufsstände in Korporationen die »Atomisierung« des Volks zur »Masse«, dem Brutherd revolutionärer Gesinnungen.[34]

Die dergestalt zum politischen Körper organisierte Gesellschaft, aus dem von Arbeit und Tausch vorangetriebenen Lebensprozeß entstanden und auseinandergelegt, »zerrissen«

33 Vgl. *RPh* § 279.
34 Vgl. *RPh* § 303; *Politische Schriften* (s. Anm. 14) S. 160 ff.; 315.

in die Momente der besonderen Existenzen und der Allgemeinheit, die wiederum ihre besondere Existenz in dem mit
letzter Entscheidungsbefugnis ausgestatteten Monarchen hat,
funktioniert als System, das aus der Interaktion der einzelnen sowie seiner Subsysteme unter sich und mit dem Gesamtsystem sich ständig reproduziert: »Das ganze Gemeinwesen
ist so wenig an das Eine als (das) Andre gebunden; es ist der
sich selbst tragende, unzerstörbare Körper. Der Fürst mag
beschaffen sein, wie er will, die Bürger, wie sie wollen: das
Gemeinwesen ist in sich geschlossen und sich erhaltend. [...]
Ebenso frei als jeder Einzelne in seinem Wissen, in seiner
Gesinnung und so verschieden sie ist, ebenso frei sind die
Gewalten, die einzelnen Seiten des Ganzen, – abstrakte
Momente. Die Arbeit, Fabrikation, Rechtszustand und Verwaltung und Militär: jedes bildet sich vollkommen nach
seinem einseitigen Prinzip aus. Das organische Ganze hat
vollkommne Eingeweide, die sich in ihrer Abstraktion aus-
bilden« (*J. Realph.* S. 252). In diesem System sind die Entscheidungen des Monarchen nicht willkürlich: Sie reagieren
auf Funktionsstörungen im System – doch immer unter Wah-
rung der Eigentumssphäre, in der sich die Besonderheit der
einzelnen Individuen, deren Interaktion das Ganze hervorbringt, vergegenständlicht. Ein Eingriff in diese Sphäre und
in den Verwertungsprozeß des Kapitals, soweit dieser einigermaßen reibungslos abläuft, würde das System selbst ge-
fährden. Im Kriege allerdings kann es geschehen, daß das
Recht der persönlichen Sicherheit und des Eigentums der
»Macht des Allgemeinen« aufgeopfert werden muß.

Das entfremdete Individuum unter der Herrschaft des Allgemeinen

Die Vergesellschaftung stellt sich als Prozeß zunehmender
Entfremdung dar. Bereits die Arbeit ist Entfremdung und

zugleich Wiederaneignung des Ich; die Sphäre des Rechts und des darin gesicherten Eigentums ist wegen ihrer abstrakten Allgemeinheit, in der jeder nur als Eigentümer und *Person,* als Individuum, das seine lebendige Realität bis zur vollkommenen Unwesentlichkeit verloren hat, gilt (weshalb ein Individuum als eine *Person* bezeichnen ein Ausdruck der Verachtung ist, *Phän.* S. 345), das Reich des sich entfremdeten Geistes.[35] Die gesellschaftliche Praxis der Individuen ist zerrissen: Als Personen verhalten sie sich beim Erwerb ihrer Subsistenz antagonistisch: So schaffen sie, sich »entäußernd« und »entwesend«, eine Welt der »Verwüstung«, »die das Schauspiel ebensosehr der Ausschweifung, des Elends und des beiden gemeinschaftlichen physischen und sittlichen Verderbens« bietet (*Phän.* S. 347 f.; *RPh* § 185) und deren häßliche Züge Hegel nicht verschwiegen hat. Gleichwohl entsteht aus der zum Staat ausgebildeten Allgemeinheit das Reich der Sittlichkeit, wenn auch nicht durch das bewußte Handeln der Bürger, wie zur Zeit der Polissittlichkeit, sondern im Prozeß der bewußtlosen Interaktion. Die »Entfremdung der Persönlichkeit« geschieht zwanghaft. Als nicht entfremdetes, an und für sich geltendes Selbst wäre man ohne Substanz – das heißt ohne Einbettung in die Welt des Allgemeinen, des Rechts und der gesellschaftlichen Produktion und somit dem »Spiel jener tobenden Elemente« der antagonisti-

[35] Ritter, *Person und Eigentum* (s. Anm. 27) hebt mit einer gewissen Einseitigkeit die positive Rolle der »Person« in Hegels System hervor. *Habermas* weist im Hinblick auf die These Ritters mit *Herbert Marcuse* darauf hin, »daß Hegels Kritik des abstrakten Rechts am Maßstab substantieller Sittlichkeit doch ernster genommen werden muß, als die Fiktion einer gerade durch äußerlich zwingendes Recht in ihrer Unveräußerlichkeit geschützten Privatautonomie wahrhaben möchte. Die Gewalt der verdinglichten Gesellschaft ist so penetrant, daß in deren Entzweiung der Subjektivität keine Zone der Unberührbarkeit formal ausgespart werden kann«. In: *Hegels Kritik der Französischen Revolution.* In: Jürgen Habermas, *Theorie und Praxis. Sozialphilosophische Studien.* Neuwied am Rhein und Berlin 1963, S. 102 (Erweiterte Ausgabe: Frankfurt 1971).

schen Gesellschaft ausgeliefert. Das Individuum kann nicht anders als sich in diese Welt eingliedern und sich in sie entäußern: »[...] *seine* Substanz ist also seine Entäußerung selbst, und die Entäußerung ist die Substanz, oder die zu einer Welt sich ordnenden und sich dadurch erhaltenden geistigen Mächte« (*Phän*. S. 348).

Der einzelne partizipiert am »System der Bedürfnisse« als Rechtsperson. Dies ist er nur im vollen Sinn des Begriffs, wenn er seine private Meinung über das Recht aufgegeben hat. Alsdann gilt er als »reine Person«; sein ruhiger, das heißt gesetzeskonformer, Wille wird respektiert. Das Gesetz, das er so akzeptiert, schützt ihn vor Übergriffen gegen Eigentum und Leben. Doch als gesetzestreuer »reiner Wille« ist er zugleich die Abstraktion des reinen Seins. Die Besonderheit seines eigenen Meinens ist verschwunden – doch nur als *Meinender* hätte er unmittelbares Dasein. »Dies ist er nicht mehr; er ist ein Lebloses, d. h. das Gesetz hat vollkommne Macht über sein Leben. [...] Er hat auf sein Leben gegen das Allgemeine Verzicht getan« (*J. Realph*. S. 239).

Entfremdungen dieser Art muß auf sich nehmen, wer sich der durch Entfremdung hervorgebrachten Welt bemächtigen will. Der Prozeß dieser Wiederaneignung der entfremdeten Welt ist *Bildung*. Bildung heißt Werden der Individualität und zugleich, als Prozeß der Selbstentfremdung, das Werden der wirklichen Welt, die, obwohl geworden durch die Individualität, für das Selbstbewußtsein ein unmittelbar Entfremdetes ist und für es die Form »unverrückter Wirklichkeit« hat. Umgekehrt bedeutet der Akt der Entfremdung das Setzen seiner selbst als seiende Substanz (*Phän*. S. 352).

Jedes dieser auseinandergelegten Momente, das entfremdete Selbst und die gegenständliche Substanz, hat ein »unüberwindliches Gelten«, eine »feste Wirklichkeit« gegen das andere; doch andererseits geben sich diese Momente gegenseitig Bestand und »begeisten« sich (*ebenda* S. 353). Dem Denken gelten diese Momente in ihrer abstrakten Entgegensetzung als *gut* oder *schlecht*. Doch aus dem dialektischen Verhältnis zwischen Selbst und Substanz ergibt sich ein dauernder Übergang der einen in die entgegengesetzte Bestimmung, denn das Dasein ist »die Verkehrung jeder Bestimmtheit in ihre entgegengesetzte, und nur diese Entfremdung ist das Wesen und Erhaltung des Ganzen« *(ebenda).* So verlieren gut und schlecht ihre Eindeutigkeit als moralische Begriffe und schlagen, je nachdem, ob sie unter dem Aspekt des Selbst oder der Substanz gesehen werden, ineinander um. Dies kommt in der Dialektik zwischen *Staatsmacht* und *Reichtum* zum Vorschein.

Das Individuum, das sich als ansichseiendes Wesen denkt, wird zunächst »*das sich selbst gleiche,* unmittelbare und unwandelbare *Wesen* aller Bewußtseine«, das mit ihm Identische, das ihm nicht Fremde, für das *Gute* halten, und das »*passive* geistige Wesen oder das Allgemeine, insofern es sich preisgibt und die Individuen das Bewußtsein ihrer Einzelheit sich an ihm nehmen läßt«, für das Schlechte *(ebenda* S. 354). Doch diese »einfachen *Gedanken* des Guten und Schlechten« entfremden und verkehren sich im wirklichen Bewußtsein, das heißt im Hinblick auf die gegenständliche Welt des Allgemeinen. Im wirklichen Bewußtsein nimmt die *Staatsmacht* die Qualität des Guten an, als das »allgemeine *Werk* [...], worin den Individuen ihr *Wesen* ausgesprochen und ihre Einzelheit schlechthin nur Bewußtsein ihrer *Allgemeinheit* ist«: In dieser Dimension sind sie sich selbst gleich. Das entgegengesetzte Passive und Nichtige ist der *Reichtum.*

Die Individuen sind aber nicht nur Staatsmacht, sie sind auch, als mit dieser Identische, *Sein für anderes,* sich notwendig entfremdendes Sein, das Entgegengesetzte ihrer Selbst – gerade Reichtum. Auch der Reichtum ist »allgemeines geistiges Wesen, [...] das beständig *werdende Resultat* der *Arbeit* und des *Tuns Aller,* wie es sich wieder in den *Genuß* Aller auflöst« *(ebenda* S. 355). Der Reichtum (und seine Verkörperung, das *Geld*) ist *Gemeinwesen,* weil er eine

Form der Vergegenständlichung aller Individuen im Arbeits- und Austauschprozeß ist, in welchem sich, wie oben gezeigt, der besondere Wille der Partizipierenden zu *einem* identischen Willen zusammenschließt.[36]

Die Bestimmung der Staatsmacht als gut und des Reichtums als schlecht erweist sich somit als einseitig; die »eine Seite (sc. ist) nur als das *Ansichseiende* oder Positive, die andre nur als das *Fürsich*seiende und Negative bestimmt worden« – die Wahrheit liegt aber erst in der Durchdringung dieser beiden Momente (*ebenda* S. 356). Die erste Bestimmung von gut und schlecht läßt sich nämlich in ihrer Einseitigkeit auch umkehren (wobei das Resultat der Umkehrung ebenso einseitig ist): Die Staatsmacht ist das dem Individuum Ungleiche, denn sie verleugnet dessen Tun und unterjocht es zum Gehorsam – hingegen ist der Reichtum das Gute, denn er geht auf den allgemeinen Genuß und verschafft allen das Bewußtsein ihrer selbst.

Den beiden Bestimmungsarten des Guten und des Schlechten entsprechen zwei unterschiedliche moralische Einstellungen: Das Bewußtsein der gleich (und damit gut) findenden Beziehung ist das *edelmütige,* das umgekehrte das *niederträchtige* Bewußtsein. Beide Haltungen versagen vor der Wirklichkeit. Um mit dem niederträchtigen zu beginnen: Es mag die

36 Vgl. dazu die dunklen Ausführungen Hegels in *J. Realph.* S. 256 f. über den Geist des Kaufmannsstands, wonach gesellschaftliche Geltung und Haben zur unmittelbaren Einheit wird. Der Grund dafür besteht darin, daß die Substanz des Tausches, der identische Wille der Tauschenden, ganz Geist sei, dieser Geist aber im Geld unmittelbar Gegenstand wird. In der Abstraktion des Geldes ist alles Selbst der einzelnen getilgt – und doch bleibt die extreme Gegenständlichkeit des Geldes die Vergegenständlichung von mir selbst. Deshalb bin ich das, was ich (an Geld) habe. – *Lukács* a.a.O., (s. Anm. 12) kommentiert diese Stelle: »(sc. es wird sichtbar), daß Hegel von dem Problem, das Marx später mit dem Ausdruck ›Fetischismus‹ bezeichnet hat, wenigstens eine Ahnung hat. Er betont sehr scharf die Objektivität, die Dinghaftigkeit des Geldes, sieht aber zugleich klar, daß sein letztes Wesen doch eine gesellschaftliche Beziehung der Menschen ist«. (S. 419).

Staatsmacht als unterdrückend ansehen, den Reichtum lieben und zugleich verachten – selbst wenn es sich noch so eigensüchtig verhält, wird es dabei das Wohl des Allgemeinen vorantreiben. Das edelmütige Bewußtsein betrachtet die Staatsmacht als das ihm Gleiche, dem Reichtum ist es als Wohltäter dankbar. Als Tugend, »Heroismus des Dienstes«, verhält es sich, um das Allgemeine zu fördern, negativ gegen seine eigenen Zwecke, und verwirklicht so erst das Allgemeine; das heißt die Staatsmacht wird durch diese Aufopferung des Tugendhaften zur wirklichen Macht.[37]

Der Reichtum, wiewohl ein Allgemeines, unterscheidet sich von der Staatsmacht dadurch, daß er keinen festen Gegenstand des Selbstbewußtseins bilden kann. Ihm fehlt das positive Ansich, er befindet sich in einer ständigen Bewegung des Verschwindens, er ist »die in seinem Genusse wesenlose Rückkehr des Individuums in sich selbst« (*ebenda* S. 367). Das edelmütige Bewußtsein, das sich auf den Reichtum als auf ein Gleiches beziehen möchte, kann sich deshalb darin nicht selbst anschauen; es findet in ihm »sein Selbst als solches entfremdet« vor, als eine fremd erscheinende gegenständliche Wirklichkeit. Als Gegenstand ist der Reichtum gleichwohl

---

37 Dies ist ein günstiger Ort, daran zu erinnern, daß die Entfaltung der Genesis des Gemeinwesens und der Bewußtseinsstufen subjektiver Einstellungen zu diesem bei Hegel immer vor dem Hintergrund konkreter historischer Stufen verläuft. Hier handelt es sich um den Feudalismus im Übergang zum Absolutismus. Das tugendhafte Bewußtsein ist nämlich das des stolzen Vassallen, aus dem der »abgeschiedene Geist der Stände« spricht. Die Aufopferung des tugendhaften Bewußtseins geht nicht bis zur völligen Entäußerung des »reinen Selbst«, sondern es behält sich immer auch sein besonderes Bestes vor, wenn es vom allgemeinen Besten spricht. Als wahre Aufopferung erweist sich nicht die des Vassallen, selbst wenn sie bis zum Tode für den Herrn geht, sondern die des Bürgers, die sich in der Entäußerung selbst erhält (d. h. nicht bis zum Tode fortgeht). Im übrigen zersetzt sich der Heroismus des Vassallendienstes zur höfischen Schmeichelei und bringt so den unumschränkten Monarchen in seinem extremen Fürsichsein hervor, der als dieses wieder in die andere Form des Gemeinwesens, den *Reichtum,* übergeht (*ebenda* S. 366).

Entäußerung des Individuums und damit das fürsichseiende eigene Selbst, das »Seinige«; »[...] aber dadurch, daß es Gegenstand ist, ist es zugleich unmittelbar eine fremde Wirklichkeit, welche eigenes Fürsichsein, eigner Wille ist, d. h. es sieht sein Selbst in der Gewalt eines fremden Willens, von dem es abhängt, ob er ihm dasselbe ablassen will« (*ebenda* S. 368). Der Versuch, seine Persönlichkeit im Reichtum zu vergegenständlichen, führt zur Gewißheit, zur Unpersönlichkeit geworden zu sein. Das Ich sieht sich außer sich, zerrissen; alles, was Gesetz, gut und recht heißt, ist zu Grunde gegangen, das Gleiche hat sich als Ungleichheit entpuppt: »das reine Ich selbst ist absolut zersetzt« (*ebenda*).

In dieser gesellschaftlichen Welt der Verkehrung und Entfremdung der Wirklichkeit und des Gedankens erfährt das sich bildende Individuum, »[...] daß weder die *wirklichen Wesen* der Macht und des Reichtums, noch ihre bestimmten *Begriffe,* Gut und Schlecht, oder das Bewußtsein des Guten und Schlechten, das edelmütige und niederträchtige, Wahrheit haben; sondern alle diese Momente verkehren sich vielmehr eins im andern, und jedes ist das Gegenteil seiner selbst [...]« (*ebenda* S. 371).

Individuelle Versuche, in diesem zwanghaften Prozeß der Selbstentfaltung des Geistes, der von der bewußtlosen Interaktion der partikularen Individuen vorangetrieben wird, humanitäre Idealvorstellungen zu verwirklichen, sind von vornherein zum Scheitern verurteilt. Der einzelne glaubt, in dem von seinem Herzen getrennten Gesetz das eigene Selbst nicht wiederzufinden – wobei er sich täuscht, denn durch seine vorgängige Vergegenständlichung bei der Arbeit und im Tausch ist das Gesetz er selbst in seinem Anderssein – und fühlt sich so bedrückt. Er meint, seine eigenen Vorstellungen von Gerechtigkeit förderten das »Wohl der Menschheit« stärker als das bestehende Gesetz – folglich wird er danach streben, das Gesetz *seines* Herzens zur »allgemeinen Ordnung« zu machen. Doch derart verwirklicht, würde dieses Gesetz genau zu dem, was es eigentlich hätte aufheben sollen: Es ist nun selbst »allgemeine Macht« geworden, »für welche *dieses* Herz gleichgültig ist, so daß das Individuum *seine eigene* Ordnung dadurch, daß es sie *aufstellt,* nicht mehr als die seinige findet« (*ebenda* S. 268). Dieser Versuch mußte scheitern, weil *Tat* und ihr *Inhalt* notwendig auseinanderfallen: Die Tat gehört als Wirklichkeit dem Allgemeinen an, ihr Inhalt aber ist die eigene Individualität. Die anderen Menschen finden deshalb in diesem Inhalt nicht das Gesetz ihres *eigenen* Herzens, sondern das eines *fremden,* das sie verabscheuen und bekämpfen. Versuchte zum Beispiel einer, seine Meinung, daß Gütergemeinschaft oder Gütergleichheit sein solle, als Gesetz durchzusetzen, so wäre dies, als Gesetz eines einzelnen Bewußtseins von zufälligem und willkürlichem Inhalt, »der tyrannische Frevel, der die Willkür zum Gesetz macht [...]« (*ebenda* S. 309). Wer anderen das Gesetz seines Herzens oktroyieren möchte, verkennt, daß er seine Wahrheit im Allgemeinen hat, worin die Einzelheit des Bewußtseins als unmittelbares untergeht und nur als entfremdetes Bestand hat.

Das Beharren auf dem Gesetz des Herzens, das »Herzklopfen für das Wohl der Menschheit«, wie Hegel ironisch sagt, geht in das Toben des verrückten »Eigendünkels« über, gegen das jedermann die bestehenden Gesetze als geistige Allgemeinheit und Substanz verteidigt. Obwohl dieses Allgemeine dem einzelnen als leere Notwendigkeit gegenübersteht, die die Neigungen seines Herzens unterdrückt, so weiß er es doch als sein eigenes Wesen, dem er den Schutz seines Lebens und seines Eigentums verdankt. Diese Bewegungen, die sich sozusagen in der Brust eines jeden gleichermaßen vollziehen, die Entgegenstellung des Gesetzes des eigenen Herzens gegen die Gesetze des Herzens der anderen und gegen das allgemeine Gesetz, heben sich gegenseitig auf: »Das *Allgemeine,* das vorhanden ist, ist daher nur ein allgemeiner Widerstand und Bekämpfung aller gegeneinander, worin jeder seine eigene Einzelheit geltend macht, aber zugleich nicht dazu kommt, weil sie denselben Widerstand erfährt und durch die andern gegenseitig aufgelöst wird. Was öffentliche *Ordnung* scheint, ist also diese allgemeine Befehdung, worin jeder an sich reißt, was er kann, die Gerechtigkeit an der Einzelheit der andern ausübt und die seinige festsetzt, die ebenso durch andere verschwindet« (*ebenda* S. 273). Die ganze Anstrengung, die Wirklichkeit zu verbessern, indem man die Überzeugungen seines Herzens verwirklichen will, endet so bei dem antagonistischen Lebensprozeß, der sich nach wie vor unverrückt im Rahmen des allgemeinen Gesetzes abspielt – im *Weltlauf.*

Aber auch das *tugendhafte Bewußtsein,* das erkannt hat, daß im Gesetz das Gerechte und Gute enthalten ist, dem gegenüber die Einzelheit des Bewußtseins aufgeopfert werden müsse, strengt sich darin vergebens an. Wenn die Tugend im Namen des Guten den Weltlauf bekämpft, so übersieht sie, daß in ihm immer schon das Gute verwirklicht ist. Sie will durch Aufopferung der Individualität das Gute zur Wirklichkeit bringen – doch Wirklichkeit und damit das Gute wird überhaupt erst durch die Tätigkeit der Individualität: Die Tugend wird so vom Weltlauf besiegt. Ihr Versuch, das an sich Gute gegen die Individualität durchzusetzen, endet mit der Erfahrung, »[...] daß der Weltlauf so übel nicht ist, als er aussah; denn seine Wirklichkeit ist die Wirklichkeit des Allgemeinen« (*ebenda* S. 281). Sowohl das Streben, eigennützig seine Individualität, als auch das, tugendhaft ein abstraktes Gutes durchzusetzen, sind gleichermaßen *ansich*seiendes Tun, eine »Ausstellung des Seinigen in das allgemeine Element (sc. der Gesellschaft), wodurch es zur *Sache* aller wird und werden soll« (*ebenda* S. 299 f.). Alle individuellen Mühen, ob sie sich nun altruistisch-tugendhafte oder eigennützige Zwecke setzen, haben im System der Gesellschaft denselben Effekt: den gesellschaftlichen Lebensprozeß voranzutreiben. Die gesellschaftliche *force des choses*

unterläuft die später so genannte Werturteilsfrage von vornherein. Keine individuelle Tätigkeit kann aus der zwanghaften Vergesellschaftung durch das Allgemeine herausspringen;
die Individualität ist mit tausend Fäden daran gebunden und
von ihm beherrscht.

Die einzige Chance des Individuums, in diesem Zwangsmechanismus sich selbst und seine Freiheit wiederzufinden,
besteht in der Einsicht in dessen unabänderbaren Zusammenhang.[38] Es muß erkennen, daß der Versuch, die Gesellschaft nach den idyllischen Vorstellungen des »natürlichen
Herzens« zu reformieren, das reiche Beziehungsgeflecht, das
die entfalteten Momente der Gesellschaft bilden, zerstören
müßte, was zu einem Rückfall »in die Wildnis und Nähe
des tierischen Bewußtseins, welche Natur auch Unschuld genannt wird«, führte (ebenda S. 374). Es gibt kein rousseau-
sches »Zurück zur Natur«. Der einzelne muß begreifen, daß
abstrakte Sätze der Moral, etwa der, sein Eigentum nur mit
Rücksicht auf die anderen zu vermehren, oder tapfer zu
sein, einseitige Bestimmungen sind, die von entgegengesetzten Sätzen jederzeit negiert werden können. Was der eine
für Betrug hält, sieht der andere als Fürsorge für seine
Familie an: »Das Abstraktum, das Pflicht heißt, ist wie jedes,
so auch dieses Inhalts fähig« (ebenda S. 454). Es gibt keinen
kategorischen Imperativ (vgl. RPh § 135).

Diese Einsicht fällt freilich dem Individuum, insbesondere
dem Intellektuellen, schwer: Das Aussprechen der »Zerrissenheit des Bewußtseins ist das Hohngelächter über das Dasein sowie über die Verwirrung des Ganzen und über sich
selbst« (Phän. S. 374). Der Intellektuelle vermag mit seiner
»geistreichen Sprache« die Dinge in ihrem Widerspruch zu
sagen; er versteht, »das Substantielle nach der Seite der

---

38 Vgl. dazu Theodor W. Adorno, *Drei Studien zu Hegel*, Frankfurt/M.
1963, S. 39: »[...] buchstäblich unterschiebt die große Philosophie den
Inbegriff des Zwangs als Freiheit. [...] die volle Versöhnung durch den
Geist inmitten der real antagonistischen Welt, ist bloße Behauptung.«

Uneinigkeit und des *Widerstreits* [...] sehr gut zu *beurteilen,* aber hat die Fähigkeit verloren, es zu *fassen*« (*ebenda* S. 375). Doch die Dinge in ihrem Widerspruch, geistreich und empört formuliert, sind die Wahrheit: Das Selbst weiß »nur als empörtes Selbstbewußtsein [...] seine eigne Zerrissenheit, und in diesem Wissen derselben hat es sich unmittelbar darüber erhoben« (*ebenda* S. 376).

So setzt sich schließlich in einem schmerzlichen Prozeß die Erkenntnis des Selbstbewußtseins durch, daß es auch in dieser Welt der Zerrissenheit sich selbst bestimmen und somit seine Freiheit erhalten kann. Vom Individuum wird nicht gefordert, auf Grund von moralischen Geboten etwa das allgemeine Beste dem eigenen Vorteil vorzuziehen. »[...] das Gewissen (sc. ist) von jedem Inhalt überhaupt frei; es absolviert sich von jeder bestimmten Pflicht, die als Gesetz gelten soll; in der Kraft seiner Gewißheit seiner selbst hat es die Majestät der absoluten Autarkie, zu binden und zu lösen. – Diese *Selbstbestimmung* ist darum unmittelbar das schlechthin Pflichtmäßige« (*ebenda* S. 456; vgl. auch *RPh* § 137).[39] Was der einzelne, sich selbst bestimmend, für sich tut, »kommt auch dem Allgemeinen zugute; je mehr er für sich gesorgt hat, desto größer ist nicht nur seine *Möglichkeit, andern* zu nützen; sondern seine *Wirklichkeit* selbst ist nur dies, im Zusammenhange mit andern zu sein und zu leben; sein einzelner Genuß hat wesentlich die Bedeutung, damit andern das seinige preiszugeben und ihnen zum Erwerb ihres Genusses zu verhelfen. In der Erfüllung der Pflicht gegen den Einzelnen, also gegen sich, wird also auch die gegen das Allgemeine erfüllt« (*ebenda* S. 455). Die allgemeine Pflicht, für das allgemeine Beste zu handeln, »ist überhaupt dasjenige, was als an und für sich seiende Substanz, als Recht

---

39 Hier wird Hegels Distanz zu der naturrechtlichen Tradition sichtbar, der zufolge im Gewissen des Menschen die Fähigkeit angelegt ist, die naturrechtlichen Grundsätze des Guten und Rechten zu erkennen (*Synderesis*).

und Gesetz, *vorhanden* ist, und *unabhängig* von dem Wissen und der Überzeugung wie von dem unmittelbaren Interesse des Einzelnen gilt« *(ebenda)*. Der Weg des einzelnen zum Selbstbewußtsein und zur wirklichen Freiheit in der Sittlichkeit des Gemeinwesens endet also in der vollkommenen Unterwerfung unter die *Doppelgestalt der Herrschaft des Allgemeinen:* unter die Herrschaft der *Staatsgewalt* und ihrer positiven Gesetze (wobei diese Gesetze freilich auf dem Niveau der ausgebildeten bürgerlichen Gesellschaft sein müssen) und unter die des *allgemeinen Reichtums* (oder, anders ausgedrückt, des Kapitals) und seiner Bewegungsgesetze, die bedenkenlos sich zunutze zu machen der einzelne gehalten ist. Darin liegt die unüberbietbare *Positivität* von Hegels politischem Denken.[40]

Lukács hat den Freiheitsspielraum, den der Bürger im Hegelschen Staat genießt, auf die Formel gebracht: »[...] alles für den Bourgeois im ökonomischen Leben, aber alles

---

[40] Nicht ohne Grund hat man Strukturbeziehungen zwischen Hegel und Comte nachgewiesen. Vgl. Oskar Negt, *Strukturbeziehungen zwischen den Gesellschaftslehren Comtes und Hegels,* Frankfurt/M. 1964. – Gegen diese Darstellung wird eingewandt werden können, daß sie die Differenz zwischen dem System der Bedürfnisse und dem Staat als Verwirklichung der Sittlichkeit nicht genügend herausgearbeitet habe. Dieser Aspekt ist von *Ritter* und *Riedel* (s. Anm. 2) erschöpfend dargestellt worden; hier genügt es, darauf zu verweisen. An dieser Stelle kam es darauf an, die unauflösliche Verflechtung des einzelnen mit den positiven Institutionen der Gesellschaft und des Staates zu zeigen, weniger die Fortführung der klassischen Tradition der politischen Philosophie durch Hegel. Im übrigen hält der Verf. dafür, daß es bei Hegel beim – allerdings deutlich artikulierten – Anspruch, daß der Staat die Verwirklichung substantieller Sittlichkeit und nicht bloß Not- und Verstandesstaat sei, geblieben ist, und daß er es nicht vermocht hat, die Tradition der klassischen Politik fortzuführen, weil mit der Durchsetzung der von Antagonismen geprägten bürgerlichen Gesellschaft deren soziale Basis endgültig entfallen ist. An einigen Stellen wurde die Abwendung Hegels von grundlegenden traditionellen Lehrstücken wie dem Naturrecht und die Negation objektiver Pflichten registriert, die als faktische Abwendung von der Tradition interpretiert werden müssen.

ohne den Bourgeois im politischen Leben des Staates [...].«[41] Diese Formel ist überspitzt, weil Hegel dem Bürger gewisse politische Mitwirkungsrechte einräumt, trifft aber gleichwohl eine deutliche Tendenz. Die Inhaltsbestimmungen der objektiven Freiheit werden von den Gesetzen ausgesprochen, die, erstens, Schranken der Willkür des Subjekts, zweitens, absoluter *Endzweck* und allgemeines *Werk* aller und, drittens, die Substanz ihres *freien* Wollens, ihrer Gesinnung und damit ihrer *Sitte* sind (*Enz.* § 538). Dem abstrakten einzelnen hat Freiheit den Inhalt von *Rechtsperson*, die des Eigentums fähig ist (*ebenda* § 539). Ihm bedeutet Freiheit im Rahmen der Gesetze (der substantiellen Freiheit) »Sicherheit des Eigentums, [...] Möglichkeit, seine Talente und guten Eigenschaften zu entwickeln und geltend zu machen« (*ebenda*). Hegel betont zwar, daß die Bestimmung des Staates nicht, wie die Vertreter des bürgerlichen »Not- und Verstandesstaates« (etwa *Locke*) gemeint haben, der Schutz des Eigentums und der persönlichen Freiheit sei – sein »absolut unbewegter Selbstzweck« ist vielmehr seine substantielle Einheit, »in welcher die Freiheit zu ihrem höchsten Recht kommt [...]« (*RPh* §§ 100, 258, 270, 324). Doch für den Bürger bleibt *de facto* der Eigentumsschutz durch Rechtspflege die wichtigste Aufgabe des Staates (vgl. *ebenda* § 208).

Diesem Verständnis von objektiver Freiheit werde, so Hegel, eine subjektive Auffassung entgegengesetzt, wonach Freiheit »die Unabhängigkeit der individuellen Partikularität«, das Verfolgen geistiger Interessen »nach eigener Lust« bedeutet. Diese Freiheit hat nach Hegel durchaus einen Spielraum im Rahmen der »vernünftigen Freiheit« (das heißt der Gesetze), den sie, wie er betont, nur unter den Bedingungen der objektiven Freiheit der modernen Staaten überhaupt besitzt. Im übrigen handle es sich hierbei häufig um »Räsonnieren«, »Besserwisserei« und »unbefriedigte Eitelkeit«, die zu-

41 Lukács a.a.O., S. 466 (s. Anm. 12).

sehen möchte, wie sie sich mit den von ihnen erzeugten Verwicklungen abfinden (*Enz.* § 539). Die Freiheit, solche subjektiven Meinungen, etwa über die Presse, in den Prozeß der *öffentlichen Meinung* einzubringen, sollte nach Hegels Vorstellungen gesetzlich beschränkt sein. Zwar hat jeder notwendig sein »*eigenes* Urteilen, Meinen und Raten über die allgemeinen Angelegenheiten« und will diese äußern; auch ist das Allgemeine und Wahre »mit seinem Gegenteile«, den Ansichten der einzelnen Individuen, verknüpft – doch im wesentlichen herrscht in der öffentlichen Meinung die »ganze Zufälligkeit des Meinens, seine Unwissenheit und Verkehrung, falsche Kenntnis und Beurteilung« vor. Die *Pressefreiheit* ist deshalb nur im Rahmen der »ihre Ausschweifungen teils verhindernden, teils bestrafenden polizeilichen und Rechtsgesetze und Anordnungen« zuzulassen (*RPh* §§ 316-319). Zensur, wenn nicht Vorzensur, scheint Hegel demnach ein angemessenes Instrument der Kontrolle der öffentlichen Meinung zu sein. Jedenfalls hat er in der literarischen Kontroverse um *Fries*, den Theoretiker der Burschenschaften, seine an ihm gerühmte Bonhommie verloren und nach mehr Zensur gerufen.[42]

Hegel war Anwalt der berufsständischen Selbstverwaltung im Rahmen der Korporationen und einer Mitwirkung der Stände bei der Gesetzgebung in der Ständekammer. In der Schrift über die württembergischen Landstände aus dem Jahr 1817 unterstrich er die Bedeutung der »wirklichen Tätigkeit« der Stände am »organischen Staats- und Volksleben« (dem er allerdings eine ständische Organisation gibt, die dem Volk die »demokratische Unförmigkeit« nehmen soll) und preist das Prinzip, daß ohne Zustimmung der Stände »kein neues, die persönliche Freiheit und das Eigentum oder die Verfassung betreffendes allgemeines Gesetz« erlassen werden

---

42 Vgl. Franz Wiedmann, *Georg Wilhelm Friedrich Hegel in Selbstzeugnissen und Bilddokumenten*, Reinbek b. Hamburg 1965, S. 78.

darf.[43] In der *Rechtsphilosophie* scheint der Ton etwas skeptischer gestimmt zu sein: Als Vorzug der ständischen Selbstverwaltung wird herausgestellt, daß dort »die kleinen Leidenschaften und Einbildungen« der Bürger einen für den Bestand des Staates unschädlichen »Tummelplatz« haben (§ 289). Hegels ganze Abneigung gilt der »gesetzprüfenden Vernunft«, das heißt der Kritik an den Inhalten der Gesetze und Institutionen, denn diese verwirklichen, wenn sie auf dem Niveau der modernen bürgerlichen Gesellschaft stehen, *per se* Freiheit. Die Umkehrung des berühmten Diktums aus der Vorrede der *Rechtsphilosophie*, »was wirklich ist, das ist vernünftig«, die *Heine* aus dem Munde Hegels vernommen haben will, nämlich, daß dieser Satz auch heißen könne: »Alles, was vernünftig ist, muß sein«, kann nur auf vorbürgerliche, noch feudale Zustände gemünzt sein.[44]

Joachim Ritter hat die Hegelsche Konstruktion einer bürgerlichen Gesellschaft mit ihren zusammenhängenden Sphären des Eigentums und des bürgerlichen Rechts als »die Bedingung der Möglichkeit für die Verwirklichung der Freiheit im ganzen Umfange ihrer religiösen, politischen, sittlichen Substanz« verstanden. In der bürgerlichen Gesellschaft sei, wenn auch im Zustand der Entzweiung, mit dem damit verbundenen Elend, die Rechtsgleichheit der Unternehmer und Arbeiter als »Personen« und somit eine »Versachlichung« der Arbeitswelt entstanden. »Indem sich die bürgerliche Gesellschaft als Sachwelt setzt, deren Subjekte alle Einzelnen als Personen sind, wird sie in der Vollendung der Befreiung der Menschen aus der Natur und als die Macht der Differenz und Entzweiung die Bedingung dafür, daß zum ersten Mal in der Geschichte der Menschheit dem Menschen die Möglichkeit zugehört, ›Persönlichkeit‹ zu sein und sich selbst und so der Freiheit im Reichtum des geschichtlich gebildeten

43 *Politische Schriften* (s. Anm. 14) S. 148; 163.
44 Heinrich Heine, *Briefe über Deutschland*. In: Derselbe, *Werke und Briefe*, Band VII, Berlin 1962, S. 306.

Menschseins schließlich im Horizont aller Kulturen Dasein und Wirklichkeit zu geben.«[45]

Doch kann man sich in der zweiten Hälfte des zwanzigsten Jahrhunderts der fortdauernden kulturellen Schöpferkraft des bürgerlichen Zeitalters noch so sicher sein? Hegel hat die bürgerliche Gesellschaft nicht nur als eine des *materiellen* Elends für die arbeitenden Klassen, sondern auch als eine des *moralischen* Elends, der geistigen Verwirrung und Empörung der Denkenden beschrieben. Der heutige Zustand der bürgerlichen Welt, die von bedenkenloser Verwertung des Eigentums bedrohte natürliche und städtische Umwelt, die sozialen Kosten der Produktion um der Produktion willen, die Zunahme des Potentials von Aggression im Innern der Staaten und nach außen, haben diese Misere des Denkens eher wachsen lassen. Kriege, die für Hegel die »höhere Bedeutung« haben, daß durch sie »die sittliche Gesundung der Völker in ihrer Indifferenz gegen das Festwerden der endlichen Bestimmtheiten erhalten wird, wie die Bewegung der Winde die See vor der Fäulnis bewahrt, in welche sie eine dauernde Ruhe, wie die Völker ein dauernder oder gar ein ewiger Friede versetzen würde« (*RPh* § 324), führten mittlerweile, angesichts des »Fortschritts« der Kriegs- und Waffentechniken, wenn nicht zur Vernichtung, so doch zur Verwüstung der Sittlichkeit eines Volkes – alles verschärfte Widerstände, die das praktische Denken daran hindern, den bereits bei Hegel prekären Prozeß der Versöhnung mit dem Bestehenden nachzuvollziehen.

45 Ritter a.a.O., (s. Anm. 27), S. 267; 277 f.; 280.

Hegel und die Umwälzung der bürgerlichen Gesellschaft

Der russische Sozialrevolutionär Alexander Herzen, ein Zeitgenosse von Karl Marx, soll die Philosophie des schwäbischen Philosophen und Wahlpreußen Hegel als »Mathematik der Revolution« bezeichnet haben. Dieses Wort wurde auf dem Parteitag der Sozialdemokratischen Partei vom Jahr 1898, der im Geburtsort Hegels, in Stuttgart, stattfand – und wo die damals achtundzwanzigjährige Rosa Luxemburg ihre ersten Attacken gegen Eduard Bernstein, den Großvater des Godesberger Programms der SPD, ritt –, von dem österreichischen Gastdelegierten Daszinsky aufgegriffen. »In ununseren Augen«, so rief er in seiner Grußadresse den deutschen Sozialdemokraten unter dem Beifall der Anwesenden zu, »sind Sie als Gesamtpartei die Mathematiker der Revolution«.[1] Während dies Diktum sich als weltgeschichtlicher Irrtum herausgestellt hat, streiten sich im Falle von Hegel immer noch die Gelehrten über das Verhältnis seiner Philosophie zur Revolution.

Geht man der Sache nach, so zeigt sich eine Reihe von merkwürdigen Widersprüchen. Hegel hielt nicht nur die Erbmonarchie für die beste Regierungsform, sondern auch die konkrete Gestalt der preußischen Monarchie des Jahres 1821 – die zwar bürgerliche Freiheiten zugestand, im wesentlichen aber Obrigkeitsstaat war – für die im welthistorischen Maßstab fortgeschrittenste staatliche Organisationsform. Überhaupt bedeutete für ihn der »Staat« die höchste und edelste Form des menschlichen Zusammenlebens. Er bezeichnete ihn als die »Wirklichkeit der sittlichen Idee« (*Rechtsphilosophie* § 257), als die »Wirklichkeit der konkreten Freiheit« (*ebenda*

---

1 *Protokoll des Stuttgarter SPD-Parteitags 1898.* S. 79.

§ 260), ja sogar als die »Wirklichkeit des Himmelreichs« (*Jenaer Realphilosophie*, Ausgabe 1967, S. 270), die man »wie ein Irdisch-Göttliches verehren« solle (*Rechtsphilosophie* § 272 Zusatz).[2] Hegels Lob der straffen Organisation des Volkes zum Staat (wobei insbesondere die *germanischen* Völker zur Ausbildung des »Reiches des wirklichen Geistes« (*Philosophie der Weltgeschichte*, Ausgabe Hoffmeister, Band I, S. 254) berufen seien) kam den Nationalsozialisten sehr gelegen: Ihre Ideologen schlugen ihn – manche freilich, wie gleich ersichtlich, mit begründeten Vorbehalten – zu den philosophischen Ahnen des Dritten Reiches.[3]

Es besteht nämlich das Paradoxon, daß der obrigkeitsstaatlich denkende Hegel sich zeit seines Lebens zur Französischen Revolution bekannt hat. »Solange die Sonne am Firmament steht und die Planeten um sie kreisen«, so schrieb er in seiner

2 In der Literatur wird häufig darauf hingewiesen, daß der Hegelsche Staatsbegriff an den der antiken Polis anknüpfe. Wie in der Polis der Bürger erst im Gemeinwesen sein Menschsein verwirklichte und deshalb keine Entzweiung zwischen Bürger und Gemeinwesen gesehen wurde, so soll der Hegelsche Staat die Entzweiung zwischen den einzelnen und dem Gemeinwesen, als bürgerliche Gesellschaft gesehen, aufheben und wahre Freiheit und Sittlichkeit realisieren. (Vgl. Joachim Ritter, *Metaphysik und Politik. Studien zu Aristoteles und Hegel*, Frankfurt/M. 1969; Manfred Riedel, *Studien zu Hegels Rechtsphilosophie*, Frankfurt/M. 1969). Obwohl diese Interpretation der Hegelschen Absichten sicherlich zutrifft, wird ein wesentlicher Unterschied zur antiken Politik übersehen: Dort wurden die egoistischen Kräfte, die sich im Streben nach unbeschränktem Erwerb äußerten, als eines Bürgers unwürdig kritisiert, während Hegel die entzweienden Kräfte des privaten Erwerbsstrebens voll akzeptiert. Die »Versöhnung« dieser antagonistischen Kräfte durch den Staat wird bei ihm durch einen philosophischen Kraftakt erzwungen; die fundamentale Entzweiung der Gesellschaft, deren schärfster Ausdruck die Klassengesellschaft ist, kann von dieser erzwungenen »Versöhnung« nicht wieder geheilt werden; die Basis für ein der antiken Polis vergleichbares Gemeinwesen ist mit dem Bestehen der bürgerlichen Gesellschaft endgültig entfallen.

3 Vgl. etwa Bodo Dennewitz, *Volk und Staat in Lehre, Geschichte und Gegenwart (Staatslehre)*, Wien 1943, S. 37.

Philosophie der Geschichte, »war das noch nicht gesehen worden, daß der Mensch sich auf den Kopf, das ist auf den Gedanken stellt und die Wirklichkeit nach diesem erbaut. [...] Es war dieses somit ein herrlicher Sonnenaufgang. Alle denkenden Wesen haben diese Epoche mitgefeiert« (*Werke,* Ausgabe Glockner, Band XI, S. 557 f.). Und Hegel hat, wie man weiß, nicht nur zur Zeit der Revolution selbst gefeiert, als, wie er sagte, eine »erhabene Rührung geherrscht« und ein »Enthusiasmus die Welt durchschauert« habe *(ebenda),* sondern er hat bis ans Ende seines Lebens den 14. Juli, den Jahrestag des Ausbruchs der Französischen Revolution, feierlich begangen, indem er still für sich eine Flasche Rotwein leerte. Was für ein seltsames Schauspiel: Der gut monarchisch eingestellte Staatsphilosoph Preußens, der auf das Wohl der Französischen Revolution trinkt! Und was das Paradoxon noch merkwürdiger macht: Die Revolutionäre Bakunin, Marx, Lenin und schließlich auch Herbert Marcuse sind bei Hegel in die Schule gegangen.

Natürlich ist das Paradoxon, daß Hegel den einen als »konservativer Staatsphilosoph der preußischen Monarchie«, den andern als »Philosoph der Revolution« erscheint, erklärbar; es ist darüber bereits viel Tinte geflossen.[4] Wenn hier das Thema *Hegel und die Umwälzung der bürgerlichen Gesellschaft* aufgegriffen wird, so nicht, um alle gelehrten Argumente zu wiederholen, die das Verhältnis Hegels zur Französischen Revolution im besonderen und zur Revolution im allgemeinen beleuchten. Vielmehr erscheint dieses Thema deshalb als betrachtenswert, weil es Gesichtspunkte und Per-

4 Vgl. Herbert Marcuse, *Vernunft und Revolution. Hegel und die Entstehung der Gesellschaftstheorie,* Neuwied am Rhein und Berlin 1962; Joachim Ritter, *Hegel und die französische Revolution.* In: Derselbe, *Metaphysik und Politik* (vgl. Anm. 2); Jürgen Habermas, *Hegels Kritik der Französischen Revolution.* In: Derselbe, *Theorie und Praxis. Sozialphilosophische Studien.* Neuwied am Rhein und Berlin 1963. (Erweiterte Ausgabe: Frankfurt 1971).

spektiven zu den Problemen beizusteuern vermag, worauf in den westlichen Ländern jene fortschrittlichen Kräfte stoßen, die der Unterprivilegierung der Lohnabhängigen, die in der heutigen Gesellschaft immer noch vorherrscht, und der tendenziellen Zerstörung der menschlichen Umwelt durch Reformen, die das Übel an der Wurzel anpacken, Einhalt gebieten wollen.

Vorab muß jedoch ein Wort zu Hegels Denkweise gesagt werden. Hegel hat einmal für den größten Philosophen der Weltgeschichte seit Platon und Aristoteles gegolten, der die abendländische Philosophie zur abschließenden Vollendung gebracht habe. Noch heute ist er im vollen Gewicht des Wortes weltberühmt. Doch inzwischen ist der merkwürdige Umstand eingetreten, daß dieser berühmte Philosoph uns Heutigen kaum noch zugänglich, das heißt verständlich, ist. Es hat seit Schopenhauer viele Leute gegeben, die Hegels Philosophie überhaupt für eine »philosophische Hanswurstiade«, für ein »Zusammenschmieren sinnleerer, rasender Wortgeflechte, wie man sie bis dahin nur in Tollhäusern vernommen hatte«, halten.[5] Sicherlich ist die Veränderung des Denkstils, die Sozialphilosophie und Sozialtheorie inzwischen durchgemacht haben, zu einem erheblichen Teil daran schuld, daß die Hegelschen Texte dem heutigen Verständnis so enorme Schwierigkeiten bereiten. Wer heute zu theoretischen Aussagen über gesellschaftliche Erscheinungen kommen will, wird in der Regel eine Hypothese, eine Vermutung von regelmäßigen Zusammenhängen in der Gesellschaft, formulieren, und diese Hypothese sodann in einem Testverfahren daraufhin überprüfen, ob sie tatsächlich auch zutrifft; schließlich wird er versuchen, die so geprüften und gesicherten Aussagen über gesellschaftliche Zusammenhänge mit Hilfe des logischen Denkens zu einer Theorie zu verknüpfen. Von einer solchen »empirisch-analytischen« Methode war Hegel mei-

5 *Arthur Schopenhauer's Sämtliche Werke*, Leipzig o. J. (ed. Reclam), Band I, S. 548 f.

lenweit entfernt.[6] Er glaubte, alle Erscheinungen dieser Welt, von der Natur über Gesellschaft und Staat bis zur Religion und Kunst, aus einem einzigen Prinzip erklären zu können, nämlich aus der »Selbstbewegung des Geistes«. Das »Fortbewegungsmittel« des Geistes – wenn dieser Ausdruck erlaubt ist – sind die »Begriffe«, die, weil sie sich widersprechen, immer wieder neue Begriffe aus sich heraustreiben müssen: Nichts anderes heißt »Dialektik«. Dieses Problem kann an dieser Stelle nicht weiter verfolgt werden. Hier kommt es darauf an, verständlich zu machen, weshalb Hegels politische Philosophie (die Naturphilosophie ist ein anderer Fall) trotz ihrem metaphysisch-idealistischen, die Welt als Geist erklärenden Ausgangspunkt zu außerordentlich realistischen und heute noch gesellschaftliche Zusammenhänge erhellenden Einsichten gelangt ist. Wenn nämlich eine Philosophie den Anspruch erhebt, die ganze Welt aus einem einzigen Begriffszusammenhang zu erklären, so muß sie, wenn sie kein sinnloses Zeug reden will, ungeheuere Anstrengungen unternehmen darzutun, wie denn nun die Begriffe der wirklichen Erscheinungen in Natur und Gesellschaft zusammenhängen, wie sie sich auseinander ergeben und wie man mit dieser »Selbstbewegung der Begriffe« die Bewegung der Gesellschaft und ihren Zusammenhang mit dem Staat erklären kann. Hegel hat in der Tat diese außerordentlichen Anstrengungen unternommen.

Hegel hat sein philosophisches System, das das Wesen der Phänomene dieser Welt auf Begriffe bringen wollte und wozu seine Vorstellungen von Staat und Gesellschaft als Systemteil gehören, in mehreren Anläufen entwickelt. Am

---

6 Zu dem Streit in den deutschen Sozialwissenschaften zwischen der positivistischen »empirisch-analytischen« Methode und den in der Tradition von Hegel und Marx stehenden dialektischen Sozialwissenschaft, vertreten insbesondere von der »Frankfurter Schule« (Adorno, Habermas) vgl.: *Der Positivismusstreit in der deutschen Soziologie,* Neuwied und Berlin 1969.

leichtesten läßt sich seine politische Philosophie der *Rechts-philosophie* von 1821 entnehmen. Es charakterisiert die An-fänge des bürgerlichen politischen Denkens, etwa jenes von Thomas Hobbes, John Locke und Jean-Jacques Rousseau, daß der Mensch als Vereinzelter, so, wie er auch als selbstän-diger Produzent in der Konkurrenz mit anderen auf sich gestellt ist, begriffen wird. Hegel steht durchaus in dieser Tradition bürgerlichen Denkens. Am Beginn seiner politi-schen Philosophie steht der Einzelmensch, das Ich mit einem grundsätzlich *freien* Willen und mit der *Freiheit,* seinen Begierden und Trieben unbeschränkt nachzugehen (*Rechts-philosophie* §§ 5 ff.). Dieses im Ansatz unbeschränkt freie Subjekt, der isolierte einzelne, hat aber, wie Hegel sagt, »die Beschränkung, nur subjektiv zu sein«; der einzelne Wille ist »widersprechend und nichtig«, solange er sich nicht in einem objektiven Material »Realität gegeben« hat. An dieser Stelle läßt sich gut illustrieren, was der dialektische Übergang eines Begriffs in einen anderen (der, wie Hegel sagt, sein »Gegenteil« ist), bedeutet. Der unbeschränkt freie Wille kann ohne Vergegenständlichung keinen Bestand ha-ben; er muß mit seinem »Gegenteil«, der Außenwelt, in ein bestimmtes Verhältnis treten, d. h. er muß sich die Dinge der Außenwelt *aneignen.* »Die Person«, sagt Hegel, »hat das Recht, in jede Sache ihren Willen zu legen, welche da-durch die Meinige ist«; er konstatiert ein »absolutes *Zueig-nungsrecht* des Menschen auf alle Sachen« (*Rechtsphilosophie* § 44). Hegels Charakter als *bürgerlicher* Philosoph, das heißt als Befürworter des Privateigentums an Produktions-mitteln, kommt darin deutlich zum Ausdruck, daß er gleich zu Beginn seines politischen Systems, bei der Herleitung der freien Person als dessen kleinstem Element, das Recht auf *Privateigentum* als die notwendige äußere Seite des freien Willens darstellt: »Daß ich etwas in meiner selbst äußeren Gewalt habe, macht den *Besitz* aus, sowie die besondere Seite, daß Ich etwas aus natürlichem Bedürfnisse, Triebe und der Willkür zu dem Meinigen mache, das besondere Interesse des Besitzes ist. Die Seite aber, daß Ich als freier Wille mir im Besitze gegenständlich und hiermit auch erst wirklicher Wille bin, macht das Wahrhafte und Rechtliche darin, die Bestimmung des *Eigentums* aus« (*ebenda* § 45). Im Privateigentum, so heißt es weiter, wird mir mein Wille als persönlicher objektiv (§ 46).

Ein typisches Theorem der frühen bürgerlichen Sozialphilosophie ist ferner, daß das Privateigentum durch *Bearbeitung* der Gegenstände entstehe. John Locke war etwa der Ansicht, daß in der Vermischung von Arbeitskraft mit dem bearbeiteten Gegenstand der Rechtfertigungsgrund für die Aneignung liege. Hegel hat diese Lehre aufgenommen und philosophisch vertieft: Durch die Bearbeitung der Außenwelt oder, wie er dies auch nennt, ihre »Formierung« (§ 56) werden die Gegenstände der Außenwelt von der Persönlichkeit dessen, der sie bearbeitet, gleichsam durchdrungen und so zu einem Teil der Persönlichkeit des Arbeitenden; dieser verwirklicht sich im Produkt seiner Arbeit selbst. Der Realismus, wenn nicht verborgene Materialismus der Analyse gesellschaftlicher Phänomene durch Hegel zeigt sich überhaupt in der Funktion, die er der Arbeit nicht nur bei der Herausbildung einer selbstbewußten Persönlichkeit, sondern auch für die historische Entwicklung der bürgerlichen Gesellschaft beimißt. Am deutlichsten wird diese Seite des Hegelschen Denkens in der frühen *Jenaer Realphilosophie* von 1805/06. Herbert Marcuse faßt die dort sichtbare Rolle der Arbeit in Hegels System, die an Marx erinnert, so zusammen: »Durch seine Arbeit überwindet der Mensch die Entfremdung zwischen der objektiven und der subjektiven Welt; er überführt die Natur in ein angemessenes Mittel seiner Selbstentfaltung. Von Arbeit ergriffen und geformt werden die Objekte zu einem Bestandteil des Subjekts, das seine Bedürfnisse und Begierden in ihnen wiederzuerkennen vermag. Darüber hinaus verliert der Mensch durch die Arbeit jenes atomistische Dasein, worin er – als Individuum – allen anderen Individuen entgegengesetzt ist; er wird zum Glied einer Gemeinschaft. Das Individuum wird kraft seiner Arbeit zu einem Allgemeinen; denn Arbeit ist ihrem ganzen Wesen nach eine allgemeine Tätigkeit: ihr Produkt ist unter allen Individuen austauschbar.«[7]

Allerdings nützt dem einzelnen das Eigentum, das er auf die beschriebene Weise erworben hat, nichts, solange es noch nicht von den anderen einzelnen *anerkannt* worden ist. Wird es nämlich von meinen Mitmenschen nicht anerkannt, so ist es unsicher, weil sie es mir jederzeit wieder wegnehmen können. Im politischen System Hegels folgt daraus: mit meinem für mich allein bestehenden Privateigentum ist zugleich gesetzt, daß auch die anderen Menschen das Recht auf Privateigentum haben müssen. Das egoistische Prinzip des Privateigentums schlägt in die moralische Vorstellung um, daß das Eigentum *aller* rechtlich gesichert sein muß, und diese rechtliche Sicherung des Eigentums eines jeden Eigentümers wird anerkannt, indem die verschiedenen Eigentümer untereinander Verträge über das Übertragen von Eigentum abschließen. Beim Abschluß eines solchen Vertrages zeigt sich eine gedankliche Grundfigur, die überhaupt das Wesen der bürgerlichen Gesellschaft bei Hegel ausmacht: Indem der einzelne, darin ganz Egoist, mit dem anderen in vertragliche Beziehungen tritt, will er vor allem das *eigene* Wohl – weil er aber die vertraglichen Beziehungen und damit das ganze politische System, in dem diese Beziehungen möglich sind, will, will er damit zugleich das Wohl *aller:* »Das Wohl vieler anderer Besonderer überhaupt ist dann auch wesentlicher Zweck und Recht der Subjektivität« – allerdings, wie Hegel hinzusetzt, »in ganz leerer Bestimmung« (*Rechtsphilosophie* § 125). Dies soll heißen, daß der einzelne damit nur das Wohl der anderen Leute im großen und ganzen, dagegen nicht aller

7 Marcuse, *Vernunft und Revolution* (vgl. Anm. 2), S. 77.

konkret bestimmten anderen will, und daß mit diesem Wollen des Wohles aller durchaus verbunden sein kann, daß er gewissen konkreten Individuen, seinen Konkurrenten im Geschäftsleben etwa, Übles wünscht.

Wir haben verfolgt, wie Hegel aus dem Prinzip des an sich freien Willens des einzelnen in dialektischen Schritten, die hier überaus vergröbert worden sind, das Recht auf Eigentum, die Idee des Rechts überhaupt, den Vertrag und damit das Grundmuster der Gesellschaft hergeleitet hat. Diese Ableitungen sind jedoch zunächst Abstraktionen, die einer konkreten Existenz bedürfen. Seine unmittelbare Existenz hat der einzelne zuerst in der *Familie*. In ihr ist er weniger egoistische Person für sich als vielmehr Mitglied einer Gemeinschaft, welche »die Liebe zu ihrer Bestimmung« hat; insofern ist sie »das unmittelbare sittliche Verhältnis« (*ebenda* §§ 158, 161). Als echter Besitzbürger betont Hegel auch die Bestimmung der bürgerlichen Familie, daß sie »Eigentum und Vermögen« hat und daß dafür gesorgt werden muß (§ 160). Doch gerade diese Sorge um das Familienvermögen führt schließlich über die Familie hinaus, reißt sie auseinander und läßt sie in die *bürgerliche Gesellschaft* übergehen: »Zunächst ist die Familie das substantielle Ganze, dem die Vorsorge für diese besondere Seite des Individuums sowohl in Rücksicht der Mittel und Geschicklichkeiten, um aus dem allgemeinen Vermögen (d. h. aus dem gesellschaftlichen Reichtum, W. E.) sich etwas erwerben zu können, als auch in Rücksicht seiner Subsistenz (seines Lebensunterhaltes, W. E.) und Versorgung im Falle eintretender Unfähigkeit, angehört. Die bürgerliche Gesellschaft reißt aber das Individuum aus diesem Bande heraus, entfremdet dessen Glieder einander und anerkennt sie als selbständige Personen; sie substituiert (ersetzt, W. E.) ferner statt der äußeren unorganischen Natur und des väterlichen Bodens, in welchem der Einzelne seine Subsistenz hatte (d. h. als Familienmitglied, W. E.) den ihrigen (d. h. den Boden der bürgerlichen Gesellschaft mit ihren Geschäften, W. E.) und unterwirft das Bestehen der ganzen Familie selbst, der Abhängigkeit von ihr, der Zufälligkeit (d. h. das Prinzip der bürgerlichen Gesellschaft ist der Zufall, W. E.). So ist das Individuum *Sohn der bürgerlichen Gesellschaft* geworden, die ebensosehr Ansprüche an ihn, als er Rechte auf sie hat« (§ 238).

In der bürgerlichen Gesellschaft löst sich also die ursprüngliche Sittlichkeit der Familie auf, es herrscht statt dessen der »selbstsüchtige Zweck«. In der bürgerlichen Gesellschaft strebt der einzelne ohne Rücksicht auf andere sein egoistisches Privatwohl an. Doch niemand kann dies erreichen, ohne sich damit zugleich auf die anderen einzelnen zu beziehen, die ebenfalls ihr privates Wohl anstreben. Auf diese Weise wird, Hegel zufolge, ein »System allseitiger Abhängigkeit« begründet, in welchem das Überleben und das Wohl des einzelnen und sein rechtliches Dasein in das Überleben, das Wohl und das Recht aller verflochten ist (§ 183). Wie später Marx, erweist sich hier Hegel als ein guter Kenner der klassischen politischen Ökonomie eines Adam Smith und James Stewart. Jeder arbeitet für sich und befriedigt seine eigenen Bedürfnisse. Doch gerade aus diesem prinzipiell egoistischen, auf die eigene Person bezogenen Verhalten eines jeden entspringt in der bürgerlichen Gesellschaft das Wohl aller: »In dieser Abhängigkeit und Gegenseitigkeit der Arbeit und der Befriedigung der Bedürfnisse schlägt die *subjektive Selbstsucht* in den *Beitrag zur Befriedigung der Bedürfnisse aller anderen* um, – in die Vermittlung des Besonderen durch das Allgemeine als dialektische Bewegung, so daß, indem jeder für sich erwirbt, produziert und genießt, er eben damit für den Genuß der Übrigen produziert und erwirbt« (§ 199). Besitzt der einzelne Kapital oder eine berufliche Fertigkeit, so hat er die Chance, an dem durch die Arbeit aller geschaffenen gesellschaftlichen Reichtum teilzuhaben und ihn durch seine eigene Arbeit zu vermehren. Und indem die einzelnen erkennen, daß die Verwertung ihres Privateigentums und ihrer beruflichen Fähigkeiten des Schutzes durch das Recht bedarf, beginnen sie zu ahnen, daß neben dem Privatinteresse auch das Interesse und das Wohl des Ganzen bewahrt werden müssen.

Hegel hat die ökonomischen Bewegungen der bürgerlichen Gesellschaft, deren Wesen der private Besitz der Produktionsmittel ist, bereits mit einer Schärfe erkannt, die an Marx erinnert. »Wenn die bürgerliche Gesellschaft sich in ungehinderter Wirksamkeit befindet«, so konstatierte er, werde der Grad der Industrialisierung zunehmen. Die im ungleichen Kapitalbesitz und der Unterschiedlichkeit der beruflichen Qualifikation begründeten ungleichen Erwerbschancen führten aber zu einer einseitigen »Anhäufung der Reichtümer« auf der einen Seite und auf der anderen Seite zur »*Vereinzelung* und *Beschränktheit* der besonderen Arbeit und damit (zur) *Abhängigkeit* und *Not* der an diese Arbeit gebundenen Klasse«, die »unter das Maß einer gewissen Subsistenzweise« (d. h. unter das Existenzminimum, W. E.) heruntersinken müsse. Ein Unterhalt der Armen (der Arbeitslosen, um einen modernen Ausdruck zu gebrauchen) durch öffentliche Unterstützung widerspreche aber dem Prinzip der bürgerlichen Gesellschaft, wonach jeder seinen Lebensunterhalt und seine Selbständigkeit durch eigene Arbeit zu erwerben hat. Diese Sicht, auf die Gegenwart übertragen, hieße übrigens, daß eine bürgerliche Gesellschaft wie die der USA, die gezwungen ist, eine breite Schicht von Arbeitslosen durch Almosen zu ernähren, hinter ihr eigenes freiheitliches Prinzip der persönlichen Selbständigkeit durch eigene Arbeit zurückgefallen ist. Unbegrenzt Arbeitsplätze zu schaffen, hält Hegel für unmöglich, denn auf diese Weise entstünde eine Überproduktion, die keinen ausreichenden Absatz finden könnte. Hegel zieht das Fazit: »Es kommt hierin zum Vorschein, daß bei dem *Übermaße des Reichtums* die bürgerliche Gesellschaft *nicht reich genug ist,* d. h. an dem ihr eigentümlichen Vermögen nicht genug besitzt, dem Übermaß der Ar-

mut und der Erzeugung des Pöbels zu steuern« (§ 245).
Dies erinnert an die Formulierung des amerikanischen Natio-
nalökonomen John Galbraith, der von dem Widerspruch
zwischen privatem Reichtum bei gleichzeitiger öffentlicher
Armut – was etwa öffentliche Einrichtungen wie Kranken-
häuser, Kindergärten usw. betrifft – gesprochen hat. Fünf-
undzwanzig Jahre vor Marx und Engels weist Hegel auf
England hin, an dem man die Entwicklung der bürgerlichen
Gesellschaft, was die Entstehung eines verelendeten Proletariats betrifft, studieren könne.
Heute ist in gewisser Hinsicht das Problem der Überproduktion dadurch gelöst, daß die Arbeitnehmer in die Lage versetzt worden sind, einen erheblichen Teil der von ihnen ge-
fertigten Produkte zu konsumieren. Doch eine andere Beob-
achtung Hegels trifft immer noch zu: daß nämlich die an die
unselbständige Arbeit gebundene Klasse nicht in der Lage
ist, die großen kulturellen und geistigen Reichtümer der bürgerlichen Gesellschaft zu genießen. Und dies deshalb, weil
auch die heutige Arbeitswelt für den Arbeiter nicht genügend
Vorbildung und Freizeit bereitstellt, die zu einer durch
wirkliches Verständnis vermittelten Teilnahme am kulturellen und geistigen Leben erforderlich sind. Hegels Scharfblick
für die Gesetzmäßigkeiten der bürgerlichen Ökonomie ist
sogar jenes Phänomen nicht entgangen, das später von den
sozialistischen Imperialismustheoretikern (Hilferding, Rosa
Luxemburg, Lenin) hervorgehoben worden ist – nämlich die
Notwendigkeit der Erschließung neuer Märkte und der
Kolonisation für das Funktionieren der bürgerlichen Wirtschaftsweise. »Durch [...] ihre Dialektik wird die bürgerliche Gesellschaft über sich hinausgetrieben, zunächst *diese
bestimmte* Gesellschaft, um außer ihr in anderen Völkern,
die ihr an den Mitteln, woran sie Überfluß hat, oder überhaupt an Kunstfleiß usf. nachstehen, Konsumenten und damit die nötigen Subsistenzmittel zu suchen« (§ 246). Die
»Sucht des Erwerbs« treibe die bürgerliche Gesellschaft über

die Meere und lasse einen weltweiten Handelsverkehr, einen Weltmarkt also, entstehen.

An dieser Stelle soll noch einmal an die eingangs gestellte Frage erinnert werden: War Hegel tatsächlich ein Denker der Revolution, oder war er nicht vielmehr, wie ebenfalls mit Nachdruck immer wieder behauptet wird, der Philosoph der konservativen Monarchie Preußens? Vom freien Willen des einzelnen ausgehend, verfocht er, wie gezeigt, das Recht auf Privateigentum, das Prinzip des allgemeinen und gleichen Rechts, die Entfaltung des Individuums zum sich selbst bestimmenden Bürger. Diese Ideale, für die er sich, vor allem in seiner Jugend, leidenschaftlich eingesetzt hatte, waren bekanntlich auch die Ideale der Französischen Revolution, die diese zum ersten Mal in der Geschichte der Menschheit zu verwirklichen getrachtet hatte. Im Zustand der feudalen Monarchie bestanden Adelsprivilegien, Behinderungen der bürgerlichen Ökonomie, ungleiche Besteuerung – kurz, ungleiches Recht. In Hegels Augen war es ein Unding, daß eine moderne Verfassung feudale Privilegien konserviert.[8] Er war ein bürgerlicher Denker, der fürs bürgerliche Recht kämpfte. Und da er so scharf wie kaum jemand in seiner Epoche erkannt hatte, daß der bürgerliche Rechtszustand mit seiner Garantie des Privateigentums mit der Französischen Revolution zur gesellschaftlichen Wirklichkeit geworden war und da er dies als einzigartige historische Tat begriff, war er ein Verfechter der Prinzipien der Französischen Revolution. Napoleon – hierin liegt seine historische Leistung – hat diesen von der Französischen Revolution geschaffenen bürger-

---

8 So kritisierte Hegel z. B. in seiner Schrift über die *Verhandlungen in der Versammlung der Landstände des Königreichs Württemberg im Jahre 1815 und 1816* von 1817 jene Ständevertreter, die auf das feudalistische »gute alte Recht« der alten Württembergischen Verfassung pochten und die modernen bürgerlichen Prinzipien der vom württembergischen König vorgeschlagenen Verfassung ablehnten. (Vgl. G. W. F. Hegel, *Politische Schriften*. Nachwort von Jürgen Habermas, Frankfurt/M. 1966).

lichen Rechtszustand nicht etwa beseitigt, sondern im Gegenteil in seinen Gesetzbüchern zum Gesetz erhoben und zusammen mit seinen Armeen über den europäischen Kontinent gebracht. Wie viele fortschrittliche Deutsche, zum Beispiel Heinrich Heine, war Hegel ein Verehrer Napoleons, und eben deshalb, weil dieser den Feudalismus, der in den deutschen Staaten immer noch die persönlichen Freiheiten und Handel und Gewerbe einschränkte, mit Hilfe seiner Armeen zum Einsturz gebracht hatte.

Doch dieses moderne System der bürgerlichen Gesellschaft, das mit der Französischen Revolution endgültig geschichtliche Wirklichkeit erlangt hatte, erweist sich bei Hegel, da es prinzipiell von den eigensüchtigen Zwecken der Individuen beherrscht wird, für sich isoliert genommen als ein instabiles System. In ihm vermehrt sich ständig das Proletariat, das in Hegels politischer Philosophie bereits eine ausschlaggebende Rolle spielte. Dies bedeutet, daß die Zahl der selbständigen Produzenten abnimmt, was zur Unterkonsumtion und Absatzschwierigkeiten in der eigenen Gesellschaft führt, so daß notwendig neue Märkte erschlossen werden müssen. All dies sind Anlässe künftiger sozialer Krisen, wenn nicht von Revolutionen – aber diesmal Revolutionen nicht der Bürger, sondern des *Pöbels,* wie Hegel das verelendete, arbeitslose Proletariat und das Lumpenproletariat nannte. Diese bürgerliche Gesellschaft kann für sich allein gar nicht bestehen, sie muß aus sich selbst heraus Faktoren entwickeln, die dieses System der bürgerlichen Freiheiten *stabilisieren.* Dieser Zwang aber bringt Hegel dazu – und dies ist das Interessante in seiner Herleitung der bürgerlichen Gesellschaft und ihres Staates, weil es die Entwicklung vieler bürgerlicher Gesellschaften charakterisiert –, die Freiheitsräume dieser Gesellschaft in Fortgang seines Systems um der gesellschaftlichen Stabilität willen Schritt für Schritt einzuengen, ja im Endeffekt zurückzunehmen. Hegel wird so schrittweise tatsächlich zum konservativen Philosophen des preußischen Staates.

Die erste Institution, die die bürgerliche Gesellschaft zu ihrer Stabilisierung aus sich heraus entwickelt, ist die *Polizei* (wobei zu sagen ist, daß Polizei hier im umfassenden Sinn verstanden wird und auch Teile der Verwaltung wie die Gewerbeaufsicht umfaßt). Denn, wie bereits angedeutet, Hegel erkennt: »Die verschiedenen Interessen der Produzenten und Konsumenten können in Kollision miteinander kommen, und wenn sich zwar das richtige Verhältnis *im ganzen* von selbst herstellt, so bedarf die Ausgleichung auch einer über beiden stehenden mit Bewußtsein vorgenommenen Regulierung« (*Rechtsphilosophie* § 236). Hegel vertraut also nicht, wie der reine Manchesterliberalismus, auf das reibungslose Funktionieren der Selbstregulation durch den Markt, sondern befürwortet eine Überwachung der Wirtschaft durch Polizei und Verwaltung.

Die zweite Institution, womit die Gesellschaft sich stabilisiert, sind die *Korporationen.* (Hierunter müßte man heute die Wirtschaftsverbände wie die Unternehmerverbände und die Gewerkschaften sowie die Selbstverwaltungsorgane der Wirtschaft, z. B. die Industrie- und Handelskammern, verstehen.) Bei Hegel selbst tragen die Korporationen noch Züge der alten Zünfte. Bei allem Eintreten für das Prinzip der bürgerlichen Gleichheit spielte er das »Gelten« des einzelnen in der bürgerlichen Ordnung »kraft seines Amtes, Standes, einer bürgerlich anerkannten Gewerbsgeschicklichkeit und Berechtigung nach derselben, Meisterschaft, Titel usf.« gegen die »französischen Abstraktionen«, wonach das Wahlrecht des Bürgers allein von seinem Vermögensstand abhing, aus.[9] Das Volk dürfe nicht als ein »Haufen« oder eine »in ihre Atome aufgelöste Menge« in Erscheinung treten (§§ 303/03). Denn in einer solchen Gesellschaft von atomisierten Einzel-Egoisten könnte sich das allgemeine Wohl nicht durchsetzen. Die Bürger müssen deshalb ent-

9 Hegel, *Politische Schriften* (vgl. Anm. 8), S. 160 f.

sprechend ihrem Beruf sich zu Ständen zusammenschließen, deren Selbstverwaltungskörperschaften eben die Korporationen sind. Wenn die Bürger in diesen Korporationen über ihre eigenen Privatangelegenheiten beraten, so bleiben sie dabei zwar die alten bürgerlichen Egoisten; doch weil sie zugleich ein eigenes wohlverstandenes Interesse am Allgemeinwohl, insbesondere an einer funktionierenden Rechtspflege, haben, wächst im Rahmen der Korporationen ihr Sinn für das Allgemeine und den Staat, die Hegel als »Reich der Sittlichkeit« der vom Egoismus beherrschten Gesellschaft überordnet. Wieder erscheint die dialektische Grundfigur: Aus der Besonderheit der Einzelinteressen wächst das Allgemeininteresse heraus: »Der Korporationsgeist, der sich in der Berechtigung der besonderen Sphären erzeugt, schlägt in sich selbst zugleich in den Geist des Staates um, indem er an dem Staate das Mittel der Erhaltung der besonderen Zwecke hat. Dies ist das Geheimnis des Patriotismus der Bürger nach dieser Seite, daß sie den Staat als ihre Substanz wissen, weil er ihre besonderen Sphären, deren Berechtigung und Autorität wie deren Wohlfahrt, erhält« (§ 289). Der Korporationsgeist bedeute die unmittelbare Einwurzelung des Besonderen in das Allgemeine.

Hegel gibt somit eine Erklärung dafür, weshalb die Bürger, obwohl sie auf der Ebene der bürgerlichen Gesellschaft Egoisten sind, dennoch zum Staat halten, das heißt Patrioten sind: weil sie wissen, daß sie ohne das Allgemeine des Staates ihre eigensüchtigen Sonderinteressen gar nicht verfolgen könnten. Umgekehrt ist der Staat auf seine Bürger, die nun einmal eigensüchtig und selbstbezogen-eitel sind, zur Verfolgung seiner allgemeinen Zwecke, das heißt des Gemeinwohls, angewiesen. Deshalb muß der Staat gerade an der Nahtstelle, wo Sonderinteressen und Allgemeininteresse ineinander übergehen, den Bürgern eine Beteiligung an den öffentlichen Angelegenheiten zugestehen. Und dies, obwohl, wie Hegel mit einigem Zynismus feststellt, die Bürger zur Verwaltung der öffentlichen Angelegenheiten gar nicht geeignet sind. Die Bürger brauchen halt, so meint er, einen Tummelplatz für ihre Eitelkeit und ihr Geltungsbedürfnis. Dies kann, weil die in Frage stehenden, von den Bürgern selbst zu verwaltenden Probleme geringfügig sind, nichts schaden, und die Bürger werden, weil sie den Schein von Selbstverwaltung besitzen, gefühlsmäßig an den Staat gebunden, sie werden Patrioten. »Die Verwaltung der Korporations-Angelegenheiten durch ihre eigenen Vorsteher wird, da sie zwar ihre eigentümlichen Interessen und Angelegenheiten, aber unvollständiger den Zusammenhang der entfernteren Bedingungen und die allgemeinen Gesichtspunkte kennen und vor sich haben, häufig ungeschickt sein – außerdem daß weitere Umstände dazu beitragen, z. B. die nahe Privat-Berührung und sonstige Gleichheit der Vorsteher mit den ihnen untergeordnet sein Sollenden, ihre mannigfache Abhängigkeit usf. Diese eigene Sphäre kann aber als dem Moment der *formellen Freiheit* überlassen angesehen werden, wo das eigene Erkennen, Beschließen und Ausführen, sowie die kleinen Leidenschaften und Einbildungen einen Tummelplatz haben, sich zu ergehen, – und dies um so mehr, je weniger der Gehalt der Angelegenheit, die dadurch verdorben, weniger gut, mühseliger usf. besorgt wird, für das Allgemeinere des Staates von Wichtigkeit ist, und je mehr die mühselige oder törichte Besorgung solcher geringfügiger Angelegenheiten in direktem Verhältnisse mit der Befriedigung und Meinung von sich steht, die daraus geschöpft wird« (§ 289). Die Selbstverwaltung der Bürger ist also nur ein Moment der *formellen* Freiheit, nicht etwa der *wirklichen* Freiheit. Hegel zeigt die Grenzen der Selbstverwaltung und Mitbestimmung in einem im übrigen obrigkeitlich verfaßten Staat: Das politische Gewicht der Fragen, die die Bürger selbst entscheiden können, ist gering – doch das Bewußtsein, durch Mitwirkung am politischen Leben aus der Masse der übrigen Bürger hervorgehoben zu sein, befriedigt den Ehrgeiz und weckt das Gefühl der Dankbarkeit gegenüber dem Gemeinwesen. – Es fiele nicht schwer, moderne Beispiele von Selbstverwaltung und Mitbestimmung zu nennen, die Hegels Analyse entsprechen und sie bestätigen.

Die politische Mitwirkung des Volkes durch die Abgeordneten im Parlament (in der »Ständeversammlung«) dient ebenfalls vor allem dazu, den subjektiven Willen der einzelnen im Volk zu bändigen und in staatlich kontrollierte Kanäle zu lenken oder, um Hegels dialektische Figur zu zitieren: das besondere Interesse in das allgemeine Interesse des Staates übergehen zu lassen. Die Abgeordneten werden bei Hegel nicht vom Volk, sondern von den Ständen und Korporationen gewählt. Dies hat den Vorteil, daß die Abgeordneten über die »speziellen Bedürfnisse, Hindernisse usw.« ihres Berufskreises Bescheid wissen. Würden aber die einzelnen Individuen des Volkes ohne Vermittlung der Stände an der Willensbildung beteiligt, so hätte dies nach Hegel gefährliche Folgen. Man spürt förmlich die Angst vor der Revolution des Pöbels, wenn Hegel sagt: »*Die Vielen* als Einzelne, was man gerne unter Volk versteht, sind wohl ein *Zusammen,* aber nur als die *Menge,* – eine formlose Masse, deren Bewegung und Tun eben damit nur elementarisch, vernunftlos, wild und fürchterlich wäre« (§ 303). Diese Angst vor den revolutionären Kräften des Volks liegt auch Hegels Ablehnung der englischen Wahlreform von 1832, die den Kreis der Wahlberechtigten ausdehnte, zugrunde. Hegel fürchtete das Übergreifen der französischen Revolution von 1830 auf England. Zwar sah er genau die Korruption des englischen Parlamentarismus durch die egoistischen Eigentumsinteressen von Feudalismus und Bürgertum, die jede Gesellschaftsreform, welche das Elend des englischen Proletariats und der irischen Landbevölkerung hätte beseitigen können, von Anbeginn vereitelte. Das erweiterte Wahlrecht könne hier, so meinte Hegel, auch keine Abhilfe schaffen, begünstige aber das Entstehen einer parlamentarischen Opposition, die nur »würde verleitet werden können, im Volke ihre Stärke zu suchen und dann statt einer Reform eine Revolution herbeizuführen.«[10]

In dieses Bild, das Hegel von den letztlich gefährlichen Potenzen des Volks und deren Entschärfung durch einen ständestaatlich organisierten Parlamentarismus im Rahmen einer konstitutionellen Monarchie zeichnet, paßt auch sein Verständnis der *öffentlichen Meinung*. Das Bestehen einer öffentlichen Meinung ist nach traditioneller liberaler und demokratischer Auffassung die Voraussetzung einer demokratischen Willensbildung: Durch die Diskussion der politischen Probleme in der Öffentlichkeit soll sich eine Übereinstimmung oder ein Mehrheitswille über das politisch Richtige oder Zweckmäßige herstellen.[11] Hegel, dessen politisches System von der subjektiven Freiheit des einzelnen ausgeht, anerkennt das Bestehen einer öffentlichen Meinung, weil eben jedermann sein »*eigenes* Urteilen, Meinen und Raten über die allgemeinen Angelegenheiten« hat und äußern will. Und da bei Hegel das Allgemeine sich aus den besonderen Willen heraus entwickelt, muß auch das Allgemeine und Wahre »mit seinem Gegenteile, dem für sich Eigentümlichen und Besonderen des Meinens der Vielen« (§ 316) verknüpft sein. Doch diese Meinung der vielen, also die öffentliche Meinung, hat keinen Maßstab zur Erkenntnis des politisch Richtigen: dies haben nur die Organe des Staates, in denen sich das Allgemeine verkörpert. Die öffentliche Meinung für sich enthält vielmehr die »ganze Zufälligkeit des Meinens, seine Unwissenheit und Verkehrung, falsche Kenntnis und Beurteilung«, und gerade *die* Meinungen sind nach seiner Ansicht oft besonders falsch, »worauf das Meinen sich

10 Hegel, *Über die englische Reformbill* (1831), in: *Politische Schriften,* S. 321.
11 Zu diesem Problem die grundlegende Schrift von Jürgen Habermas, *Strukturwandel der Öffentlichkeit. Untersuchungen zu einer Kategorie der bürgerlichen Gesellschaft,* Neuwied und Berlin 1962.

etwas einbildet« (§ 317). Deshalb sei die Unabhängigkeit von der öffentlichen Meinung »die erste formelle Bedingung von etwas Großem und Vernünftigem« (§ 318). Die *Pressefreiheit,* welche der »Befriedigung jenes prickelnden Triebes, seine Meinung zu sagen und gesagt zu haben«, dient, will er nur im Rahmen der »ihre Ausschweifungen teils verhindernden, teils bestrafenden polizeilichen und Rechtsgesetzen und Anordnungen« (§ 319) zulassen. In dieser unpräzisen Wendung scheint die Möglichkeit der Zensur, wenn nicht der Vorzensur, enthalten zu sein. Auch in der Frage der öffentlichen Meinung wird der Grundduktus des politischen Denkens Hegels deutlich: Er geht aus von der Notwendigkeit und deshalb Legitimität des freien Willens, schwächt aber die politischen Konsequenzen dieses freien Willens ab, indem er seine Äußerungen zur bloßen Meinung herabsetzt und sie in einer staatlich überwachten öffentlichen Meinung kanalisiert.

Hegel war Anhänger der konstitutionellen Monarchie. Diese politische Vorliebe begründet er mit einer dialektischen Figur, welche die Konstruktion seines politischen Systems zusammenfaßt: Zunächst nennt er den Ausgangspunkt seines politischen Denkens, den Willen des einzelnen, die Sphäre des Rechtes, durch welche die Persönlichkeit »ihre verschiedenen Formen von Subjektivität« fortbildet und schließlich im Staat, der konkreten Verkörperung des Allgemeinwillens, ihr nicht nur privates, sondern gleichzeitig auch öffentliches Selbstbewußtsein findet. Diese konkrete Objektivität des Allgemeinwillens ist »dieses Letzte, was alle Besonderheiten in dem einfachen Selbst aufhebt, das Abwägen der Gründe und Gegengründe, zwischen denen sich immer herüber und hinüber schwanken läßt, abbricht, und sie durch das: *Ich will,* beschließt, und alle Handlung und Wirklichkeit anfängt« (§ 279). Dieser letzte Wille, die Souveränität, verkörpert sich im Monarchen: »Die Persönlichkeit des Staates ist nur als eine Person, der Monarch, wirklich« *(ebenda).*

Die wichtigsten Etappen von Hegels politischem System sind nunmehr abgeschritten. Hegel war ausgegangen von dem bürgerlichen Prinzip des vereinzelten Individuums, das sich im Eigentum seinen Raum zur freien Entfaltung und Selbstdarstellung schafft. Hieraus hatte er die Sphären des Rechts, der Familie und der bürgerlichen Gesellschaft abgeleitet; die bürgerliche Gesellschaft wiederum ist die Sphäre, in der jedermann auf legitime Weise seine privaten Interessen, vor allem seine ökonomischen, verfolgen darf. Was diesen Teil seines politischen Systems betrifft, war Hegel ein revolutionärer bürgerlicher Denker, denn er verteidigte das Prinzip der bürgerlichen Wirtschaftsfreiheiten gegen feudalistische Beschränkungen; außerdem betrachtete er die Herausbildung dieser Sphäre der freien bürgerlichen Gesellschaft als einen notwendigen historischen Prozeß. Wie gezeigt, war für Hegel diese bürgerliche Gesellschaft auf Grund ihrer ökonomischen Bewegungen prinzipiell instabil und von dem »Pöbel«, den sie ständig vermehrt, zusätzlich bedroht. Deshalb entwickelt sie aus sich heraus institutionelle Momente, die sie stabilisieren sollen: Die Polizei bekämpft ökonomische und soziale Auswüchse und Mißstände; das Volk organisiert seine Stände in den Korporationen; die Vertreter des Volkes gehen aus seinen Korporationen hervor; seine öffentliche Meinung wird von vorbeugenden Gesetzen eingeschränkt; an der Spitze des Staates steht der souveräne Monarch, der zur Begründung der letzten Entscheidungen berechtigt ist. Von den Freiheitsrechten des subjektiven Willens, von denen Hegel ausgegangen war, ist eigentlich nur das Recht auf Eigentum ungeschmälert geblieben, und sicherlich nicht zufällig, denn das Recht auf Verwertung seines Eigentums und Kapitals ist *die* Grundforderung und das Grundrecht des Bürgertums, dessen Interessen die Hegelsche politische Philosophie verfocht. Dagegen hat er die Rechte auf Teilnahme am politischen Prozeß und auf politische Meinungsäußerung in seinem politischen System nicht entfaltet, sondern sie werden von den staatlichen Institutionen, welche die Sittlichkeit verkörpern sollen, gleichsam aufgezehrt. Insofern kann man sagen, daß Hegel selbst die von ihm analysierte gesellschaftliche Dialektik verkörpert: Der Denker der bürgerlichen Revolution ist zugleich und in einem der Denker der preußischen konstitutionellen Monarchie.

Betrachtet man die Entwicklung, welche die bürgerliche Gesellschaft seit Hegel genommen hat, so drängt sich der Eindruck auf, daß gewissermaßen Hegel gegen Marx recht behalten hat. In der Analyse der Widersprüche der bürgerlichen Gesellschaft stimmen beide weitgehend überein. Doch während Marx angenommen hatte, daß die Entstehung eines revolutionären Proletariats die bürgerliche Gesellschaft letzten Endes in die Luft sprengen müsse, war Hegel der Meinung, daß diese schließlich mit dem Problem des Pöbels und der arbeitslosen Armen fertig werden könnte. Diese Hoffnung hat ihn, zumindest was die bürgerlichen Gesellschaften Westeuropas betrifft, nicht getrogen. Da es gelungen ist, die bürgerliche Ökonomie so auszubilden, daß die Lohnabhängigen in die Lage versetzt werden, erhebliche Teile ihres Produkts zu konsumieren, hat sich ihre soziale Situation um jene entscheidende Stufe gebessert, die zur Verhinderung von revolutionärem Bewußtsein bei den Lohnabhängigen ausreicht. Dabei besteht die von Hegel und Marx mit den ökonomischen Gesetzmäßigkeiten der bürgerlichen Gesellschaft verknüpfte Unterprivilegierung der Lohnabhängigen fort. Der von Hegel konstatierte Grundwiderspruch der bürgerlichen Gesellschaft, nämlich daß sie bei all dem Übermaß an Reichtum nicht reich genug sei, das Phänomen der Armut zu beseitigen, dauert an. Doch muß in den Gesellschaften, wo nicht, wie unter der schwarzen Bevölkerung der USA, Massenarbeitslosigkeit und Massenarmut herrscht, *Armut* heute anders definiert werden als zu Zeiten, da es sich um die buchstäbliche Verelendung der Arbeiterklasse gehandelt hatte. Armut heißt heute vor allem die von Galbraith fest-

gestellte *öffentliche Armut*, konkret die Armut im Bildungs-
wesen, in den Krankenhäusern, den Kindergärten, in der
Sozialfürsorge, im Strafvollzug, in der Betreuung und Reso-
zialisierung von Straffälligen, in der Fürsorge für die alten
Menschen. Hier müßte unendlich viel reformiert werden,
doch bei allem privaten Überfluß und Reichtum unserer Gesellschaft fehlen hierfür die Mittel.

Bei Hegel erscheinen die bürgerliche Gesellschaft und ihr
Staat als ein System mit notwendigen inneren Spannungen
und sozialen Unterprivilegierungen, nach außen im Verhältnis zu anderen Staaten zudem notwendig aggressiv – ein
System, das sich ständig reproduziert, sozusagen in sich
kreist. Aus ihm ist nicht herauszuspringen, denn es ist ein
Zwangszusammenhang, der nur von einer Revolution des
»Pöbels« zerstört werden könnte. Doch diese wird sich, wie
Hegel hofft, nicht einstellen, wenn der Staat nach den von
ihm entwickelten Prinzipien, die zugleich der welthistorischen Vernunft entsprechen, konstruiert ist. Die Tatsache, daß
in den bedeutendsten Industrieländern der westlichen Welt,
deren politische Organisation mit den politischen Prinzipien
Hegels in vielem übereinstimmt, keine Revolution im Sinne
der Marxschen Annahme stattgefunden hat, sondern daß die
Lohnabhängigen trotz ihrer fortdauernden Unterprivilegierung weitgehend ins politische System integriert worden sind,
verdeutlicht die Triftigkeit der Einsichten Hegels in die Zusammenhänge der bürgerlichen Gesellschaft und ihres Staates.
Dieser Sachverhalt muß Menschen, die durch gesellschaftliche
Veränderungen soziale Unterprivilegierungen beseitigen und
die Chance zur demokratischen Selbstbestimmung schaffen
wollen, zu der Frage provozieren, ob die heutige Gesellschaft
nicht ebenfalls ein System darstelle, das sich ständig im Prinzip unverändert mitsamt seinen sozialen Unterprivilegierungen wiederherstellt und sich nicht einschneidend reformieren,
geschweige denn revolutionieren läßt. Ist diese ständige
Selbstreproduktion der Gesellschaft eine plausible Hypothese,

so müßte die weitere Frage gestellt werden, welche Bedingungen und welche Strukturelemente sie zu einem solchen durch einschneidende Reformen kaum beeinflußbaren System machen.

Die Realisierungschancen von größeren Reformvorhaben, sei es in der Bildungspolitik, des Verkehrswesens oder der Stadtsanierung, haben bisher von den Mechanismen der kapitalistischen Ökonomie abgehangen. Finanziert können solche Reformprojekte nur durch ein vermehrtes Steueraufkommen werden, das eine Steigerung der Produktivität zur Voraussetzung hat. Die Wirtschaft expandiert jedoch unter den Bedingungen der kapitalistischen Wirtschaftsweise nur dann, wenn die Gewinnerwartungen der Produktionsmittelbesitzer ausreichend sind. Nur dann sind sie zu größeren Investitionen bereit. Die Gewinnerwartungen der Produktionsmittelbesitzer dürfen, systemimmanent gedacht, weder durch Steuererhöhungen noch durch Ausdehnung des Lohnanteils fühlbar beschnitten werden, wenn nicht Investitionsrückgang, Abwälzen der Lohnkosten auf die Preise, wenn nicht sogar Steuerflucht die Folge sein sollen. Es gehört zur Logik des Systems, daß eine bestimmte Besteuerungsrate nicht überschritten werden kann, ohne daß die privaten Investitionen zurückgehen, und daß die Produktionsmittelbesitzer für sich das Recht in Anspruch nehmen dürfen, einen erhöhten Lohnanteil der Arbeitnehmerschaft durch Preiserhöhungen zu einem erheblichen Teil wieder abzuschöpfen, um ihre Gewinnrate aufrecht zu erhalten.

Hieraus folgt, daß unter den Bedingungen der kapitalistischen Wirtschaftsweise der Anteil der Mittel, die für die großen sozialen Reformen zur Verfügung stehen, gemessen an Prozenten des Sozialprodukts, nicht oder nur wenig gesteigert werden kann. Voraussetzung einer absoluten Steigerung ist das Wachstum der Wirtschaft. Soll aber die öffentliche Armut bei gleichzeitigem privaten Reichtum überwunden werden, so dürfen die Mittel, die für innere Reformen zur Verfügung stehen, nicht allein vom Wirtschaftswachstum abhängig gemacht werden, sondern sie müssen auch prozentual, im Vergleich zu anderen Ausgaben, steigen. Die Chancen hierfür sind gering. Die Gesellschaftsreform wird unter den gegebenen Bedingungen von der politischen Ökonomie des Systems rigoros begrenzt.[12] Dies bedeutet: Der bestehende Zustand der Gesellschaft ändert sich nicht qualitativ, sondern er bleibt auf erweiterter Stufenleiter immer derselbe. Konkret heißt das: die Bildungschancen der Arbeiterkinder stagnieren; die Zahl der Autos wächst schneller als die Straßen, mit der entsprechend wachsenden Zahl der Verkehrstoten als Folge; die Städte werden zunehmend vom Verkehr verstopft und tendenziell unbewohnbar; die Verschmutzung und Zersiedelung der natürlichen Umwelt des Menschen nimmt zu; die Flugzeuge werden größer, schneller und lauter; die Menschen werden den gesundheitsschädlichen Konsum steigern, der Bewegungsmangel fördert die Kreislaufschäden; die Arbeitswelt wird, statt gemächlicher zu werden, immer hektischer.

Die vom Menschen produzierte soziale Welt bleibt veränderbar. Doch die politischen Strategien, welche die zwanghaften Mechanismen der bestehenden Gesellschaft überwinden sollen, werden ohne genaueste Kenntnis der ökonomischen Bedingungen einschneidender Gesellschaftsreformen zum Scheitern verurteilt sein. Die Hoffnung, nach der Revolution werde man schon weitersehen, ist illusorisch. Die emanzipierte Gesellschaft muß in zähem Ringen gegen die Vorherrschaft der Kapitalinteressen Schritt für Schritt aus der alten Gesellschaft herausgetrieben werden. Um dies zu können, muß man wissen, unter welchen Bedingungen Kapital in öffentliche Sozialinvestitionen geleitet werden kann, ohne daß die Besitzer von Produktionsmitteln durch Steuerflucht, inflationäre Preissteigerungen und ähnliche Manipulationen eine Wirt-

12 Vgl. dazu Jörg Huffschmid, *Die Politik des Kapitals. Konzentration und Wirtschaftspolitik in der Bundesrepublik.* Frankfurt/M. 1969, S. 134 f.

schaftskrise provozieren und so eine linke konsequente Reformpolitik diskreditieren können. Die Bedingungen, unter denen soziale Investitionen die Priorität vor Privatinvestitionen haben können, ohne daß dadurch das Verhältnis der Binnenwirtschaft zur Außenwirtschaft außer Balance gerät, müssen analysiert werden. Eine politische Strategie ohne politische Ökonomie, welche eine Antwort auf diese und viele anderen Fragen weiß, wird in selbstzerstörerischer Revolutionsspielerei enden oder aber in der Resignation der Linken, der dann nur noch der wirkungslose Protest oder die protestlose Integration in die Institutionen von Staat, Gesellschaft und Parteien verbleibt, um auf diesen öffentlichen Tummelplätzen, mit Hegel zu reden, eine Befriedigung und Meinung von sich zu schöpfen, die in umgekehrtem Verhältnis zur Wichtigkeit dieser mühseligen oder törichten Besorgungen steht.

In diesem Lande hat Hegel, soweit abzusehen, über Marx und das Erfurter Programm gesiegt. Es wird Anstrengungen kosten zu verhindern, daß er auch über das Godesberger Programm siegt.

Kritik der politischen Ökonomie und politische Ideologie bei Marx

Zum Stand der Diskussion

Die Marxsche Kritik an Ideologien, die bürgerliche Herrschaft und ihre Formen rechtfertigen sollen, wird in der Literatur überwiegend so verkürzt dargestellt, daß die volle Tragweite dieses ideologiekritischen Ansatzes nicht zu erkennen ist.[1] Ein Grund hierfür liegt vermutlich in der Beschaffenheit der einschlägigen Marxschen Texte.

Marx hat früh eingesehen, daß politische Theorie ohne ökonomietheoretische Fundierung im Bereich der Postulate und Versicherungen bleiben müsse und deshalb seinen ökonomischen Forschungen Vorrang gegeben. Der »politische Ökonom« schien ihm überdies der tiefer blickende »Ideolog« des Kapitalisten zu sein als der Verfechter der »bürgerlichen Demokratie«, denn er gehe bei aller »Apologetik der bestehenden ökonomischen Verhältnisse« wenigstens auf Grundbestimmungen der bürgerlichen Gesellschaft wie »Tauschwert« und »Austausch« zurück (K I 601; G 152).[2] In den klassischen

---

[1] Hans Barth, *Ideologie und ideologisches Bewußtsein in der Philosophie von Karl Marx* (in: Ders., *Wahrheit und Ideologie*. Zürich 1945, S. 73 bis 190), gibt im wesentlichen eine geistesgeschichtliche Interpretation, die die dialektischen Strukturen nicht im Zusammenhang mit der ökonomischen Analyse diskutiert. – Herbert Schnädelbach, *Was ist Ideologie?* (in: *Das Argument* 50, S. 71–92) leistet nicht mehr als »die zentralen Motive einer sehr komplexen Theorie anzugeben« (S. 83). – Werner Hofmann, *Wissenschaft und Ideologie* (in: *Universität, Ideologie, Gesellschaft*, edition suhrkamp 261, S. 49–68), macht sich Ergebnisse der Marxschen Ideologiekritik zu eigen, folgt aber nicht der Marxschen Methode. – Kurt Lenk, ›*Volk und Staat*‹. *Strukturwandel politischer Ideologie im 19. und 20. Jahrhundert.* Stuttgart 1971, S. 13-19, gibt eine vorzügliche Analyse auf knappstem Raum. – Dieser Aufsatz zielt auf Rekonstruktion ab und leistet nur indirekt einen Beitrag zur modernen Ideologiediskussion.

[2] Marx-Texte werden nach folgenden Ausgaben und mit folgenden Ab-

Texten der Marxschen Ideologiekritik, der *Kritik der Hegelschen Rechtsphilosophie* (1843), der *Judenfrage* (1843/44), der *Heiligen Familie* (1845) und vor allem der *Deutschen Ideologie* (1845/46) (wozu häufig als späterer Text das berühmte »Fetischkapitel« im ersten Band des *Kapital* herangezogen wird), argumentierte Marx selbst noch überwiegend gesellschafts- und politiktheoretisch; die ökonomietheoretische Fundierung seiner Ideologiekritik wird nur in Umrissen angedeutet. In den Schriften des reifen Marx – von den politischen Analysen wie dem *Achtzehnten Brumaire* abgesehen – ist dies umgekehrt. Jene Passagen, die dort von ideologischen Positionen des Bürgertums handeln, sind zumeist in ökonomische Analysen eingebettet, in ihrem jeweiligen theoretischen Stellenwert nicht sogleich zu durchschauen und nur schwer zu Zitierzwecken zu isolieren. So wird denn immer wieder auf die bewährten Stellen in der *Judenfrage* und der *Deutschen Ideologie* zurückgegriffen.

Ein Blick auf die *Judenfrage* mag die Problematik verdeutlichen. Marx kritisiert dort die Erklärung der »Menschen- und Bürgerrechte« der Französischen Revolution als rechtliche Garantie des bourgeoisen Privatinteresses, die nicht Vereinigung, sondern Absonderung der Menschen voneinander impliziere. Diese Rechte begreift er, historisch und zugleich strukturell argumentierend, als Produkt der revolutionären Auflösung der Feudalgesellschaft durch das Bürgertum. In diesem historischen Prozeß hätten sich die Sphären der Arbeit und der Herrschaft, im Feudalismus unentwirrbar vermischte gesellschaftliche und politische Elemente, voneinan-

kürzungen zitiert: *Das Kapital* Bd. I-III, Volksausgabe Berlin 1959-61 (K I-III); *Zur Judenfrage* (J), *Die deutsche Ideologie* (DI) in: Karl Marx, Friedrich Engels, *Werke*, Bd. 1 und 3, Berlin 1969/72; *Grundrisse der Kritik der politischen Ökonomie (Rohentwurf)*, Berlin 1953 (G); *Theorien über den Mehrwert* Bd. I, Berlin 1956 (ThM); *Pariser Manuskripte* (PM) und *Exzerpte aus Jaines Mill* (Mill) in: Karl Marx, *Texte zur Methode und Praxis II*, ed. G. Hillmann. Rowohlts Klassiker 209/10 (1966).

der getrennt. Im modernen bürgerlichen Gemeinwesen stünden sich nunmehr die Welt der gesellschaftlichen Arbeit und des bourgeoisen Privatinteresses auf der einen und der Staat auf der anderen Seite gegenüber. Die gesellschaftliche Sphäre ist »Voraussetzung« des modernen Staates; ihre Struktur erzeugt ihn notwendig. Und ist das gesellschaftliche Leben vom »politischen Geist«, von den Elementen feudaler Herrschaft, befreit, so entsteht der Schein, der gesellschaftliche Mensch sei der natürliche Mensch und die Rechte des Bourgeois seien natürliche Rechte. Marx' späteres Werk ist nicht zuletzt dem Nachweis gewidmet, daß diese »natürlichen Rechte«, weit entfernt davon, natürlich zu sein, in Wirklichkeit ihre Basis in der kapitalistischen Produktionsweise haben.

Dem Auseinandertreten von Gesellschaft und Staat entspricht die »Verdoppelung« der bürgerlichen Existenz in den *Bourgeois* und den *Citoyen*. Der Bürger führt sein reales Leben, seine Privatinteressen verfolgend, als Bourgeois, als Citoyen ist er dagegen »das imaginäre Glied einer eingebildeten Souveränität, [...] seines wirklichen individuellen Lebens beraubt und mit einer unwirklichen Allgemeinheit erfüllt« (J 355). Der Staat, als politisches Medium der »Verbindung des Menschen mit dem Menschen« *Selbstzweck*, wird von den egoistischen Bourgeois zum *Mittel* ihrer partikularen Privatinteressen verkehrt. So ist der Staat, in einer Formulierung der *Deutschen Ideologie,* »[...] weiter nichts als die Form der Organisation, welche sich die Bourgeois sowohl nach außen als nach innen hin zur gegenseitigen Garantie ihres Eigentums und ihrer Interessen notwendig geben« (DI 62).

Ferner deutet Marx bereits in der *Judenfrage* an, daß parallel mit der Entstehung der bürgerlichen Gesellschaft und ihres Staates die Beherrschung der Menschen durch eine andere Macht entstanden ist: die Herrschaft des *Geldes,* von Marx offenbar als Inkarnation sozialer Macht begriffen. Als »der allgemeine, für sich selbst konstituierte *Wert* aller Dinge« sei das »Geld« »das dem Menschen entfremdete Wesen seiner

Arbeit und seines Daseins, und dies fremde Wesen beherrscht ihn [...]« (J 375). Schließlich nennt Marx in der *Kritik der Hegelschen Rechtsphilosophie*, die man als Fortsetzung der *Judenfrage* ansehen kann[3], die gesellschaftliche Kraft, die die Herrschaft des bourgeoisen Egoismus und des Geldes beseitigen und die wahre Emanzipation des Menschen verwirklichen werde: das *Proletariat*.

Wenn gesagt wird, Marx habe in der *Judenfrage* und anderswo den Anspruch der bürgerlichen Theorie, mit der politischen Emanzipation sei zugleich die Freiheit und Gleichheit eines jeden Bürgers verwirklicht worden, mit den realen gesellschaftlichen Verhältnissen in den modernen bürgerlichen Gemeinwesen konfrontiert und gezeigt, daß diese jenen Postulaten bürgerlicher Herrschaftslegitimation nicht entsprächen, weshalb sie Ideologie seien, so ist dies zweifellos richtig und ein valables Argument in der ideologiekritischen Diskussion.[4] Nur sollte eingesehen werden, daß dies Argument bei weitem nicht die ganze Dimension der Marxschen Analyse abdeckt, vielmehr grobschlächtig ist, vergleicht man es mit der Reichweite des von Marx später entwickelten kategorialen Instrumentariums. Zwar kommen in den Aufsätzen der *Deutsch-französischen Jahrbücher* bereits die zentralen Gedanken der entwickelten Marxschen Theorie zur Sprache, doch ihre innere Verknüpfung ist nur für den zu durchschauen, der die entwickelte Theorie überblickt.

Theoretische Prämissen beim jungen Marx

Für den hier diskutierten Zusammenhang ist wichtig zu erkennen, daß das Marxsche Theorem von der Erzeugung des Staates durch die Struktur der bürgerlichen Gesellschaft in

3 Beide Aufsätze sind in den *Deutsch-französischen Jahrbüchern* erschienen und stehen in einem nachweisbaren theoretischen Zusammenhang.
4 Ein Beispiel für diese Argumentationsweise gibt Jürgen Habermas in

der Weise, daß der Bürger in der gesellschaftlichen Sphäre sein wirkliches Leben führe, in der Sphäre des Staates und des Gesetzes aber »auf sein Leben gegen das Allgemeine Verzicht getan hat« (Hegel), eine Denkfigur der Hegelschen Dialektik aufgreift. Um bei dem genannten Beispiel zu bleiben: Das wirkliche individuelle Leben des Bürgers in der Gesellschaft, potentiell »Vergegenständlichung« seiner »Wesenskräfte«, verkehrt sich zu seiner »Entgegenständlichung« in der Sphäre der abstrakten Gesetze und des Staates.[5]

In den *Pariser Manuskripten* (1844) hat Marx sein Verhältnis zur Hegelschen Dialektik verdeutlicht, sowohl in unmittelbaren Äußerungen darüber als auch in der dialektischen Darstellung von theoretischen Grundpositionen, die ihre zentrale Stellung in der entfalteten Theorie, teils verfeinert, teils weniger emphatisch ausgedrückt, beibehalten. Das »Große« an Hegels *Phänomenologie* sei, daß er »die Selbsterzeugung des Menschen als einen Prozeß faßt, die Vergegenständlichung als Entgegenständlichung, als Entäußerung und als Aufhebung dieser Entäußerung; daß er also das Wesen der *Arbeit* faßt und den gegenständlichen, wahren, weil wirklichen Menschen, als Resultat seiner *eigenen Arbeit* begreift« (PM 113). Doch – und hierin liegt die entscheidende Differenz zwischen Hegel und Marx – sehe Hegel die Möglichkeit einer Aufhebung der entäußerten und entfremdeten Formen des menschlichen Wesens, etwa jener, die sich im Reichtum oder in der Staatsmacht zeigen, im Medium des philosophischen Gedankens. Arbeit sei bei Hegel gedankliche Arbeit (was, wie Marx und Engels später formulierten, seinen Idealismus ausmacht). Die im so verstandenen Arbeitsprozeß erzeugten Vergegenständlichungsformen können durch gedank-

Naturrecht und Revolution (in: ders., *Theorie und Praxis*, Neuwied und Berlin 1963, S. 52–88, und in *Strukturwandel der Öffentlichkeit* (Neuwied 1962), S. 138–144.

5 Vgl. dazu meinen Aufsatz *Freiheit, Eigentum und Herrschaft bei Hegel,* oben S. 132 ff.

liche Arbeit, indem der Mensch die Formen gesellschaftlicher und politischer Entfremdung als notwendig und sich darin als Staatsbürger philosophisch begreift, aufgehoben werden. Hegels philosophische Aufhebung der Entfremdung läßt die *realen* Entfremdungsformen (Staatsmacht, Gesetze, Reichtum)[6] bestehen – Marx will dagegen diese Produkte verkehrter menschlicher Praxis, die den Menschen als ihm fremd gewordene Mächte beherrschen, durch Umwälzung dieser Praxis beseitigen.

Im Gegensatz zu Hegels idealistischem Arbeitsbegriff heißt für Marx Arbeit konkrete Auseinandersetzung mit der Natur, und zwar nicht des je individuellen Menschen, sondern des Menschen als Gattungswesen.[7] Arbeit hat eine bestimmte Form, und sie geschieht – von Robinsonaden abgesehen – in bestimmten gesellschaftlichen Formen, die auf die Form der Arbeit zurückwirken. Alle Arbeit hat die Form der Vergegenständlichung und damit der »Verdoppelung« des Arbeitenden. Er legt seine »Wesenskräfte« in sein Produkt, vergegenständlicht sich in ihm, »verdoppelt« sich so. Da die Arbeit des Menschen als Gattungswesen zugleich seine gesellschaftliche Welt erzeugt, hat er sich zugleich in diesen von ihm geschaffenen gesellschaftlichen Verhältnissen vergegenständlicht, »verdoppelt«, und kann sich potentiell darin »anschauen« (PM 57 f.).

Freilich hängt diese Möglichkeit, sich in seinem Produkt und der durch Betätigung der Gattungskräfte selbst geschaffenen gesellschaftlichen Welt anzuschauen, von der Struktur der so geschaffenen gesellschaftlichen Verhältnisse ab. Ver-

---

6 Vgl. meinen in Anm. 5 zitierten Aufsatz. Hegels Analyse des Reichtums entspricht in vielen Punkten der Marxschen Geld- und Kapitalanalyse.

7 Daß das Marxsche Menschenbild von der Anthropologie Feuerbachs (der Mensch als sinnlich-konkretes Gattungswesen) und von Moses Hess' Vorstellung vom Menschen als tätigem Wesen beeinflußt worden ist, ist in der Literatur oft gezeigt worden. Vgl. jetzt wieder Armin Wildermuth, *Marx und die Verwirklichung der Philosophie,* Den Haag 1970.

gegenständlichung durch Arbeit ist immer zugleich Entgegenständlichung, zumeist Erzeugung einer übermächtigen, fremden Welt (PM 116). Die Kollektivproduktion in einer archaischen Stammesgemeinschaft mag die Entstehung einer dem Menschen fremd gegenüberstehenden sozialen Welt verhindern, und in der kommunistischen Gesellschaft wird die Sozietät der gemeinsamen Kontrolle durch die Produzenten unterworfen, so daß sie sich nicht verselbständigen kann.[8] In allen anderen, »bornierten« Produktionsverhältnissen wird die Vergegenständlichungsstruktur der Arbeit notwendig dazu führen, daß sich der Produzent in der von ihm erzeugten sozialen Welt entgegenständlicht, daß sie zu einer fremden, außer ihm stehenden Gewalt wird (PM 59 ff.). Die Menschen versuchen, diese fremde, ihnen entgegenstehende soziale Gewalt, deren Genesis sie nicht durchschauen, mit Kategorien zu erfassen, die sie der Oberfläche dieser sozialen Welt entnehmen. Ihre eigene Praxis, die Be-

---

[8] In den *Exzerpten aus James Mill* gibt Marx seine Vorstellung von nichtentfremdeter Produktion wieder: »Gesetzt, wir hätten als Menschen produziert: Jeder von uns hätte in seiner Produktion sich selbst und den andren *doppelt bejaht*. Ich hätte 1) in meiner *Produktion* meine *Individualität*, ihre *Eigentümlichkeit* vergegenständlicht und daher sowohl während der Tätigkeit eine individuelle *Lebensäußerung* genossen, als im Anschauen des Gegenstandes die individuelle Freude, meine Persönlichkeit als *gegenständliche, sinnlich anschaubare* und darum *über allen Zweifel erhabene Macht* zu wissen. 2) In deinem Genuß oder deinem Gebrauch meines Produkts hätte ich *unmittelbar* den Genuß, sowohl des Bewußtseins, in meiner Arbeit ein *menschliches* Bedürfnis befriedigt, als das *menschliche* Wesen vergegenständlicht und daher dem Bedürfnis eines andren *menschlichen* Wesens seinen entsprechenden Gegenstand verschafft zu haben, 3) für dich der *Mittler* zwischen dir und der Gattung gewesen zu sein, also von dir selbst als eine Ergänzung deines eignen Wesens und als ein notwendiger Teil deiner selbst gewußt und empfunden zu werden, also sowohl in deinem Denken wie in deiner Liebe mich bestätigt zu wissen, 4) in meiner individuellen Lebensäußerung unmittelbar deine Lebensäußerung geschaffen zu haben, also in meiner individuellen Tätigkeit mein wahres Wesen, mein *menschliches*, mein *Gemeinwesen bestätigt* und *verwirklicht* zu haben« (Mill 180).

herrschung der Natur und Entfaltung der Gattungskräfte, mißlingt und verkehrt sich zur Unterwerfung unter die von ihnen bewußtlos erzeugte soziale und politische Gewalt. So erscheinen »die Menschen und ihre Verhältnisse wie in einer Camera obscura auf den Kopf gestellt«; diese Verhältnisse werden vom Bewußtsein als »natürlich« aufgefaßt, sind so »verkehrtes« Bewußtsein – Ideologie (DI 26).

Tausch, Arbeitsteilung und *Privateigentum,* Kategorien, die einen bestimmten gesellschaftlichen Entwicklungsstand benennen, markieren zugleich Stufen der Erzeugung von sozialer und politischer Herrschaft durch entfremdete menschliche Arbeit. Tausch, ursprünglich Austausch des Überschusses von Arbeitsprodukten zwischen archaischen Gemeinwesen, schafft neue Bedürfnisse, regt Produktion allein für Tauschzwecke an und hat Arbeitsteilung und zugleich das Entstehen von Privateigentum zur Folge.[9] Privateigentümer aber, die hauptsächlich für den Austausch produzieren, begeben sich der Möglichkeit, sich in ihrem Produkt zu vergegenständlichen und selbst anzuschauen. Sie beziehen ihr Produkt auf das des anderen Produzenten, setzen es diesem gleich, produzieren gleichsam in Gedanken während ihrer eigenen Produktion das Produkt des anderen, das Ziel ihres Bedürfnisses, und entgegenständlichen sich so. Die derart strukturierte Produktion dient nicht der *unmittelbaren* wechselseitigen Bedürfnisbefriedigung der Menschen, wie dies, Marx zufolge, unter Bedingungen nichtentfremdeter Arbeit möglich wäre. Die Produzenten können sich des begehrten Produkts des anderen nur bemächtigen, wenn sie im eigenen Produkt fremdes Bedürfnis produzieren. Was sie selbst produzieren, ist ihnen gleichgültig; ausschlaggebend ist, daß es Äquivalent der Produkte anderer ist. Die Produzenten interessieren sich gegenseitig nur als Mittel und Instrumente ihrer Bedürfnisbefriedigung, und da jeder in Gedanken in seinem Produkt das Pro-

9 Vgl. dazu DI 32 ff.; PM 96 ff.; K I 97; G 87 et passim.

dukt des anderen produziert, macht sich jeder selbst zum Mittel und Instrument seines eigenen Produkts. Die unter solchen Verhältnissen erzeugten Produkte besitzen also Äquivalentstruktur; sie sind austauschbar; eines ist das Substitut des anderen; die Produzenten produzieren in der Erwartung, ihr Produkt sei als Äquivalent zu verwerten, doppelt: *ihr* Produkt und zugleich das des anderen. Auch den Produkten haftet dieser Doppelcharakter an. Als konkrete Produkte eines Produzenten sind sie zugleich verkörpertes Bedürfnis eines anderen.

Dies ist die logische Struktur des Werts.[10] Sein Inhalt ist die soziale Beziehung zwischen tauschenden Privateigentümern. Sie benutzen die Äquivalentform ihrer Produkte, deren Tauschwert, zum Mittel ihre Bedürfnisbefriedigung. Doch sie haben sich bei der Produktion dieses Mittels diesem selbst unterwerfen müssen. »Aber das *Mittel* ist die *wahre Macht* über einen Gegenstand und daher schauen wir wechselseitig unser Produkt als die *Macht* eines jeden über den andren und über sich selbst an, d. h. unser eignes Produkt hat sich auf die Hinterfüße gegen uns gestellt, es schien unser Eigentum, in Wahrheit aber sind wir sein Eigentum« (Mill 179). Dies ist die Struktur der »Verdinglichung«. Die gesellschaftliche Beziehung zwischen den Produzenten hat sich in die Beziehung ihrer Produkte verkehrt. Die Menschen verkehren mittels des Werts ihrer Produkte; doch der Wert nimmt, bestimmten Ge-

---

10 Marx betont hier noch die subjektive Seite der Wertlehre, den Willensakt des Gleichsetzens, der für Hegel ausschlaggebend war (vgl. meinen in Anm. 5 zitierten Aufsatz). Marx stand zu jener Zeit noch nicht auf dem Boden der objektiven Arbeitswertlehre; vgl. dazu Walter Tuchscheerer, *Bevor ›Das Kapital‹ entstand*, Berlin 1968, S. 150 ff. Die Willensseite beim Äquivalententausch wird von Marx auch noch im *Kapital* (K I 90) herausgestellt. Vgl. im übrigen zur logischen Struktur des Werts Hans-Georg Backhaus, *Zur Dialektik der Wertform*, in: *Beiträge zur marxistischen Erkenntnistheorie*, ed. Alfred Schmidt, edition suhrkamp 349 (1969), S. 128-152, und Helmut Reichelt, *Zur logischen Struktur des Kapitalbegriffs bei Karl Marx*, Frankfurt, Wien 1970.

setzen folgend, ein Eigenleben an, das die Menschen, die ihn und damit diese Gesetze blind erzeugt haben, unterwirft. Der Wert ist zur sozialen Macht geworden.

Marx deutet in seinen frühen Schriften bereits an, daß die wirkliche Existenz des Wertes das Geld sei, und daß die zunehmende Tauschwertproduktion die Arbeit zur unmittelbaren Erwerbsarbeit mache und schließlich den Arbeiter »fremde[n] gesellschaftliche[n] Kombinationen« (Mill 174) unterwerfe. Damit hat er die gesellschaftlichen Voraussetzungen des Übergangs vom Geld zum Kapital genannt.

Zum Problem der Darstellung

Wie bereits in diesen frühen Texten erkennbar, gehört es zu den verwirrenden Eigenarten der Marxschen Theorie, daß ihre Grundkategorien – Arbeit, Arbeitsteilung, Privateigentum, Wert, Tauschwert, Geld, Kapital – zwar Abstraktionen sind, aber nicht von der Art, daß sie auf jede geschichtliche Epoche gleichermaßen anzuwenden wären. Sie haben vielmehr verschiedene Aussagekraft, je nachdem sie etwa allen Gesellschaftsformationen gemeinsame Sachverhalte oder aber solche, die in bestimmter Weise das Wesen einer sozioökonomischen Gesellschaftsformation begrifflich fassen, ausdrücken sollen. Arbeit zum Beispiel ist eine einfache Kategorie, die schon immer gegolten hat. Als abstrakte Arbeit, »Arbeit überhaupt«, gibt es sie erst, seitdem sie in hohem Grade vergesellschaftet ist, in einer Gesellschaftsform, »worin die Individuen mit Leichtigkeit aus einer Arbeit in die andre übergehn und die bestimmte Art der Arbeit ihnen zufällig, daher gleichgültig ist« (G 25). »Tauschwert« führt als »Kategorie« ein »antediluvianisches Dasein«, »Geld kann existieren und hat historisch existiert, ehe Kapital existierte [...]« (G 23; 25). Gleichwohl herrschen sie in der Form des Kapitals als abstrakte Realkategorien, die den gesellschaftlichen Reproduktionsprozeß bestimmen, erst in der »bürgerlichen Gesellschaft« als der »entwickeltste[n] und mannigfaltigste[n] historische[n] Organisation der Produktion« (G 25).[11]

Aus dieser ungleichen Gültigkeit an sich »antediluvianischer Kategorien« in der Anwendung auf unterschiedliche Gesellschaftsformationen erwächst das Problem, wie das Verhältnis der Kategorien zu ihrer historischen Konkretion darzustellen sei. Da die genaue inhaltliche Bestimmung der abstrakten Kategorien nur innerhalb des historischen Kontextes möglich ist, in dem sie allein »Vollgültigkeit« haben[12], ist die Darstellung, wie die unterschiedlichen Strukturen der Gesellschaftsformationen sich historisch auseinander entwickelt haben und in welcher Abfolge Produktionsformen und damit verknüpfte Revenueformen (Grundrente, Profit) dominieren, ein notwendiger Bestandteil des kategorialen Apparates. Bereits die frühen Marxschen Texte, erst recht die späteren, enthalten deshalb sozial- und wirtschaftsgeschichtliche Exkurse, die diesen historischen Konkretionen der Kategorien dienen.[13] Bei diesen historischen Untersuchungen zeigt sich jedoch, und

11 Vgl. zum Begriff der »abstrakten Realkategorie« G 353: Das Kapital ist eine Abstraktion, aber »im *Unterschied* zu den besondren reellen Kapitalien selbst eine *reelle* Existenz«, »eine besondre reelle Form neben der Form des Besondern und Einzelnen«. Zur logischen Struktur dieser Konstruktion vgl. Backhaus, a.a.O., S. 144.

12 Vgl. G 25: »Dies Beispiel der Arbeit zeigt schlagend, wie selbst die abstraktesten Kategorien, trotz ihrer Gültigkeit – eben wegen ihrer Abstraktion – für alle Epochen, doch in der Bestimmtheit dieser Abstraktion selbst ebensosehr das Produkt historischer Verhältnisse sind und ihre Vollgültigkeit nur für und innerhalb dieser Verhältnisse besitzen.«

13 Im Zentrum steht hierbei der Übergang von der feudalen zur kapitalistischen Produktionsweise, wobei vor allem gezeigt wird, wie die noch politischer Herrschaft unterworfenen Produktionseinheiten im Feudalismus (Grundeigentum mit politisch Abhängigen, Leibeigenen etc.), vermittelt durch das die feudalen Formen zersetzende Handels- und Wucherkapital, aufgelöst wurden und das Kapital auf die Produktion übergriff, was mit der Herausbildung des freien Proletariats notwendig verknüpft war. Dieser Übergang von der politisch durchstrukturierten Ge-

Marx insistiert besonders in den *Grundrissen* darauf, daß die *Aufeinanderfolge der Gesellschaftsformationen* und der sie jeweils charakterisierenden, in ihnen dominanten Kategorien sowie der *logische Zusammenhang,* in denen die abstrakten Kategorien der politischen Ökonomie zueinander stehen, überwiegend *gegenläufig* sind. So scheine nichts naturgemäßer zu sein, als die Darstellung der Kategorien mit der Grundrente und dem Grundeigentum zu beginnen, Kategorien, die die älteste und quasi naturgegebene Produktionsweise erfaßten. In Wirklichkeit kann aber »die Grundrente [...] nicht verstanden werden ohne das Kapital. Das Kapital aber wohl ohne die Grundrente. Das Kapital ist die alles beherrschende ökonomische Macht der bürgerlichen Gesellschaft. Es muß Ausgangspunkt, wie Endpunkt bilden und vor dem Grundeigentum entwickelt werden. [...] Es wäre also untubar und falsch, die ökonomischen Kategorien in der Folge aufeinanderfolgen zu lassen, in der sie historisch die bestimmenden waren. Vielmehr ist ihre Reihenfolge bestimmt durch die Beziehung, die sie in der modernen bürgerlichen Gesellschaft aufeinander haben, und die genau das Umgekehrte von dem ist, was als ihre naturgemäße erscheint oder der Reihe der historischen Entwicklung entspricht« (G 27 f.)[14]

sellschaft des Feudalismus zur bürgerlichen Gesellschaft, worin das anonyme Kapital herrscht, illustrierte Marx mehrfach mit zwei Sprichwörtern: »Nulle terre sans seigneur« und »l'argent n'a pas de maître« (PM 47 f.; K I 153).

14 Ganz wörtlich ist dies jedoch nicht zu nehmen. So entspricht z. B. das Verhältnis der Kategorien Geld und Kapital »dem wirklichen historischen Prozeß« (G 23). Deshalb ist oben im Text von einem »überwiegend gegenläufigen Verhältnis« die Rede. – Aus dieser Notwendigkeit, die ökonomischen Kategorien so darzustellen und auseinander zu entwickeln, daß sie die fortgeschrittensten Produktionsverhältnisse treffen – weil nur so der Stellenwert kategorialer Formen wie Grundeigentum und Grundrente als Vorformen des Kapitalverhältnisses, in das sie historisch-real und, *ex post* betrachtet, logisch notwendig übergehen, einsichtig gemacht werden kann –,

Dies Darstellungsproblem wirkt sich auch in der vorliegenden Arbeit aus, in der gezeigt werden soll, wie Marx die ideologischen Kategorien der Legitimation bürgerlicher Herrschaft in den Zusammenhang mit der Abfolge der ökonomischen Kategorien und zugleich der sozioökonomischen Entwicklung der bürgerlichen Gesellschaft stellt. Auch hier böte sich als »natürliche« Vorgehensweise an, diese ideologischen Positionen parallel mit der Herausentwicklung der bürger-

resultiert ein weiteres Problem. Dem »philosophischen Bewußtsein [...] erscheint daher die Bewegung der Kategorien als der wirkliche Produktionsakt« (G 22). Dies wäre jedoch Idealismus; weshalb Marx auch in den *Grundrissen* den Appell an sich selbst richtete, daß die »idealistische Manier der Darstellung zu korrigieren« sei, »die den Schein hervorbringt, es handle sich nur um Begriffsbestimmungen und die Dialektik dieser Begriffe. Also vor allem die Frage: das Produkt (oder Tätigkeit) wird Ware; die Ware Tauschwert; der Tauschwert Geld« (G 69). Gleichfalls wäre es Idealismus zu meinen, daß sich die dialektisch herausgesponnene Kategorie des Kapitals seine logische Voraussetzung, das Proletariat, qua logischen Zwang selbst schaffe. In Wirklichkeit ist die Entstehung des Proletariats im westlichen Europa historisch kontingent, wenn auch die strukturellen Formen der Genesis des Kapitalismus, das auf die Produktion übergreifende Handels- und Wucherkapital in den Städten, der sich kommerzialisierende und in agrarkapitalistische Formen übergehende Agrarfeudalismus, die Freisetzung des Proletariats aus seiner feudalen Einbettung so vorbereitet haben, daß man von einer in logische Kategorien zu fassenden Zwangsläufigkeit sprechen kann. Gleichwohl hat nicht die zum Kapital fortschreitende Kategorie des Geldes das Proletariat erzeugt, trotz mißverständlicher Formulierungen von Marx, etwa der: »Das Kapital geht aus der Zirkulation hervor und setzt die Arbeit als Lohnarbeit«, und weiter oben heißt es auf derselben Seite (G 189), ein organisches System als Totalität, wie es das System des sich selbst reproduzierenden Kapitals sei, bestehe darin, »alle Elemente der Gesellschaft sich unterzuordnen, oder die ihm noch fehlenden Organe [wie etwa die Lohnarbeit, W. E.] aus ihr heraus zu schaffen«. Rund 200 S. später korrigierte er diese »idealistische Manier der Darstellung«, indem er feststellte: »Der historische Prozeß ist nicht das Resultat des Kapitals, sondern Voraussetzung für dasselbe. Durch ihn schiebt sich dann auch der Kapitalist als Zwischenperson (historisch) zwischen Grundeigentum oder zwischen Eigentum überhaupt und Arbeit« (G 405). Vgl. zur Problematik auch Reichelt, a.a.O., S. 256 ff.

lichen Gesellschaft aus dem Feudalismus darzustellen. Doch hierdurch würde der Marxsche Ansatz verschleiert, der Legitimationsvorstellungen wie Freiheit und Gleichheit aller eben nicht allein auf die bürgerliche Freiheitsbewegung und ihre Interpretation des Naturrechtes zurückführte, sondern zu zeigen versuchte, wie sie dem mit dem Warentausch gesetzten Äquivalenzprinzip und der Zirkulation der Werte als Ware und Geld entspringen. Deshalb soll hier, der Marxschen Analyse folgend, die Kritik der bürgerlichen ideologischen Positionen zusammen mit der Abfolge der ökonomischen Kategorien entwickelt werden.

Der Schein der Zirkulationssphäre: Gleichheit, Freiheit, Eigentum, Gemeinwohl, Demokratie

Für Marx ist die einfachste ökonomische Kategorie, von der her die bürgerliche Gesellschaft und ihre politischen und ideologischen Ausdrucksformen aufzuschlüsseln sind, die »*Warenform* des Arbeitsprodukts oder *die Wertform* der Ware« (K I 6). In den Frühschriften, etwa den *Exzerpten aus James Mill,* bedeutete Privatproduktion für den Austausch Entgegenständlichung des Arbeiters im Arbeitsprozeß und Erzeugung einer intersubjektiven, gesellschaftlich objektiven Sphäre von Erwartungshaltungen, das eigene Produkt möge sich als Äquivalent des Produkts eines anderen bewähren – eine Sphäre, die sich zur sozialen Macht über die Individuen verdichtete, deren Produkt sich gegen sie selbst »auf die Hinterfüße« stellte. Diese dialektische Struktur des Warentausches ist in den späteren Schriften in die Kategorien der Arbeitswertlehre übersetzt worden. Es ist nicht erforderlich, hier die gesamte Wertformproblematik darzustellen. Für den hier in Frage stehenden Zusammenhang genügt es, einige Grundprinzipien zu verdeutlichen.[15]

15 Vgl. hierzu insbesondere Backhaus und Reichelt, a.a.O. Zur Kritik

Die Warenproduzenten bilden ein »vielgliedriges« arbeitsteiliges System von Privatarbeiten, die sich gegenseitig auszutauschen suchen, weil sie borniert, spezialisiert produzieren und so der Waren, die sie nicht selbst produzieren, ermangeln (K I 47). Die so produzierten Waren, als Gebrauchswerte verschieden, können nur getauscht werden, wenn sie Elemente von Gleichem enthalten, Äquivalente sind. In *einem* gleichen sich die Waren: Sie sind alle Produkte entqualifizierter, der Entgegenständlichungsstruktur der bürgerlichen Produktion entsprechender, abstrakter Arbeit. Die Waren haben Doppelcharakter: Als *Gebrauchswerte* je individuelle, zumeist körperlich faßbare Dinge, beziehen sie sich aufeinander im Verhältnis des in ihnen verkörperten *Tauschwerts,* der sich nach der zu ihrer Produktion durchschnittlich aufzuwendenden Arbeitszeit bemißt. Privatarbeit, gesehen unter dem Gesichtspunkt des Tauschwerts, ist in einem gesellschaftlichen System von Privatarbeiten nicht ausschließlich Privatarbeit, sondern zugleich Teil der gesellschaftlichen Gesamtarbeit. Der Warenproduzent produziert mit dem Gebrauchswert der Ware individuelle Privatarbeit und zugleich deren »Gegenteil«[16], gesellschaftliche Gesamtarbeit in der Form abstrakt allgemeiner Arbeit, ein Wertelement der gesamtgesellschaftlichen Produktion. Der gesamtgesellschaftliche Austauschprozeß erfordert, daß *eine* besondere Ware – zumeist Gold – in ihrer Naturform »ausgeschlossen« wird, auf die sich alle Waren als ihr allgemeines Äquivalent beziehen, »worin sie allseitig ihre Werte darstellen«, die zur Inkarnation aller Werte, zum Inbegriff des Wertes wird – *Geld.* »Das

---

vgl. Werner Becker, *Kritik der Marxschen Wertlehre. Die methodische Irrationalität der ökonomischen Basistheorien des ›Kapitals‹,* Hamburg 1972.
16 »Gegenteil« heißt hier nicht logischer Gegensatz, sondern gemäß der Hegelschen Dialektik das andere Element in einer Totalität, deren Spannung auf einer neuen Begriffsebene »aufgehoben« wird (was mit der Erzeugung eines neuen »Gegenteils« verbunden ist).

Bedürfnis, diesen Gegensatz für den Verkehr äußerlich darzustellen, treibt zu einer selbständigen Form des Warenwerts und ruht und rastet nicht, bis sie endgültig erzielt ist durch die *Verdopplung* der *Ware in Ware und Geld*« (K I 92 f.). Mit der Ware wird ideell und, ist ihr Verkauf geglückt, realiter zugleich Geld produziert.

Der Doppelcharakter der Ware, Gebrauchswert und zugleich Äquivalent, Träger eines bestimmten Quantums gesellschaftlich notwendiger Arbeitszeit zu sein, sieht wie eine Natureigenschaft der Ware aus. Daß es sich in Wirklichkeit um eine gesellschaftliche Eigenschaft handelt, um den Produktionszusammenhang von ineinander verschlungenen Privatarbeiten in der abstrakten Form gesellschaftlich notwendiger Arbeitszeit, ist den Waren nicht anzusehen. Der »Fetischcharakter der Ware« besteht darin, daß die gesellschaftlich miteinander verknüpften Privatarbeiten in waren- und geldvermittelte Beziehungen treten, die Privatbeziehungen zu sein scheinen, in Wirklichkeit aber gesellschaftliche Beziehungen sind, da das sachliche Medium dieses Privataustausches, Waren und Geld, gesellschaftlichen Inhalt besitzt, qua Tauschwert gesellschaftliche Arbeit verkörpert. Dieser gesellschaftliche Inhalt des Warenwerts kann plötzlich darin zutage treten, »daß die unabhängig voneinander betriebenen, aber als *naturwüchsige Glieder der gesellschaftlichen Teilung der Arbeit* allseitig voneinander abhängigen Privatarbeiten fortwährend auf ihr gesellschaftlich proportionelles Maß reduziert werden, weil sich in den zufälligen und stets schwankenden *Austauschverhältnissen ihrer Produkte* die zu deren Produktion gesellschaftlich notwendige Arbeitszeit als regelndes *Naturgesetz* gewaltsam durchsetzt, wie etwa das Gesetz der Schwere, wenn einem das Haus über dem Kopf zusammenpurzelt« (K I 80 f.). Der vom Menschen selbst erzeugte, aber nicht beherrschte Produktionszusammenhang erscheint so dem Produzenten »nicht als unmittelbar gesellschaftliche Verhältnisse der Personen in ihren Arbeiten selbst, sondern vielmehr als *sach-*

liche Verhältnisse der Personen und *gesellschaftliche Verhältnisse der Sachen*« (K I 78).

Dieser Schein, es handle sich bei den durch Waren und Geld vermittelten gesellschaftlichen Beziehungen um »sachliche Verhältnisse der Personen«, bringt in der von der Basis der Produktion abstrahierten Sphäre des Warentausches, der *Zirkulationssphäre,* ideologische Positionen hervor, die seine Undurchsichtigkeit noch verstärken. Werden Waren tendenziell dann getauscht, wenn ihre jeweilige Wertsubstanz – abstrakt allgemeine Arbeit – äquivalent, von gleicher Gültigkeit ist, so springt schließlich das ökonomische Prinzip der Äquivalenz, der Gleich-Gültigkeit oder *Gleichheit,* auch auf die sozialen und politischen Verhältnisse der Warenproduzenten und »Warenhüter« über. Erst im Prozeß der Herausbildung der bürgerlichen Produktionsweise konnte die Vorstellung menschlicher Gleichheit entstehen. Diese Gleichheitsvorstellung, von ideologischer Natur, soweit sie unter bürgerlichen Verhältnissen als bereits verwirklicht ausgegeben wird, hat für Marx gleichwohl Rückwirkungen auf die konkrete gesellschaftliche Praxis, zum Beispiel auf den Wissenschaftsprozeß, wenn es sich um Entdeckungen handelt, die auf dem Gleichheits- und Äquivalenzprinzip beruhen. »Das Geheimnis des Wertausdrucks, die *Gleichheit* und *gleiche Gültigkeit aller Arbeiten,* weil und insofern sie *menschliche Arbeit überhaupt* sind, kann nur entziffert werden, sobald der *Begriff der menschlichen Gleichheit* bereits die Festigkeit eines Volksvorurteils besitzt. Das ist aber erst möglich in einer Gesellschaft, worin die *Warenform* die allgemeine Form des Arbeitsprodukts, also auch das Verhältnis der Menschen zueinander als *Warenbesitzer* das herrschende gesellschaftliche Verhältnis ist« (K I 65).

Die scheinbare »Versachlichung« der gesellschaftlichen Beziehungen der Menschen in der bürgerlichen Gesellschaft bedeutet, daß sie nicht, wie unterm Feudalismus, von Machtstrukturen durchzogen sind. »Im Geldverhältnis, im entwickelten

Austauschsystem [...] sind in der Tat die Bande der persönlichen Abhängigkeit gesprengt, zerrissen, Blutsunterschiede, Bildungsunterschiede etc. [...]; und die Individuen *scheinen* unabhängig [...], frei aufeinander zu stoßen und in dieser Freiheit auszutauschen [...]« (G 81). Da der soziale Zusammenhang und Austausch primär von Geld – der Inkarnation der Tauschwerte – vermittelt wird, wird im Tauschakt, der »Zellform« sozialer Interaktion unter bürgerlichen Verhältnissen, auch soziale Ungleichheit verschleiert. »In der Tat, soweit die Ware oder die Arbeit nur noch als Tauschwert bestimmt ist und die Beziehung, wodurch die verschiednen Waren aufeinander bezogen werden, als Austausch dieser Tauschwerte gegeneinander, ihre Gleichsetzung, sind die Individuen, die Subjekte, zwischen denen dieser Prozeß vorgeht, nur einfach bestimmt als Austauschende« (G 152). Jeder Teilnehmer an dieser sozialen Kommunikation ist Austauschender, jeder hat diesselbe gesellschaftliche Beziehung zu den anderen, die die andern zu ihm haben. Die Beteiligten tauschen Waren, die als Äquivalente gelten. Diese Äquivalente sind als Arbeitsprodukte »Vergegenständlichung des einen Subjekts für andere« (G 153)[17], im Akt des Austausches »bewähren« sie sich als »Gleichgeltende« – also müssen auch die Tauschenden selbst in *dieser sozialen Beziehung* »Gleiche« sein. Die *natürliche Verschiedenheit* der Tauschenden und ihrer Waren wird, da sie Voraussetzung der wechselseitigen Bedürfnisbefriedigung ist, zum Grund ihrer *sozialen Gleichheit*.

Eine weitere Bestimmung der wechselseitigen Bedürfnisbefriedigung durch Austausch von Waren, in denen sich die natürliche Verschiedenheit der Warenproduzenten »vergegenständlicht« hat, ist die *Freiheit*. Der Austausch vollzieht sich freiwillig, ohne daß auf einen der Beteiligten unmittelbarer Zwang ausgeübt würde: »Obgleich das Individuum A Be-

17 Marx greift in den *Grundrissen* Denkfiguren auf, die er in den *Pariser Manuskripten* und den *Exzerpten aus James Mill* angewandt hatte. Vgl. oben S. 205 ff.

dürfnis fühlt nach der Ware des Individuums B, bemächtigt es sich derselben nicht mit Gewalt, noch vice versa, sondern sie erkennen sich wechselseitig an als Eigentümer, als Personen, deren Willen ihre Waren durchdringt. Danach kommt hier zunächst das juristische Moment der Person herein und der Freiheit, soweit sie darin enthalten ist. Keines bemächtigt sich des Eigentums des andren mit Gewalt« (G 155). Wie Hegel[18] läßt Marx, wie er im *Kapital* noch einmal verdeutlicht, aus Verkehrsverhältnissen, die überwiegend vom Warentausch bestimmt werden, die gegenseitige rechtliche Anerkennung der Beteiligten als Eigentümer und Rechtspersonen folgen: »Um diese Dinge als Waren aufeinander zu beziehen, müssen die Warenhüter sich zueinander als *Personen* verhalten, deren *Willen* in jenen Dingen haust, so daß der eine nur mit dem Willen des andren, also jeder nur vermittelst eines, beiden gemeinsamen Willensakts sich die fremde Ware aneignet, indem er die eigne veräußert. Sie müssen sich daher wechselseitig als Privateigentümer anerkennen. Dies *Rechtsverhältnis*, dessen Form der *Vertrag* ist, [...] ist ein *Willensverhältnis*, worin sich das ökonomische Verhältnis widerspiegelt. Der *Inhalt* dieses *Rechts- oder Willensverhältnisses* ist durch das ökonomische Verhältnis selbst *gegeben*. Die Personen existieren hier nur füreinander als Repräsentanten von Ware und daher als *Warenbesitzer*« (K I 90 f.).

Schließlich scheint der vom Warentausch vermittelten Interaktion von freien und gleichen Rechtssubjekten auch das *Gemeinwohl,* das »gemeinschaftliche Interesse«, zu entspringen. Dies ist bekanntlich die klassische liberale Interpretation des Gemeinwohls, die ihre prägnanteste Formulierung bei Adam Smith gefunden hat. Hegel hat versucht, diese Interpretation in sein System der staatlichen Sittlichkeit zu integrieren; er war bekanntlich Wirtschaftsliberaler. Marx hat die Struktur

18 Vgl. meinen Aufsatz (s. Anm. 5).

der wechselseitigen Bedürfnisbefriedigung von Warenproduzenten und Warenbesitzern, die dem liberalen Gemeinwohlmodell zugrunde liegt, in Anlehnung an dialektische Denkfiguren Hegels in den *Pariser Manuskripten* und den *Exzerpten aus James Mill* analysiert. Jeder sucht sein eigenes Bedürfnis zu befriedigen, indem er, Waren produzierend und tauschend, das Bedürfnis eines anderen zu befriedigen hofft. Hierbei macht jeder den anderen, und damit sich selbst, zum Mittel seines Bedürfnisses. Marx argumentiert auch in den *Grundrissen* hegelianisch: »[· ·] jeder [sc. setzt] sich [. . .] als Sein für andres«, entfremdet sich im Akt der Produktion und des Tausches seinem Produkt. Diese wechselseitige gesellschaftliche Beziehung zwischen den Menschen, die eine Beziehung zwischen den Menschen als Gattungswesen, die dieses bestätigte, sein könnte, ist unter bürgerlichen Verkehrsverhältnissen den Tauschenden gleichgültig; es kommt ihnen allein auf die Befriedigung ihres Eigeninteresses an. Als Resultat dieser Form der Interaktion haben sich die vielen wechselseitigen Austauschakte verselbständigt. Sie sind nicht dadurch motiviert, das menschliche Gattungswesen in der Interaktion zu bestätigen, sondern das »gemeinschaftliche Interesse«, an sich anerkanntes Motiv der Tauschakte, setzt sich gleichsam zufällig »hinter dem Rücken der in sich selbst reflektierten Sonderinteressen, dem Einzelinteresse im Gegensatz zu dem des andren [. . .]« durch (G 155 f.).

Die Privatinteressen, die auf diese Weise aufeinanderstoßen und angeblich dadurch den Privatinteressen aller dienen, sind übrigens keinesfalls naturgegeben, wie dies bürgerliche Ökonomen wie Adam Smith meinen, sondern in »Inhalt, wie Form und Mittel der Verwirklichung«, von den gesellschaftlichen Bedingungen bestimmt; deshalb ist das »Privatinteresse selbst schon ein gesellschaftlich bestimmtes Interesse« (G 74). Doch die Formbestimmtheit dieser Interaktion unter bürgerlichen Verkehrsverhältnissen hat das ideologische Resultat, daß scheinbar »die vollständige Freiheit des Individuums gesetzt [sc. ist]: Freiwillige Transaktion; Gewalt von keiner Seite; Setzen seiner als Mittel, oder als dienend, nur als Mittel, um sich als Selbstzweck, als das Herrschende und Übergreifende zu setzen; endlich das selbstsüchtige Interesse, kein darüberstehendes verwirklichend; der andre ist auch als ebenso sein selbstsüchtiges Interesse verwirklichend anerkannt und gewußt, so daß beide wissen, daß das gemeinschaftliche Interesse eben nur in der Doppelseitigkeit, Vielseitigkeit, und Verselbständigung nach den verschiednen Seiten, der Austausch des selbstsüchtigen Interesses ist. Das allgemeine Interesse ist eben die Allgemeinheit der selbstsüchtigen Interessen. Wenn also die ökonomische Form, der Austausch, nach allen Seiten hin die Gleichheit der Subjekte setzt, so der Inhalt, der Stoff, individueller sowohl wie sachlicher, der zum Austausch treibt, die *Freiheit*. Gleichheit und Freiheit sind also nicht nur respektiert im Austausch, der auf Tauschwerten beruht, sondern der Austausch von Tauschwerten ist die produktive, reale Basis aller *Gleichheit* und *Freiheit*« (G 156). Selbstbestimmung unter bürgerlichen Verhältnissen heißt nicht dialogische Herstellung sozialer Konkordanz, sondern naturwüchsiger Ausgleich der Partikularinteressen mittels des Marktmechanismus, der Opfer, die im »natürlichen« Marktgetriebe nicht mithalten können, ungeachtet.

Der Schein schließlich, daß die einzelnen Individuen freie und gleiche, voneinander unabhängige Rechtspersonen sind, bringt die Ablehnung jeder heteronomen Herrschaft, die Idee der bürgerlichen Selbstbestimmung, hervor, wonach nur die Herrschaft der Bürger über sich selbst, tendenziell Identität von Herrschenden und Beherrschten, legitim ist. Dieser Schein »verführt die Demokratie [zur Selbsttäuschung über die wirkliche Natur ihrer sozialen Voraussetzungen, W. E.]. [...] alle immanenten Gegensätze der bürgerlichen Gesellschaft [sc. erscheinen] ausgelöscht«, was »die bürgerliche Demokratie« und »die bürgerlichen Ökonomen [...] zur Apologetik der bestehenden ökonomischen Verhältnisse« verlei-

tet (G 152). – Im *Kapital* faßt Marx die vom Äquivalenzprinzip des Warentausches erzeugten ideologischen Illusionen, den Schein der Zirkulationssphäre, prägnant zusammen:
»Die Sphäre der *Zirkulation oder des Warentausches,* innerhalb deren Schranken Kauf und Verkauf der Arbeitskraft
sich bewegt, war in der Tat ein wahres *Eden der angebor-
nen Menschenrechte.* Was allein hier herrscht, ist *Freiheit,
Gleichheit, Eigentum* und *Bentham. Freiheit!* Denn Käufer
und Verkäufer einer Ware, z. B. der *Arbeitskraft,* sind nur
durch ihren *freien Willen* bestimmt. Sie kontrahieren als
freie, rechtlich ebenbürtige *Personen.* Der *Kontrakt* ist das
Endresultat, worin sich ihre Willen einen *gemeinsamen*
Rechtsausdruck geben. *Gleichheit!* Denn sie beziehen sich nur
als Warenbesitzer aufeinander und tauschen Äquivalent für
Äquivalent. *Eigentum!* Denn jeder verfügt nur über das Seine. *Bentham!* Denn jedem von den beiden ist es nur um sich
zu tun. Die einzige Macht, die sie zusammen und in ein
Verhältnis bringt, ist die ihres *Eigennutzes,* ihres Sondervor-
teils, ihrer Privatinteressen. Und eben *weil* so jeder nur für
sich und keiner für den andren kehrt, vollbringen alle, infol-
ge einer *prästabilisierten Harmonie der Dinge,* oder unter
den Auspizien einer allpfiffigen Vorsehung, nur das Werk
ihres wechselseitigen Vorteils, des Gemeinnutzens, des Ge-
samtinteresses« (K I 184).
Marx hat in einem Brief an *Engels,* worin er diesem die
dialektische Struktur seines geplanten Werkes schilderte, die
»einfache Zirkulation für sich betrachtet« als »die Oberfläche
der bürgerlichen Gesellschaft« bezeichnet, »worin die tiefern
Operationen, aus denen sie hervorgeht, ausgelöscht« seien.
»*Das Reich der Freiheit, Gleichheit und des auf der ›Arbeit‹
gegründeten Eigentums*« sei in diesem Zusammenhang zu
diskutieren, weil es zwischen den Subjekten des Austauschs
»nur formelle und verschwindende« Unterschiede gebe
(*Marx, Engels, Briefe über ›Das Kapital‹,* Berlin 1954, S. 91).
»Ein Arbeiter, der für 3 sh. Ware kauft, erscheint dem Ver-

käufer in derselben Funktion, in derselben Gleichheit – in der Form von 3 sh. – wie der König, der es tut. Aller Unterschied zwischen ihnen ist ausgelöscht« (G 158). Die Zirkulation ist die »erste Totalität unter den ökonomischen Kategorien« (G 111), die jenen Schein hervorbringt. Das Fortschreiten zur Produktionssphäre auf Grund der, wie noch zu zeigen ist, tautologischen Struktur der Zirkulation und schließlich der Übergang vom Geld zum Kapital, der Mehrwertproduktion einschließt, bringen jeweils neue Momente des gesellschaftlichen Gesamtzusammenhangs in die Abfolge der dialektischen, als Totalitäten zu begreifenden Ebenen, die jeweils zu einer neuen Stufe der Kritik an den hier diskutierten ideologischen Positionen führen. Deshalb nimmt Marx die Darstellung des ideologischen Scheins der Zirkulationssphäre in seiner Analyse der Produktionssphäre und der Produktion des Kapitals wieder auf, um die Kritik anhand der neuen Momente der entfalteten Totalität des sozioökonomischen Zusammenhanges weiterzutreiben. So schreitet die Marxsche Kritik der politischen Ideologie des Bürgertums, parallel zur Entfaltung der Kritik der ökonomischen Kategorien, von der immanenten Kritik bis zur auflösenden und »aufhebenden« Fundamentalkritik voran.[19]

Kritik am Schein der Zirkulationssphäre und Übergang zur Produktionssphäre

Die Kritik, die Marx an diesen liberalen und bürgerlich-demokratischen Ideen übt, ist bei aller Polemik äußerst differenziert. Zunächst einmal verteidigt er die bürgerlichen Produktionsverhältnisse vor dem konservativen Argument, daß unter diesen die unmittelbaren menschlichen Beziehun-

19 Reichelt, a.a.O., hat zu Recht auf die Entsprechung dieser Entfaltung der ökonomischen Kategorien mit dem Hegelschen System der Philosophie hingewiesen (S. 76 f.).

gen als Organisationselement von Arbeit und Gesellschaft verschwunden seien. Er räumt zwar ein, daß »auf frühren Stufen der Entwicklung [...] das einzelne Individuum voller« erschienen sei, »weil es eben die Fülle seiner Beziehungen noch nicht herausgearbeitet und als von ihm unabhängige gesellschaftliche Mächte und Verhältnisse sich gegenübergestellt hat« – weshalb »die kindische alte Welt als das Höhere« erscheine, und dies gelte »in alledem, wo geschloßne Gestalt, Form, und gegebne Begrenzung gesucht wird«. Deshalb biete die alte Welt nur »Befriedigung auf einem bornierten Standpunkt« (G 80; 387).[20]

Das Herausarbeiten einer nationen- und weltweiten Interdependenz in ökonomischer und gesellschaftlicher Hinsicht ist zugleich eine »universelle Vergegenständlichung« in diesen verdinglichten Beziehungen, »totale Entfremdung« in einer selbstgeschaffenen sozialen Macht, die die Produzenten schließlich beherrscht. Andererseits fällt dieser Prozeß der universellen Vergegenständlichung als Entgegenständlichung mit der Entfaltung des Reichtums der menschlichen Wesens-

---

20 Vgl. hierzu die brillante Kontrastierung zwischen den ideologischen Positionen des feudalagrarischen und industriellen Kapitalisten in PM (67 ff.): Der Geburtsadel »schildert [...] seinen Gegner als einen schlauen, feilbietenden, mäkelnden, betrügerischen, habsüchtigen, verkäuflichen, empörungssüchtigen, Herz- und Geistlosen, dem Gemeinwesen entfremdeten und frei es verschachernden, wuchernden, kuppelnden, sklavischen, geschmeidigen, schöntuenden, prellenden, trockenen, die Konkurrenz und daher den Pauperismus und den verbrechenden, die Auflösung aller sozialen Bande erzeugenden, nährenden, hätschelnden *Geldschurken* ohne Ehre, ohne Grundsätze, ohne Poesie, ohne Substanz, ohne alles. [...] Das bewegliche Eigentum seinerseits zeigt auf die Wunder der Industrie und der Bewegung [...]; es bedauert seinen Gegner als einen über sein Wesen *unaufgeklärten* (und das ist vollkommen richtig) Schwachkopf, der an die Stelle des moralischen Kapitals und der freien Arbeit die rohe unmoralische Gewalt und die Leibeigenschaft setzen wolle [...]«. In Wirklichkeit sei die einzige Differenz zwischen dem feudalen Grundeigentum im bürgerlichen Milieu und dem Industriekapital, daß das Kapital dort noch nicht zu seinem reinen, abstrakten Ausdruck gelangt sei.

kräfte zusammen (wenn auch unter verkehrter Form und unter der Herrschaft des Kapitals mit der Ausbeutung des Proletariats verbunden) und bereitet so die Emanzipation des Menschen vor (PM 83; K I 529).[21] Zwar resultieren politische Ideen wie Freiheit und Gleichheit, die mit der Durchsetzung des Äquivalententauschs als herrschendem gesellschaftlichem Prinzip entstanden sind, aus der Wertabstraktion, die zur Folge hat, »daß immer abstraktere Gedanken herrschen, d. h. Gedanken, die immer mehr die Form der Allgemeinheit annehmen« (DI 47). In einem Produktionsverhältnis, das von einer auf die Spitze getriebenen Abstraktion von der gesellschaftlichen Gesamtarbeit, von Geld, der ausgeschlossenen, den Tauschwert aller Waren inkarnierenden Wertverkörperung, beherrscht wird, erscheinen sie demselben Strukturprinzip folgend wie der Staat, als Momente eines abstrakten, von den konkreten Bedürfnissen des Men-

---

21 »Wie also die auf das Kapital gegründete Produktion einerseits die universelle Industrie schafft – d. h. Surplusarbeit, wertschaffende Arbeit –, so anderseits ein System der allgemeinen Exploitation der natürlichen und menschlichen Eigenschaften, ein System der allgemeinen Nützlichkeit, als dessen Träger die Wissenschaft selbst so gut erscheint, wie alle physischen und geistigen Eigenschaften, während nichts als *An-sich-Höheres*, Für-sich-selbst-Berechtigtes, außer diesem Zirkel der gesellschaftlichen Produktion und Austauschs erscheint. So schafft das Kapital erst die bürgerliche Gesellschaft und die universelle Aneignung der Natur wie des gesellschaftlichen Zusammenhangs selbst durch die Glieder der Gesellschaft. Hence the great civilising influence of capital; seine Produktion einer Gesellschaftsstufe, gegen die alle frühren nur als *lokale Entwicklungen* der Menschheit und als *Naturidolatrie* erscheinen. Die Natur wird erst rein Gegenstand für den Menschen, rein Sache der Nützlichkeit; hört auf als Macht für sich anerkannt zu werden; und die theoretische Erkenntnis ihrer selbständigen Gesetze erscheint selbst nur als List, um sie den menschlichen Bedürfnissen, sei es als Gegenstand des Konsums, sei es als Mittel der Produktion zu unterwerfen. [sc. Das Kapital] ist destruktiv gegen alles dies und beständig revolutionierend, alle Schranken niederreißend, die die Entwicklung der Produktivkräfte, die Erweiterung der Bedürfnisse, die Mannigfaltigkeit der Produktion und die Exploitation und den Austausch der Natur- und Geisteskräfte hemmen« (G 313).

schen als Gattungswesen losgelösten allgemeinen Interesses, als »bloß idealisierte Ausdrücke« der »produktive[n] reale[n] Basis«; »als entwickelt in juristischen, politischen, sozialen Beziehungen sind sie nur diese Basis in einer andren Potenz« (G 156).[21a] »Die Abstraktion oder Idee ist aber nichts als der theoretische Ausdruck jener materiellen Verhältnisse, die Herr über sie sind« (G 82).

Diese von den Ideologen des Bürgertums formulierten politischen Ideen und Konzeptionen waren in ihrer Entstehungsphase, als sie den feudalen Herrschaftsverhältnissen entgegengehalten wurden, progressiv. »Jede neue Klasse nämlich, die sich an die Stelle einer vor ihr herrschenden setzt, ist genötigt, schon um ihren Zweck durchzuführen, ihr Interesse als das gemeinschaftliche Interesse aller Mitglieder der Gesellschaft darzustellen, d. h. ideell ausgedrückt: ihren Gedanken die Form der Allgemeinheit zu geben, sie als die einzig vernünftigen, allgemein gültigen darzustellen. Die revolutionierende Klasse tritt von vornherein, schon weil sie einer *Klasse* gegenübersteht, nicht als Klasse, sondern als Vertreterin der ganzen Gesellschaft auf, sie erscheint als die ganze Masse der Gesellschaft gegenüber der einzigen, herrschenden Klasse. Sie kann dies, weil im Anfange ihr Interesse wirklich noch mehr mit dem gemeinschaftlichen Interesse aller übrigen nichtherrschenden Klassen zusammenhängt.« Und, in einer Randbemerkung zu dieser Stelle: »Im Anfang diese Illusion wahr« (DI 47 f.).

Ferner besitzen diese emanzipationsorientierten politischen Vorstellungen einen »überschießenden Gehalt«[22], der es ermöglicht, auf bürgerliche Freiheitsideen auch dann noch zurückzugreifen, wenn die fortgeschrittenen Zustände der bür-

21a Vgl. bereits PM 76: »Religion, Familie, Staat, Recht, Moral, Wissenschaft, Kunst etc. sind nur *besondere* Weisen der Produktion und fallen unter ihr allgemeines Gesetz.«
22 Vgl. dazu meinen Aufsatz *Demokratietheoretische Aspekte der politischen Ideengeschichte,* oben S. 9 ff.

gerlichen Gesellschaft, worin Einzelproduzenten niederkonkurriert und so ihrer Produktionsmittel beraubt und die Proletarier ausgebeutet werden, diesen Ideen zu widersprechen beginnen. So kann »das Bewußtsein zuweilen weiter vorgerückt scheinen [...] als die gleichzeitigen empirischen Verhältnisse, so daß man in den Kämpfen einer späteren Epoche sich auf frühere Theoretiker als auf Autoritäten stützen kann« (DI 73). Marx scheut sich deshalb nicht, die Berechtigung liberaler bürgerlicher Auffassungen wie etwa der von Adam Smith oder Ferguson, »daß das Schöne und Große eben in diesem naturwüchsigen, vom Wissen und Wollen der Individuen unabhängigen, und grade ihre wechselseitige Unabhängigkeit und Gleichgültigkeit gegeneinander voraussetzenden Zusammenhang, materiellen und geistigen Stoffwechsel, beruht« (G 79), partiell anzuerkennen.[23] Zumindest ist dieser gesellschaftliche Zusammenhang den bornierten archaischen oder feudalen Gesellschaftsformationen vorzuziehen. Und schließlich sind Marx' eigene Auffassungen von einer kommunistischen Gesellschaft, worin die freie Entfaltung des Individuums als Gattungswesen zugleich Voraussetzung der Entfaltung der anderen Individuen ist, von bürgerlichen Freiheits- und Gleichheitsvorstellungen inspiriert.[24] Doch nach Marx können diese Prinzipien erst dann verwirklicht werden, wenn die gesellschaftliche Basis umgewälzt worden ist, während der Bourgeois zwanghaft der mit der bürgerli-

23 Vgl. Adam Smith, *Theorie der ethischen Gefühle*, Leipzig 1926, 4. Teil, 1. Kapitel; Adam Ferguson, *Abhandlung über die Geschichte der bürgerlichen Gesellschaft*, Jena 1923, III. Teil, 3. Kapitel. Ferguson ist bestrebt, auch die negativen Seiten der bürgerlichen Gesellschaft, die auf deren Prinzipien beruhen, zu zeigen.

24 Vgl. etwa die radikale, vermutlich von Rousseau beeinflußte Demokratiekonzeption in der *Kritik der Hegelschen Rechtsphilosophie* und das affirmative Verhältnis zum französischen Materialismus und Sensualismus in der *Heiligen Familie*. Über die politischen Vorstellungen des jungen Marx vgl. auch Werner Maihofer, *Demokratie im Sozialismus. Recht und Staat im Denken des jungen Marx*, Frankfurt/M. 1968.

chen Produktionsweise gesetzten Dialektik zwischen Partikularinteresse und Allgemeininteresse unterliegt: »Der Bourgeois verhält sich zu den Institutionen seines Régimes wie
der Jude zum Gesetz; er umgeht sie, sooft es tunlich ist, in
jedem einzelnen Fall, aber er will, daß alle Andern sie halten
sollen. Wenn sämtliche Bourgeois in Masse und auf einmal
die Institutionen der Bourgeoisie umgingen, so würden sie
aufhören, Bourgeois zu sein [...]. Der liederliche Bourgeois
umgeht die Ehe [...]; der Kaufmann umgeht die Institution
des Eigentums, indem er Andre durch Spekulation, Bankerott
pp. um ihr Eigentum bringt [...]; aber die Ehe, das Eigentum, die Familie bleiben theoretisch unangetastet, weil sie
praktisch die Grundlagen sind, auf denen die Bourgeoisie ihre
Herrschaft errichtet hat, weil sie in ihrer Bourgeoisform die
Bedingungen sind, die den Bourgeois zum Bourgeois machen
[...]« (DI 163 f.).[25]
Marx erkennt auch im bürgerlichen Eigentumsbegriff, soweit
er sich auf die Stufe der einfachen Warenproduktion bezieht,
ein richtiges Moment. Das Privateigentum galt in der politischen Theorie seit Aristoteles als Voraussetzung der Rechtsstellung eines politisch selbständigen Vollbürgers. Seit Locke
ist es in der bürgerlichen politischen Theorie üblich geworden,
den Entstehungsgrund des Eigentums in der Privatarbeit des
Aneignenden zu sehen, und im deutschen Idealismus, bei
Kant und Fichte, insbesondere bei Hegel, wurde dem Eigentum die versittlichende Qualität zugeschrieben, Medium der
Selbstvergegenständlichung, Selbstbestimmung und sozialen
und politischen Freiheit des einzelnen zu sein.[26]

25 Reichelt, a.a.O., weist darauf hin, daß diese Dialektik des bürgerlichen
Interesses dem Hervorgehen der Geldform aus der Ware als unmittelbarer
Einheit zweier sich gegenseitig ausschließender Momente entspricht (S. 63).
26 Für Locke vgl. das berühmte 5. Kapitel der *Zweiten Abhandlung über
die Regierung* und mein Vorwort zu Lockes *Zwei Abhandlungen über die
Regierung*, Frankfurt 1967; für Kant vgl. Richard Saage, *Staat, Gesellschaft und Eigentum bei Kant*, Stuttgart 1973 (im Erscheinen); für Fichte

Marx verknüpft selbst seinen eigenen Eigentumsbegriff mit Arbeit: Eigentum ist für ihn »das Verhalten des Einzelnen zu den *natürlichen* Bedingungen der Arbeit und Reproduktion als ihm gehörigen, als den objektiven, als unorganische Natur vorgefundenen Leib seiner Subjektivität [...], und zwar »erst verwirklicht durch die Produktion selbst [...], in der tätigen, realen Beziehung auf diese Bedingungen [...]« (G 376; 393 et passim).[27] Der Unterschied zwischen dem Marxschen und dem bürgerlichen Eigentumsbegriff liegt vor allem darin, daß bei jenem Eigentum ursprünglich Eigentum des Menschen als Gattungswesen, als Mitglied eines kollektiv produzierenden Gemeinwesens, ist. Diese kollektiven Produktionsformen lösen sich notwendig auf und gehen in verwickelten sozialen und politischen Prozessen in Formen über, in denen die selbständig betriebene Privatarbeit dominiert, bis auch diese Produktionsformen durch das auf die Produktion übergreifende Kapital, womit das Auseinandertreten von Kapital und Lohnarbeit einhergeht, aufgelöst werden.[28]

Obwohl dieser historische Prozeß in seinen Einzelheiten verwickelt und immer mit Formen abhängiger Arbeit, Sklaverei, Leibeigenschaft und schließlich Lohnarbeit, verbunden war, arbeitet Marx, um die logische Abfolge der ökonomischen

Zwi/Batscha, *Die Arbeit in der Sozialphilosophie Johann Gottlieb Fichtes*, in: *Archiv für Sozialgeschichte,* Band XII (1972), S. 1-54; für Hegel meinen oben (Anm. 5) zitierten Aufsatz mit weiteren Lit.-Hinweisen.

27 Wie bei Hegel wird auch bei Marx auf einer bestimmten Stufe der Entwicklung die Okkupation als Aneignungsform bedeutsam. Vgl. G 384 und meinen Aufsatz (Anm. 5).

28 Das Problem der stationären »asiatischen Produktionsweise« bleibt hier beiseite. Vgl. hierzu vor allem den Abschnitt *Formen, die der kapitalistischen Produktion vorhergehn* in den *Grundrissen* (375-413); dazu ferner Karl A. Wittfogel, *Die Orientalische Despotie. Eine vergleichende Untersuchung totaler Macht,* Köln 1962, sowie Friedrich Tomberg, *Der Begriff der Entfremdung in den ›Grundrissen‹ von Karl Marx*, in: ders., *Basis und Überbau. Sozialphilosophische Studien,* Neuwied und Berlin 1969, S. 131-181.

Kategorien und die ihnen entsprechenden Produktionsverhältnisse *darstellen* zu können, punktuell mit der Stufe der einfachen Warenwirtschaft. Sie ist bei ihm keine eigenständige »Gesellschaftsformation«; sie wird nur zu analytischen Zwecken als »Produktionsweise« isoliert. Es zeigt sich nämlich, daß »das Kapital handwerksmäßige Arbeit, arbeitendes kleines Grundeigentum etc. und sich selbst vernichtet in den Formen, wo es *nicht* im Gegensatz zur Arbeit erscheint – im *kleinen Kapital* und den Mittelgattungen, Zwittergattungen zwischen den alten Produktionsweisen [...] und der klassischen, adäquaten Produktionsweise des Kapitals selbst« (G 411). Dies schließt nicht aus, daß die einfache Warenproduktion in der historischen Entwicklung real und in verschwindenden Übergangsphasen dominierend aufgetreten ist. Unter diesen Bedingungen »erschien uns das Eigentumsrecht gegründet auf eigne Arbeit. Wenigstens mußte diese Annahme gelten, da sich nur gleichberechtigte Warenbesitzer gegenüberstehen, das Mittel zur Aneignung fremder Ware aber nur die Veräußerung der eignen Ware, und letztere nur durch Arbeit herstellbar ist« (K I 612). »Privateigentum, als Gegensatz zum gesellschaftlichen, kollektiven Eigentum, besteht nur da, wo die Arbeitsmittel und die äußeren Bedingungen der Arbeit Privatleuten gehören. [...] Das Privateigentum des Arbeiters an seinen Produktionsmitteln ist die Grundlage des Kleinbetriebs, der Kleinbetrieb eine notwendige Bedingung für die Entwicklung der gesellschaftlichen Produktion und der freien Individualität des Arbeiters selbst. Allerdings existiert diese Produktionsweise auch innerhalb der Sklaverei, Leibeigenschaft und andrer Abhängigkeitsverhältnisse. Aber sie [...] erobert nur die adäquate klassische Form, wo der Arbeiter *freier Privateigentümer seiner von ihm selbst gehandhabten Arbeitsbedingungen ist,* der Bauer des Ackers, den er bestellt, der Handwerker des Instruments, worauf er als Virtuose spielt« (K I 801).
Doch diese auf Arbeit von Privateigentümern beruhende

Produktionsweise ist »nur verträglich mit engen naturwüchsigen Schranken der Produktion und der Gesellschaft«. Sie »unterstellt *Zersplitterung* des Bodens und der übrigen Produktionsmittel« und »schließt gesellschaftliche Beherrschung und Regelung der Natur, freie Entwicklung der *gesellschaftlichen* Produktivkräfte aus« (K I 802). Im dritten Band des *Kapital* verdeutlicht Marx seine These vom Übergangscharakter der teils progressiven, teils die gesellschaftliche Entwicklung bremsenden einfachen Warenproduktion am Beispiel des Parzellenbauern. Das Eigentum am Boden sei zur vollständigen Entwicklung dieser Betriebsweise ebenso nötig wie das Eigentum am Instrument zur freien Entwicklung des handwerksmäßigen Betriebs. Auch das bürgerliche Argument, das Eigentum sei »die Basis für die Entwicklung der persönlichen Selbständigkeit«, wird von Marx partiell anerkannt. Andererseits schließt das Parzelleneigentum »seiner Natur nach aus: Entwicklung der gesellschaftlichen Produktivkräfte der Arbeit, gesellschaftliche Formen der Arbeit, gesellschaftliche Konzentration der Kapitale, Viehzucht auf großem Maßstab, progressive Anwendung der Wissenschaft« (K III 858 f.). Schließlich impliziere das kleine Grundeigentum neben der Vorherrschaft technologisch zurückbleibender isolierter Arbeit eine in ihrer Mehrheit ländliche Bevölkerung und verhindere so, daß die materiellen und geistigen Voraussetzungen »einer rationellen Kultur« entstehen (K III 865).[29] Deshalb wird auch die Dynamik des vordringenden Kapitalverhältnisses diese borniertе Produktionsweise vernichten und die »*individuellen und zersplitterten Produktionsmittel in gesellschaftlich konzentrierte*« verwandeln (K I 802). Die Stufe der einfachen Warenwirtschaft, genauer: die Sphä-

29 Diese Kritik an der kleinbürgerlichen Produktion bedeutet eine immanente Kritik an Rousseau, der gerade solche Produktionsverhältnisse als Voraussetzung politischer Verhältnisse, in denen die *volonté générale* herrscht, ansieht. Vgl. dazu Iring Fetscher, *Rousseaus politische Philosophie,* Neuwied und Berlin 1968.

re, in der die darin produzierten Waren zirkulieren, hat also die Ideologie des freien und gleichen Bürgers erzeugt, doch sich zugleich als borniert und unbeständig erwiesen. Hinzu kommt, daß diese Produktionsweise und die mit ihr notwendig verknüpften verdinglichten Austauschverhältnisse als soziales System jene, die es in ihrer ökonomischen Interaktion selbst produzieren, unterwirft. Marx verdeutlicht dies, indem er die bürgerlichen Verhältnisse mit den feudalen kontrastiert. Im Feudalismus waren die gesellschaftlichen Beziehungen überwiegend zugleich politische Herrschaftsverhältnisse, »persönliche Beschränkung des Individuums durch ein andres«. In der bürgerlichen Gesellschaft dagegen scheint es der einzelne allein mit objektiven, »von ihm unabhängige[n] und in sich selbst ruhende[n] Verhältnisse[n]« zu tun zu haben, die das Individuum als »äußere Verhältnisse überwinden und sich unterordnen kann« (während die personalen Abhängigkeitsverhältnisse des Feudalismus nicht so leicht abgestreift werden können). Deshalb scheint die Freiheit des Individuums unter bürgerlichen Verhältnissen größer zu sein als unter feudalen (G 81). Eine genaue Analyse zeigt jedoch, daß der unter bürgerlichen Verhältnissen erzeugte Produktionszusammenhang sich zu einer Art von »Naturgesetz« verkehrt hat, zu einer als natürlich erscheinenden sozialen Macht, die sich gegen den Menschen »stellt« und ihn beherrscht. Dies zeigt sich bereits dann, wenn eine Ware aus Nachfragemangel unverkäuflich geworden oder im Wert stark gesunken ist. Alsdann schlägt die vermeintliche Unabhängigkeit des selbständigen und freien Produzenten in völlige Abhängigkeit vom Produktions- und Austauschzusammenhang um: »Unsre Warenbesitzer entdecken daher, daß dieselbe Teilung der Arbeit, die sie zu *unabhängigen Privatproduzenten,* den gesellschaftlichen Produktionsprozeß und ihre Verhältnisse in diesem Prozeß *von ihnen selbst unabhängig macht,* daß die Unabhängigkeit der Personen voneinander sich in einem System allseitiger sachlicher Abhängigkeit ergänzt« (K I 113). Ferner können nur wenige Individuen »zufällig« mit den scheinbar objektiven sozioökonomischen Verhältnissen fertig werden; »die Masse der von ihnen Beherrschten nicht, da ihr bloßes Bestehn die Unterordnung, und die notwendige Unterordnung der Individuen unter sie, ausdrückt«; die Individuen einer »Klasse« können sie »en masse« nur überwinden, wenn sie sie zugleich »aufheben«. Marx weist hier die bis heute ständig wiederholte Rede, jeder habe die Chance, es unter bürgerlichen Verhältnissen zu etwas zu bringen, als ideologisch zurück (G 81 f.; DI 76 f.).

Schließlich wird sich erweisen, daß die scheinbar sachlich-objektive Abhängigkeit von den bürgerlichen gesellschaftlichen Verhältnissen »wieder in bestimmte, nur aller Illusion entkleidete, persönliche Abhängigkeitsverhältnisse umschlägt« (G. 82) – nämlich beim *Proletariat*. Im bürgerlichen Produktions- und Austauschzusammenhang erscheint das Medium der Gleichheit und Freiheit, »dieses Setzen als Preise und ihre Zirkulation etc. als der oberflächliche Prozeß, unter dem aber in der Tiefe ganz andre Prozesse vorgehn, in denen diese scheinbare Gleichheit und Freiheit der Individuen verschwindet. [...] Es wird endlich nicht gesehn, daß schon in der einfachen Bestimmung des Tauschwerts und des Geldes der Gegensatz von Arbeitslohn und Kapital etc. latent enthalten ist« (G 159).[30] Deshalb kontrastiert Marx in der bekannten, oben ausführlich zitierten Stelle des *Kapital,* wo er den ideologischen Schein der Zirkulationssphäre ironisch glossiert, diesen sogleich mit der Realität der *Produktions*sphäre: »Beim Scheiden von dieser Sphäre der einfachen Zirkulation oder des Warentausches, woraus der Freihändler vulgaris Anschauungen, Begriffe und Maßstab für sein Urteil über die Gesellschaft des Kapitals und der Lohnarbeit entlehnt, verwandelt sich, so scheint es, schon in etwas die Physiognomie

30 Vgl. zu dieser »idealistisch« klingenden Formulierung oben Anm. 14.

unsrer *dramatis personae*. Der ehemalige Geldbesitzer schreitet voran als *Kapitalist,* der Arbeitskraftbesitzer folgt ihm nach als *sein Arbeiter;* der eine bedeutungsvoll schmunzelnd und geschäftseifrig, der andre scheu, widerstrebsam, wie jemand, der seine eigne Haut zu Markte getragen und nichts andres zu erwarten hat als die – *Gerberei*« (K I 184).

Die Menschenrechte unter der Herrschaft des Kapitals

Die geldvermittelte einfache Warenzirkulation – von der bereits die zentralen Ideen der politischen Ideologie des Bürgertums abgeleitet werden konnten – ist, kategorial gesehen, tautologisch. Der Warenproduzent und Warenverkäufer erhält im Durchschnitt für seine Ware nur das Wertäquivalent seines Arbeitsaufwands oder vorgeschossenen Geldes. Es kommt ihm jedoch darauf an, ein »Inkrement« über den in die Zirkulation »hineingeworfenen« Wert hinaus – Mehrwert – zu erhalten. Aus der Zirkulationssphäre kann dieser Mehrwert nicht stammen. Denn gelingt es einem Warenproduzenten und Warenverkäufer, sich über den von ihm eingebrachten Tauschwert hinaus zu bereichern, so geht dies auf Kosten eines anderen Marktteilnehmers. »Die Gesamtheit der Kapitalistenklasse eines Landes kann sich nicht selbst übervorteilen« (K I 153 ff.; 170). Gleichwohl wird von Warenproduzenten und Warenverkäufern Mehrwert aufgehäuft.
Dieser Widerspruch findet seine Auflösung darin, daß es auf dem Markt eine Ware gibt, »deren *Gebrauchswert* selbst die eigentümliche Beschaffenheit [sc. besitzt], *Quelle von Wert* zu sein [...]«. Eine derartige Ware ist »das *Arbeitsvermögen* oder *die Arbeitskraft*« (K I 174 f.). Marx macht (da die von ihm entwickelten ökonomischen Kategorien »ihre geschichtliche Spur« tragen) an dieser Stelle darauf aufmerksam, daß die Ware Arbeitskraft nur unter bestimmten historischen Bedingungen auf dem Markte massenhaft vorfindbar ist. Der

systematische Ort, wo er das Entstehen des neuzeitlichen Proletariats am englischen Beispiel schildert, ist der »Ausgangspunkt der kapitalistischen Produktionsweise«, die »ursprüngliche Akkumulation« (K I 24. Kap.).

Der Wert der Arbeitskraft ist, wie bei jeder anderen Ware, durch die Arbeitszeit bestimmt, die zu ihrer Produktion (und hier, bei dieser »lebendigen« Ware, auch Reproduktion) durchschnittlich erforderlich ist. Nicht nur der Arbeiter, sondern auch seine Familie müssen produziert und reproduziert werden, und zwar werden sie dies auf einer bestimmten Kulturstufe; insofern enthält die »Wertbestimmung der Arbeitskraft ein historisches und moralisches Element« (K I 179). Der Wert der Arbeitskraft ist also gleich dem Wert einer bestimmten Summe von Lebensmitteln (im weitesten Sinn verstanden), die zur Reproduktion eines Individuums der Arbeiterklasse und seiner Familie auf einer bestimmten Kulturstufe erforderlich ist.

Der Mehrwert entspringt der Anwendung des Gebrauchswerts der Ware Arbeitskraft. Hierbei unterscheidet Marx zwei Phasen. Während eines Arbeitstages arbeitet der Arbeiter bis zu dem Punkte, an dem er ein Äquivalent für den Wert seiner Arbeitskraft produziert hat. Dies Äquivalent erhält der Arbeiter in Form des Arbeitslohns. Doch er produziert während eines Arbeitstages mehr als dieses Äquivalent. »Die Verlängerung des Arbeitstags über den Punkt hinaus, wo der Arbeiter nur ein Äquivalent für den Wert seiner Arbeitskraft reproduziert hätte, und die Aneignung dieser Mehrarbeit durch das Kapital – das ist die *Produktion des absoluten Mehrwerts*« (K I 534).[31]

---

31 Marx unterscheidet zwischen absolutem und relativem Mehrwert: »Die Produktion des absoluten Mehrwerts dreht sich nur um die Länge des Arbeitstags; die Produktion des relativen Mehrwerts revolutioniert durch und durch die technischen Prozesse der Arbeit und die gesellschaftlichen Gruppierungen« (K I 535), und zwar zu dem Zweck, die zur Produktion bestimmter Waren notwendige Arbeitszeit zu verkürzen. Vgl. K I 330.

Bei der kategorialen Darstellung des Kapitals stößt Marx auf das Problem der »ursprünglichen Akkumulation«. »[...] die Akkumulation des Kapitals [sc. setzt] den Mehrwert, der Mehrwert die kapitalistische Produktion, diese aber das Vorhandensein größerer Massen von Kapital und Arbeitskraft in den Händen von Warenproduzenten voraus. Diese ganze Bewegung scheint sich also in einem fehlerhaften Kreislauf herumzudrehn, aus dem wir nur hinauskommen, indem wir eine der *kapitalistischen Akkumulation* vorausgehende, *ursprüngliche* Akkumulation [...] unterstellen, eine Akkumulation, welche nicht das *Resultat* der kapitalistischen Produktionsweise ist, sondern ihr *Ausgangspunkt*« (K I 751). Es ist für den hier diskutierten Zusammenhang nicht nötig, diesen Prozeß der *»Scheidung zwischen den Arbeitern* und *dem Eigentum an den Verwirklichungsbedingungen der Arbeit«* (K I 752), den Marx an dem »klassischen« Beispiel Englands analysiert, die Umwälzungen, die »große Menschenmassen plötzlich und gewaltsam von ihren Subsistenzmitteln los[sc. rissen] und als vogelfreie Proletarier auf den Arbeitsmarkt [sc. schleuderten]« (K I 754), im einzelnen nachzuzeichnen.[32] Wichtig ist hier, daß selbst dann, wenn »der Kapitalist irgendeinmal durch irgendeine, von unbezahlter fremder Arbeit unabhängige *ursprüngliche Akkumulation Geldbesitzer* ward«, die ihn in die Lage versetzte, Arbeitskraft zu kaufen, dieses vorgeschossene Geld durch den vom Arbeiter erzeugten und vom Kapitalisten angeeigneten Mehrwert ersetzt wird. Dieses vorgeschossene Geld wird

[32] Marx polemisiert in diesem Zusammenhang mit der von Adam Smith und M. A. Thiers (*De la propriété*, Paris 1848) vertretenen Ansicht von der Entstehung des Privateigentums, die dieses auf den unterschiedlichen Fleiß und die unterschiedliche Begabung der Menschen zurückführen. Für Marx ist dies der Standpunkt der Kinderfibel. »In der wirklichen Geschichte spielen bekanntlich Eroberung, Unterjochung, Raubmord, kurz Gewalt die große Rolle. In der sanften politischen Ökonomie herrschte von jeher die Idylle. Recht und ›Arbeit‹ waren von jeher die einzigen Bereicherungsmittel.« (K I 752). Vgl. auch G 403.

nämlich zu irgendeinem Zeitpunkt vom Kapitalisten aufgezehrt sein. Ist der ursprünglich vorgeschossene Kapitalwert nicht nur erhalten geblieben, sondern sogar vergrößert worden, so ist dies Beweis dafür, daß dieses Kapital »*ohne Äquivalent angeeigneter Wert*«, »*unbezahlte fremde Arbeit*« darstellt (K I 597 f.).

Ursprüngliche Akkumulation bedeutet, daß tendenziell immer mehr Geld in die immer lukrativer werdende Produktion gesteckt wird, bis schließlich eine »Entzündungstemperatur« erreicht ist, die einen sich selbst perpetuierenden Prozeß der Selbstverwertung des Kapitals, immer neue Investition des angeeigneten Mehrwerts, um immer mehr Mehrwert akkumulieren zu können, in Gang setzt. Dieser Prozeß der Selbstverwertung des nunmehr endgültig zum Kapital gewordenen Wertes entläßt den Arbeiter so, »wie er in ihn eintrat – persönliche Quelle des Reichtums, aber entblößt von allen Mitteln, diesen Reichtum für sich zu verwirklichen« (K I 598). Der Arbeitslohn setzt den Arbeiter nicht in die Lage, selbst Kapital zu akkumulieren. Doch indem die *individuelle Konsumtion* des Arbeiters mit Hilfe des Arbeitslohns die Arbeitskraft reproduziert, bleibt sie ein Moment der Produktion und Reproduktion des Kapitals. Die individuelle Konsumtion reproduziert nur das bedürftige Individuum, das nichts besitzt als seine kapitalreproduzierende Arbeitskraft, die es verkaufen muß, um überleben zu können. So profitiert der Kapitalist »nicht nur von dem, was er vom Arbeiter empfängt, sondern auch von dem, was er ihm gibt« (K I 600).[33]

Arbeitslohn ist der in Geld ausgedrückte Wertanteil der Waren, die von der Arbeiterklasse bereits produziert worden

---

33 Adorno hat in seinem Aufsatz *Freizeit* darauf aufmerksam gemacht, daß das in der Freizeit betriebene sog. *hobby*, das von der »Freizeitindustrie« gefördert wird, zum Anhängsel von Arbeit geworden ist, das »die Arbeit schattenhaft fortsetzt« (Theodor W. Adorno, *Stichworte. Kritische Modelle 2,* edition suhrkamp 347 (1969), S. 57-67.

sind. Deshalb wird einem Arbeiter mit dem Arbeitslohn *»seine eigne vergegenständlichte Arbeit [...] vorgeschossen«* (K I 595 f.). Allerdings wird die Ausbeutung, die darin besteht, daß der Arbeiter mit in Geld verwandeltem Tauschwert, den seine eigene Arbeitskraft oder die eines Klassengenossen produziert hat, bezahlt wird, von der *Geldform des Arbeitslohns* und von der *Rechtsform des Arbeitsvertrags* verschleiert. Die Geldform des Arbeitslohns *»löscht [...] jede Spur der Teilung des Arbeitstags in notwendige Arbeit und Mehrarbeit, in bezahlte und unbezahlte Arbeit aus.* Alle Arbeit *erscheint* als bezahlte Arbeit« (während etwa bei der Fronarbeit der Unterschied zwischen der für den Grundherrn zu leistenden Arbeit und der Arbeit für sich selbst sinnfällig war) (K I 565). Sodann besitzt der Kauf von Arbeitskraft im Arbeitsvertrag, äußerlich gesehen nichts als Äquivalententausch, eine dialektische Struktur, die ihn im Endresultat zum Gegenteil davon, zur Aneignung ohne Gegenleistung, zur Rechtsbasis von Ausbeutung, verkehrt. Dabei verletzt der Kauf von Arbeitskraft das Prinzip des Äquivalententauschs in keiner Weise. Der Arbeiter erhält den Gegenwert seiner Arbeitskraft – so viel Geld wie zu ihrer Reproduktion bei gegebenen gesellschaftlichen Verhältnissen durchschnittlich notwendig ist. Zwar besitzt die Ware Arbeitskraft den besonderen Gebrauchswert, einen über ihren Tauschwert hinausgehenden Mehrwert zu schaffen. Doch dies *»rührt [...] nicht her aus einer Übervorteilung des Verkäufers, der ja den Wert seiner Ware erhalten [...]«* hat (K I 613 f.). Deshalb vollzieht sich die Verwandlung von Geld in Kapital durch Ausbeutung der Arbeitskraft der Lohnarbeiter in völliger Übereinstimmung mit den ökonomischen Gesetzen der Warenproduktion und den daraus abgeleiteten Rechtsformen, vor allem dem *Eigentumsrecht.* Sie resultiert jedoch letztlich daraus, daß das Produkt der Arbeit allein zum rechtmäßigen Eigentum des Kapitalisten wird. *»[...] das auf Warenproduktion und Warenzirkulation beruhende Gesetz* *der Aneignung* oder *Gesetz des Privateigentums* [sc. schlägt] durch *seine eigne, innere, unvermeidliche Dialektik in sein direktes Gegenteil um.* Der Austausch von Äquivalenten, der als ursprüngliche Operation erschien, hat sich so gedreht, daß *nur zum Schein* ausgetauscht wird, indem erstens der gegen Arbeitskraft ausgetauschte Kapitalteil selbst nur ein Teil des *ohne Äquivalent angeeigneten fremden Arbeitsproduktes ist,* und zweitens von seinem Produzenten, dem Arbeiter, nicht nur ersetzt, sondern mit *neuem* Surplus ersetzt werden muß. *Das Verhältnis des Austausches zwischen Kapitalist und Arbeiter* wird also *nur ein dem Zirkulationsprozeß angehöriger Schein, bloße Form*, die dem Inhalt selbst fremd ist und ihn nur mystifiziert. Der beständige Kauf und Verkauf der Arbeitskraft ist die Form. Der Inhalt ist, daß der Kapitalist einen Teil der bereits vergegenständlichten fremden Arbeit, die er sich unaufhörlich ohne Äquivalent aneignet, stets wieder gegen größeres Quantum lebendiger fremder Arbeit umsetzt.« In der bürgerlichen Eigentumstheorie wurde überwiegend das Recht auf Privateigentum aus der eigenen Arbeit abgeleitet. »Eigentum erscheint jetzt, auf Seite des Kapitalisten, als *das Recht, fremde unbezahlte Arbeit* oder ihr Produkt, auf Seite des Arbeiters, als Unmöglichkeit, sich sein eignes Produkt anzueignen. Die *Scheidung zwischen Eigentum und Arbeit* wird zur notwendigen Konsequenz eines Gesetzes, das scheinbar von ihrer *Identität* ausging« (K I 612).[34] Der Arbeitsvertrag verschleiert zwei Sachverhalte, die beide zum Nachteil des Arbeiters ausschlagen, nämlich, daß der Gebrauchswert der Ware Arbeitskraft einen über ihren Tauschwert hinausgehenden Mehrwert schafft, und daß der vom Kapitalisten als Äquivalent bezahlte Arbeitslohn die Geldform eines Wertanteils der vom Arbeiter bereits produzierten Waren ist.

Der Schein, daß es sich beim Arbeitsvertrag um einen Äquivalententausch wie bei jedem anderen Kauf und Verkauf

34 Vgl. auch G 148; 373.

einer Ware handle, führt wiederum zu ideologischen Vorstellungen hinsichtlich der Freiheit und Gleichheit von Kapitalisten und Arbeitern in ihren sozialen Beziehungen, die ihren Ausdruck in ihrer gleichen Rechtsstellung finden. Auf diesem Schein »beruhn alle Rechtsvorstellungen des Arbeiters wie des Kapitalisten, alle Mystifikationen der kapitalistischen Produktionsweise, alle ihre Freiheitsillusionen, alle apologetischen Flausen der Vulgärökonomie« (K I 565 f.). Als Eigentümer der Ware Arbeitskraft erscheint der Arbeiter als Vertragspartner, der dem Kapitalisten als unabhängige und anerkannte Rechtsperson gleichgestellt ist, was seinen Ausdruck darin findet, daß er seinen »Lohnherrn« beliebig wechseln kann. »Der Kontrakt, wodurch er dem Kapitalisten seine Arbeitskraft verkaufte, bewies sozusagen schwarz auf weiß, daß er frei über sich selbst verfügt. Nach geschlossenem Handel wird entdeckt, daß er ›kein freier Agent‹ war, daß die Zeit, wofür es ihm *freisteht*, seine Arbeitskraft zu verkaufen, die Zeit ist, wofür er *gezwungen* ist, sie zu verkaufen [...]« (K I 316). In der sozialen Realität der kapitalistischen Produktionsweise ist der »Lohnarbeiter [...] durch unsichtbare Fäden an seinen Eigentümer gebunden« (K I 602). Der Unterschied zum römischen Sklaven besteht nur darin, daß dieser durch deutlicher sichtbare Fesseln, durch Ketten, gebunden war. Marx zitiert an dieser Stelle Äußerungen von Unternehmern, die zeigen, daß sie, obwohl sie natürlich einräumen, »daß die Arbeiter nicht Eigentum sind«, gleichwohl »unverblümt« einen *»Eigentumstitel des Kapitals auf die Arbeitskraft« unterstellen.*[35]

Die bürgerliche politische Ökonomie übersieht also, daß es

35 »Die bloße Verwandlung des Geldes in gegenständliche Faktoren des Produktionsprozesses, in Produktionsmittel, verwandelt letztre in *Rechtstitel* und *Zwangstitel* auf fremde Arbeit und Mehrarbeit« (K I 325). In den *Theorien über den Mehrwert* I weist Marx auf Linguet, *Théorie des loix civiles,* Londres 1767, hin, der bereits gezeigt hatte, daß Lohnarbeit und Leibeigenschaft sich nur »in der Farbe der Ketten« unterscheiden (S. 308 ff.).

unter den Bedingungen der entfalteten kapitalistischen Produktionsweise »zwei sehr verschiedne Sorten Privateigentum, wovon das eine *auf eigner Arbeit des Produzenten beruht,* das andre auf der Ausbeutung fremder Arbeit [...]«, gibt. Obwohl aber nunmehr Arbeit und Aneignung wie Akkumulation von Privateigentum auseinandergefallen sind, »wendet der politische Ökonom mit desto ängstlicherem Eifer und desto größerer Salbung die Rechts- und Eigentumsvorstellungen der vorkapitalistischen Welt an, je lauter die Tatsachen seiner Ideologie ins Gesicht schreien« (K I 804 f.). Auch die Funktion, Medium der Verwirklichung bürgerlicher Individualität zu sein, vermag das Privateigentum unter kapitalistischen Bedingungen nicht mehr zu spielen. Denn, wie Marx in einer Polemik mit Stirner unter Bezugnahme auf Destutt de Tracy ausführt: »In der Wirklichkeit habe ich nur insoweit Privateigentum, als ich Verschacherbares habe, während meine Eigenheit durchaus unverschacherbar sein kann. An meinem Rock habe ich nur so lange Privateigentum, als ich ihn wenigstens verschachern, versetzen oder verkaufen kann [...]. Verliert er diese Eigenschaft, wird er zerlumpt, so kann er für mich noch allerlei Eigenschaften haben, die ihn *mir* wertvoll machen, er kann sogar zu meiner Eigenschaft werden und mich zu einem zerlumpten Individuum machen. Aber es wird keinem Ökonomen einfallen, ihn als mein Privateigentum zu rangieren, da er mir über kein auch noch so geringes Quantum fremder Arbeit noch ein Kommando gibt.« Schließlich müsse, wenn Privateigentum tatsächlich notwendige Voraussetzung von Individualität wäre, »die Majorität der Menschen, die Proletarier, längst alle Individualität verloren haben« (DI 211 f.). Dabei entwickle sich gerade unter den Arbeitern mehr unverstellte Individualität als unter den Bourgeois, die als Charaktermasken, Personifikationen von Kapital, dem Systemzwang zur Akkumulation unterliegen (DI 74 ff.).

Ein bekannter Widerspruch der älteren politischen Theorie

des Bürgertums lag darin, daß sie immer wieder trotz ihrem Postulat der Rechtsgleichheit aller in der gesellschaftlichen Sphäre *politische Rechte* wie das Wahlrecht mit »Besitz und Bildung« verknüpfte.[36] Fällt das Zensuswahlrecht wie in der französischen Revolutionsverfassung vom Jahr 1793, so könnte es scheinen, als sei das Privateigentum ideell aufgehoben, weil »der Nichtbesitzende zum Gesetzgeber des Besitzenden geworden ist«. Doch »mit der politischen Annullation des Privateigentums [sc. ist] das Privateigentum nicht nur nicht aufgehoben, sondern sogar vorausgesetzt« (DI 354). Das allgemeine und gleiche Wahlrecht läßt als Moment der ausgebildeten bürgerlichen Gesellschaft und der von ihr hervorgebrachten Sphäre des abstrakten und illusionären Gemeinwesens die reale soziale Unfreiheit der Lohnarbeiter fortbestehen.[37] Es stellt sich im Verlauf der Marxschen Analyse heraus, daß der »prunkvolle Katalog der Menschenrechte« für den Arbeiter in der sozialen und politischen Realität der bürgerlichen Gesellschaft nur Schein ist – ein Schein freilich, der als politische Ideologie auf die gesellschaftliche Basis integrierend zurückwirkt.

36 Dies tat selbst noch der aufgeklärte Liberale John Stuart Mill. Vgl. meinen Aufsatz *Demokratietheoretische Aspekte*, S. 9 ff.
37 Gleichwohl ist für Marx das allgemeine und gleiche Wahlrecht eine entscheidende Voraussetzung für den politischen Kampf der Arbeiterklasse. Vgl. *Klassenkämpfe in Frankreich* (Berlin 1951): »Der umfassende Widerspruch aber dieser Konstitution besteht darin: Die Klassen, deren gesellschaftliche Sklaverei sie verewigen soll, Proletariat, Bauern, Kleinbürger, setzt sie durch das allgemeine Stimmrecht in den Besitz der politischen Macht. Und der Klasse, deren alte gesellschaftliche Macht sie sanktioniert, der Bourgeoisie, entzieht sie die politischen Garantien dieser Macht. Sie zwängt ihre politische Herrschaft in demokratische Bedingungen, die jeden Augenblick den feindlichen Klassen zum Sieg verhelfen und die Grundlagen der bürgerlichen Gesellschaft selbst in Frage stellen. Von den einen verlangt sie, daß sie von der politischen Emanzipation nicht zur sozialen fort-, von den andern, daß sie von der sozialen Restauration nicht zur politischen zurückgehen« (S. 69). Vgl. auch das Vorwort von Engels zu dieser Arbeit über die Rolle des allgemeinen Wahlrechts für die Arbeiterklasse.

Der vom Prinzip des Äquivalententausches und der Rechtsform des Vertrags verschleierte Antagonismus zwischen Kapital und Arbeit wird von Marx am Beispiel des Kampfes um die Länge des Arbeitstages, der ein Kampf um den Exploitationsgrad der Arbeitskraft ist, dargestellt (K I 266 ff.). Er läßt in einer fingierten Rede einen Arbeiter einen Kapitalisten darauf hinweisen, daß er gezwungen sei, sein einziges Eigentum, seine Arbeitskraft, in seiner besten Form zu reproduzieren, weshalb er, das bürgerliche Sparsamkeits- und Enthaltungsprinzip befolgend, damit sorgfältig haushalten wolle. Deshalb verlange er auch einen »Arbeitstag von normaler Länge«. Dies läuft freilich dem Interesse des Kapitalisten zuwider, den Arbeitstag so lange wie möglich auszudehnen und so die Rate des absoluten Mehrwerts, den Exploitationsgrad der Arbeit, zu steigern. »Es findet hier also eine *Antinomie* statt, Recht wider Recht, beide gleichmäßig durch das Gesetz des Warenaustausches besiegelt. Zwischen gleichen Rechten entscheidet die *Gewalt.* Und so stellt sich in der Geschichte der kapitalistischen Produktion die *Normierung des Arbeitstags* als *Kampf um die Schranken des Arbeitstags dar* – ein Kampf zwischen dem Gesamtkapitalisten, d. h. der *Klasse der Kapitalisten,* und dem Gesamtarbeiter, oder der *Arbeiterklasse«* (K I 242 f.). Der Antagonismus zwischen Kapital und Arbeit kann also nicht, wie in der Dialektik des Hegelschen Staatsrechts, im bürgerlichen Recht und den Sitten und Institutionen des Gemeinwesens aufgehoben werden, sondern drängt mit Notwendigkeit, die aus der Struktur der kapitalistischen Produktionsverhältnisse folgt, zum *Klassenkampf.* Der Normalarbeitstag von zehn Stunden ist »das Produkt eines langwierigen, mehr oder minder versteckten Bürgerkriegs zwischen der Kapitalistenklasse und der Arbeiterklasse« (K I 313). Der Erfolg dieses Kampfes zeigt, daß die Arbeiterklasse auch unter den Bedingungen der bürgerlichen Gesellschaft Reformen durchsetzen kann (vor allem dann, wenn, wie im Falle der Länge des Arbeitstages, auch bürgerliche Interessen wie das an der Erhaltung qualifizierter Arbeit tangiert sind). Marx spricht von »gesellschaftlicher Kontrolle« über den Arbeitstag (K I 312) und von der Fabrikgesetzgebung als »erste[r] bewußte[r] und planmäßige[r] Rückwirkung der Gesellschaft auf die naturwüchsige Gestalt ihres Produktionsprozesses« (K I 505). Die Struktur der bürgerlichen Gesellschaft, ihre »Formbestimmtheit«, schließt Reformen nicht aus. Die Arbeiter konnten »*als Klasse* ein Staatsgesetz erzwingen«, das die übermäßige Ausbeutung ihrer Arbeitskraft verhindern soll. Die Verheißungen des »prunkvollen Katalogs der ›unveräußerlichen Menschenrechte‹« reduzieren sich in der sozialen Realität der bürgerlichen Gesellschaft für die Arbeiterklasse »auf die bescheidne *Magna Charta* eines gesetzlich beschränkten Arbeitstags« (K I 316).

Der »Formwechsel« der sozialen und politischen Herrschaft

Die Herausbildung der Produktionsweise, die, kategorial gesehen, vom geldvermittelten Austausch zwischen selbständigen Warenproduzenten und sodann, im Stadium der erweiterten Reproduktion, vom Verwertungsprozeß des Kapitals strukturiert wird, ist von einem Formwechsel der sozialen und politischen Herrschaft begleitet. Die gesellschaftliche Grundlage des Feudalismus war die politisch definierte persönliche Abhängigkeit der Produzenten. Soweit sie Leibeigene sind, wissen sie, daß sie ein bestimmtes Quantum ihrer Arbeitskraft im Dienste ihres Herrn zu verausgaben haben; in ihrer Arbeit erkennen sie ihre eigenen persönlichen Verhältnisse wieder. In der bürgerlichen Gesellschaft, und zwar in beiden kategorial zu unterscheidenden Phasen, erscheinen dagegen die persönlichen, wenn auch nicht politischer, so doch sozialer Herrschaft unterliegenden persönlichen Verhältnisse als »gesellschaftliche Verhältnisse der Sachen« (K I 83), das heißt: der zu Waren gewordenen Arbeitsprodukte und ihres Geldausdrucks. Da dieses »gesellschaftliche Verhältnis der Sachen« (= Waren und Geld) ein Aufeinanderbeziehen von äquivalenten Tauschwerten darstellt, kann es zum Schein der Herrschaftslosigkeit in der Zirkulationssphäre kommen, in der – soweit sie Besitzer von Äquivalenten, als Arbeiter des Äquivalents Arbeitskraft, sind – Freie und Gleiche ohne Zwang in Tauschbeziehungen treten. Die scheinbare Freiwilligkeit dieser Beziehungen verschleiert die verschiedenen Stufen sich verdichtender Abhängigkeit, zunächst Abhängigkeit von dem *»naturwüchsige[n] Produktionsorganismus,* dessen Fäden hinter dem Rücken der Warenproduzenten gewebt wurden und sich fortweben« (K I 111; 113), bis zur persönlichen Abhängigkeit des Arbeiters vom Kapitalisten in der kapitalerzeugenden Produktionssphäre. Insofern kann Marx sagen, daß »die bürgerliche Gesellschaft [...] alles das in ihrer eignen Form [sc. wieder produziert], was sie in feudaler oder absolutistischer Form bekämpft hatte« (ThM I 138), da die »sachliche Abhängigkeit [...] wieder in bestimmte, nur aller Illusion entkleidete, persönliche Abhängigkeitsverhältnisse umschlägt« (G 82), die alten *»Herrschafts-* und *Knechtschaftsverhältnisse* [...] im Kapital – in vermittelter Form – reproduziert« werden (G 400). Der Übergang vom unmittelbar geknechteten Arbeiter unter dem Feudalismus zum – dem Schein der Zirkulationssphäre zufolge – »freien Proletarier« läßt sich als *»Formwechsel dieser Knechtung«,* als *»Verwandlung der feudalen in kapitalistische Exploitation«* entschlüsseln (K I 754). Die sachliche Abhängigkeit der scheinbar freien Individuen vom kapitalistischen Produktions- und Austauschsystem äußert sich in allgemeiner Form in der Wertminderung oder Unverkäuflichkeit der Ware (K I 111 ff.), schließlich in der ökonomischen Krise. Das kapitalistische Gesamtsystem bildet den »allgemeinen *Grund«* der sozialen Abhängigkeit (G 81), die aber noch nicht als konkrete persönliche Abhängigkeit erscheint.

Konkreter wird die persönliche Abhängigkeit bereits in der Verfügung über Geld. Geld ist die sinnlich konkrete »Materiatur«, in der sich der Wert der gesellschaftlichen Gesamtarbeit, die wiederum in einem System isolierter Privatarbeiten vonstatten geht, ausdrückt. Geld, die Inkarnation der allgemeinen Wertbasis des Systems, auf die sich die einzelnen produzierten Tauschwerte beziehen, ist der »allseitige Vermittler« des Austausches der Einzelarbeiten (= Waren); als Äquivalent aller Waren wird es im Austausch gegen Ware erworben, um das Bedürfnis nach einer anderen Ware befriedigen zu können. Geld vermittelt die warenproduzierenden Arbeitsprozesse und ist damit ein Moment der Reproduktion des gesellschaftlichen Systems. Der Eigner von Tauschwerten, von Geld, »trägt seine gesellschaftliche Macht (nämlich sein Bedürfnis nach fremder Arbeit befriedigen zu können und damit fremde Arbeit in Gang zu setzen), wie seinen Zusammenhang mit der Gesellschaft, in der Tasche mit sich« (G 74 f.). Vermögen ist, wie es bereits Adam Smith nannte, »the power of purchasing; a certain command over all the labour, or over all the produce of labour, which is then in the market«.[38] Wer Geld besitzt, besitzt »die gesellschaftliche Macht unter der Form einer Sache« (G 75). Diese in der Form von Geld versachlichte gesellschaftliche Macht bindet, indem sie ihrem Besitzer über fremde Arbeit verfügen hilft und so das ganze System der Produktion und des Austausches von Privatarbeiten »als *perpetuum mobile*« (G 116) in Bewegung hält, dieses zu einer kohärierenden und dynamischen sozialen Struktur zusammen. Sie ersetzt die Ausübung von unmittelbar politischer Herrschaft. »Raubt der Sache [= Geld, W. E.] diese gesellschaftliche Macht und ihr müßt sie Personen über Personen geben« (G 75). »Die Bande müssen als politische, religiöse etc. organisiert sein, solange die Geldmacht nicht der nexus rerum et hominum ist« (G 987); »[...] je weniger ge-

---

38 Adam Smith, *The Wealth of Nations*, London, New York 1964, I, Chapt. 5.

sellschaftliche Kraft das Tauschmittel besitzt, je zusammenhängender es noch mit der Natur des unmittelbaren Arbeitsprodukts und den unmittelbaren Bedürfnissen der Austauschenden ist, um so größer muß noch die Kraft des Gemeinwesens sein, das die Individuen zusammenbindet, patriarchalisches Verhältnis, antikes Gemeinwesen, Feudalismus und Zunftwesen« (G 75). Wird über Geld verfügt, so wirkt sich die in ihm enthaltene allgemeine gesellschaftliche Macht an konkreten Personen aus. Die zufällige Entscheidung, ob eine Ware gekauft oder nicht gekauft wird, trifft letztlich einen bestimmten Produzenten, und es können gezielt gewisse Waren nicht gekauft werden, z. B. die Ware Arbeitskraft revoltierender Arbeiter. Die allgemeine soziale Macht des Geldes kann derart in unmittelbare soziale Abhängigkeit und Herrschaftsausübung übergehen. Dies zeigt sich deutlich am Geld, das als Kapital fungiert. Es erweist sich »nicht nur als *Kommando über Arbeit,* wie A. Smith sagt. Es ist wesentlich *Kommando über unbezahlte Arbeit.* Aller Mehrwert, in welcher *besondern* Gestalt von Profit, Zins, Rente usw. er sich später kristallisiere, ist seiner Substanz nach *Materiatur unbezahlter Arbeitszeit.* Das Geheimnis von der *Selbstverwertung des Kapitals* löst sich auf in seine *Verfügung über ein bestimmtes Quantum unbezahlter fremder Arbeit*« (K I 559; III 389). Die Akkumulation individueller Kapitalien auf Grund einseitiger Aneignung durch die Kapitalisten führt zu *Organisationsformen der Produktion,* die die soziale Herrschaft des Kapitals über die Arbeit verschärfen.

Zunächst vermag, nachdem sich die kapitalistische Produktionsweise durchgesetzt hat, dasselbe individuelle Kapital eine größere Anzahl von Arbeitern gleichzeitig in einer bestimmten arbeitsteiligen Form der *Kooperation* zu beschäftigen. Diese neue Organisation der Arbeit, etwa in der Form eines großen Manufakturbetriebs, besitzt bereits gesellschaftliche Charakter und wird zu einer gesellschaftlichen Produktivkraft, die viel größer ist, als es die nicht derart zusammen gefaßten, sondern vereinzelt produzierten Arbeiten in ihrer Summe wären. Aber so wie die gesteigerte Produktivkraft kollektiver Arbeit als Produktivkraft des Kapitals erscheint (K I 349; 351), so stehen die Arbeitsmittel und die Organisationsstruktur der Arbeit dem Arbeiter fremd, als Eigentum und Plan des Kapitalisten, gegenüber. »Die Kooperation der Lohnarbeiter ist [...] bloße Wirkung des Kapitals, das sie gleichzeitig anwendet. Der Zusammenhang ihrer Funktionen und ihre Einheit als produktiver Gesamtkörper liegen *außer* ihnen, im Kapital, das sie zusammenbringt und zusammenhält. Der Zusammenhang ihrer Arbeiten tritt ihnen daher ideell als *Plan*, praktisch als *Autorität* des Kapitalisten gegenüber, als Macht eines fremden Willens, der ihr Tun seinem Zweck unterwirft« (K I 347).

Jede unmittelbare gesellschaftliche oder gemeinschaftliche Arbeit größeren Maßstabs, also auch die Arbeit im Sozialismus, bedarf einer Direktion, die die individuellen Tätigkeiten anleitet, überwacht und vermittelt. Doch da die Betriebsleitung des Kapitalisten nicht allein dieser allgemeinen Notwendigkeit entspringt, sondern zugleich Funktion der Ausbeutung eines gesellschaftlichen Arbeitsprozesses ist, unterliegen die Arbeiter sozusagen einer Surplus-Unterordnung unter die Organisationsform der gesellschaftlichen Arbeit. Diese nimmt die »despotischen« Formen der streng hierarchisch aufgebauten militärischen Kommandostruktur an, mit Industrieoberoffizieren, Industrieunteroffizieren und Industriesoldaten, die »Fabrikstrafen« riskieren – ein *»Zwangsverhältnis«,* das als »Produzent fremder Arbeitsamkeit, als Auspumper von Mehrarbeit und Exploiteur von Arbeitskraft [...]« an Energie, Maßlosigkeit und Wirksamkeit alle frühern auf *direkter Zwangsarbeit* beruhenden Produktionssysteme« übertrifft (K I 347; 325; 445).[39]

Doch nicht nur die betriebliche Organisation der gesellschaft-

39 Vgl. auch K III 937 f. und *Das Elend der Philosophie* (Berlin 1952, S. 203).

lichen Arbeit, sondern auch die Maschinerie und selbst die Wissenschaft und die von ihnen beherrschten Naturkräfte treten den Arbeitern unter kapitalistischen Bedingungen als Mächte, die in fremdem Eigentum stehen, gegenüber. »Die geistigen Potenzen der Produktion erweitern ihren Maßstab auf der einen Seite, weil sie auf vielen Seiten verschwinden. Was die Teilarbeiter verlieren, *konzentriert* sich ihnen gegenüber im Kapital. Es ist ein Produkt der manufakturmäßigen Teilung der Arbeit, ihnen die *geistigen Potenzen* des materiellen Produktionsprozesses als *fremdes Eigentum* und sie *beherrschende Macht* gegenüberzustellen« (K I 379). Die Teilung der Arbeit zwischen geistiger und materieller Tätigkeit (vgl. DI 32 ff.), das ursprüngliche Muster der gesellschaftlichen Antagonismen, setzt sich fort in der »Akkumulation des Wissens und des Geschicks, der allgemeinen Produktivkräfte des gesellschaftlichen Hirns«, das der Arbeit gegenüber »in dem Kapital [sc. absorbiert ist] und erscheint daher als Eigenschaft des Kapitals, und bestimmter des *capital fixe,* soweit es als eigentliches Produktionsmittel in den Produktionsprozeß eintritt« (G 584 ff.; 586). Marx verweist auf Adam Smith und Ferguson[40], die bereits festgestellt hatten, daß Arbeitsteilung zwar den gesamtgesellschaftlichen Reichtum fördere, jedoch den Arbeiter zum Anhängsel der Maschine mache und schließlich geistig und körperlich verkrüppele (K I 380 f.). Die soziale Herrschaft des Kapitals über die Arbeit, die »Verkehrung, ja Verrückung des Verhältnisses von toter und lebendiger Arbeit«, mit dem Resultat, daß »*es* [. . .] *nicht mehr der Arbeiter [sc. ist], der die Produktionsmittel anwendet, sondern [. . .] die Produktionsmittel [sc. es sind], die den Arbeiter anwenden«,* gipfelt tendenziell in der Zerstörung der körperlichen und geistigen Integrität des Arbeiters, der er nur durch Organisation und kollektives Handeln im Klassenkampf entrinnen kann (K I

40 Vgl. Smith, a.a.O., Book V, Chapt. I, Part. III, Art. II (ed. cit. vol. II, S. 264); Ferguson, a.a.O., IV. Teil, 1. Kap.

325; 444).[41] Subjekt dieser fortwuchernden Kapitalverwertungs- und Ausbeutungsprozesse ist letztlich nicht der einzelne Kapitalist, sondern das Kapital, als dessen »Personifizierung« oder »Charaktermaske«[42] der einzelne Kapitalist erscheint. »Es ist die Zwickmühle des Prozesses selbst, die den einen stets als Verkäufer seiner Arbeitskraft auf den Warenmarkt zurückschleudert und sein eignes Produkt stets in das Kaufmittel des andren verwandelt« (K I 606); »der Oberbefehl in der Industrie wird Attribut des Kapitals, wie zur Feudalzeit der Oberbefehl in Krieg und Gericht Attribut des Grundeigentums war« (K I 348; III 872; 937). Unter der Oberfläche der vom Äquivalententausch geprägten Zirkulationssphäre verbergen sich extreme soziale Abhängigkeits- und Herrschaftsverhältnisse, die, was das Verhältnis von Arbeitern und Kapitalisten betrifft, von der Fiktion des unter Freien und Gleichen abgeschlossenen Arbeitsvertrags verschleiert werden.

Marx erschien – und die reale Situation der englischen Arbeiterklasse zu seiner Zeit, die er im *Kapital* ausführlich dokumentierte, konnte ihn darin bestätigen – der Kapitalismus als ein sklavereiähnliches Zwangsarbeitssystem, das die antike Sklaverei und die feudale Leibeigenschaft überbietet. Doch obwohl sich, dem Schein der Zirkulationssphäre zum Trotz, die alten persönlichen Abhängigkeitsverhältnisse verschärft reproduzieren, führt dieser Schein von Freiheit und Gleichheit dazu, daß mit diesem System der abhängigen Arbeit Regierungsformen wie die bürgerliche Demokratie verträglich sind (wenn auch das Zensuswahlrecht zu Marx' Zeiten der Normalfall war). Die Differenz zwischen jenen alten Gesellschaftsformationen und ihrem politischen Überbau und der modernen bürgerlichen Gesellschaft liegt in ihrer ökono-

41 Verbesserungen der Technologie dienen nicht dazu, die Arbeit humaner, sondern einfacher zu machen, so daß Frauen- und Kinderarbeit möglich wird. Vgl. K I 512 ff.
42 Zum Begriff »Charaktermaske« vgl. Reichelt, passim.

mischen Formbestimmtheit. »Die spezifische ökonomische Form, in der unbezahlte Mehrarbeit aus den unmittelbaren Produzenten ausgepumpt wird, bestimmt das Herrschafts- und Knechtschaftsverhältnis, wie es unmittelbar aus der Produktion selbst hervorwächst und seinerseits bestimmend auf sie zurückwirkt. Hierauf aber gründet sich die ganze Gestaltung des ökonomischen, aus den Produktionsverhältnissen selbst hervorwachsenden Gemeinwesens und damit zugleich seine spezifische politische Gestalt. Es ist jedesmal das unmittelbare Verhältnis der Eigentümer der Produktionsbedingungen zu den unmittelbaren Produzenten – ein Verhältnis, dessen jedesmalige Form stets naturgemäß einer bestimmten Entwicklungsstufe der Art und Weise der Arbeit und daher ihrer gesellschaftlichen Produktivkraft entspricht –, worin wir das innerste Geheimnis, die verborgne Grundlage der ganzen gesellschaftlichen Konstruktion und daher auch der politischen Form des Souveränitäts- und Abhängigkeitsverhältnisses, kurz, der jedesmaligen spezifischen Staatsform finden.« Freilich hindert dies nicht, »daß dieselbe ökonomische Basis – dieselbe den Hauptbedingungen nach – durch zahllos verschiedne empirische Umstände, Naturbedingungen, Rassenverhältnisse, von außen wirkende geschichtliche Einflüsse usw. unendliche Variationen und Abstufungen in der Erscheinung zeigen kann, die nur durch eine Analyse dieser empirisch gegebnen Umstände zu begreifen sind« (K III 841 f.). In der optimistischen Phase des frühen Bürgertums verführte der Schein der Zirkulationssphäre zum Schein der Demokratie; aber die Formbestimmtheit der bürgerlichen Produktionsweise ist, wenn es in konkreten Situationen im Durchschnittsinteresse des Bürgertums liegt, ebenso mit autoritären Herrschaftsformen, z. B. dem von Marx im *Achtzehnten Brumaire* analysierten Bonapartismus, vereinbar.

Nachweise

Demokratietheoretische Aspekte der politischen Ideengeschichte. In: *Politikwissenschaft. Eine Einführung in ihre Probleme.* Hg. v. Gisela Kress und Dieter Senghaas. Frankfurt/M. 1969 (= Kritische Studien zur Politikwissenschaft), S. 38 ff.; sowie Frankfurt/M. 1972, S. 37-61.

Eigentum und Herrschaft bei Bodin. Referat auf der Internationalen Bodin-Tagung April 1970, veranstaltet vom Geschwister-Scholl-Institut für Politische Wissenschaft der Universität München.

Versuch über Mandevilles Bienenfabel. Einleitung zu Bernard Mandeville: *Die Bienenfabel oder Private Laster, öffentliche Vorteile.* Frankfurt/M. 1968 (= Suhrkamp Theorie I), S. 7-55.

Freiheit, Eigentum und Herrschaft bei Hegel. In: *Politische Vierteljahresschrift,* XI (1970), S. 531-555.

Hegel und Umwälzung der bürgerlichen Gesellschaft. Überarbeitete Fassung eines Vortrags anläßlich einer Hegel-Gedächtnis-Veranstaltung der ›Naturfreunde‹. Hg. v. Bundesvorstand der »Naturfreunde«, Stuttgart 1970.

Kritik der politischen Ökonomie und politische Ideologie bei Marx. Erstveröffentlichung.

edition suhrkamp

Alphabetisches Verzeichnis der edition suhrkamp